西南政法大学毒品犯罪与对策研究中心资助项目

学术顾问⊙付子堂

康拜尔合作组织刑事司法研究报告系列

犯罪矫治评估系统回顾研究

Corrections: a Systematic Review of
Intervention Programs

主编⊙刘建宏

人民出版社

序言(英文版)

David P.Farrington

What works to reduce crime? How should offenders be dealt with so that they do not reoffend? What methods of preventing crime are most cost-effective? These are all questions to which citizens, as well as government officials, policy makers, practitioners, researchers, teachers and the news media deserve good answers. All such persons should have ready accessed to the most rigorous and up-to-date evidence on the effectiveness of interventions designed to reduce crime and offending. The best evidence on what works should be quickly accessible to those who need it.

Much practice in crime and justice, as in fields like medicine and education, is based on long-term traditions and clinical experience. Although tradition and experience often provide the only guidance for criminal justice practitioners, there is a growing consensus among scholars, practitioners, and policy makers that crime control practices and policies should be grounded as much as possible in the results of scientific research. Support for evidence-based policy in criminal justice may be seen as part of a more general trend toward the use of scientific research for establishing rational and effective practices and policies in many fields. This trend is perhaps most prominent in the health professions where the idea of evidence-based medicine has gained strong government and professional support.

A central component of the movement toward evidence-based practice and policy is the reliance on systematic reviews of prior research and evaluation studies. The Campbell Collaboration Crime and Justice Group is an international network that aims to produce and make accessible the best evidence on what works in crime and justice. This network of scholars, policy makers, practitioners and others from around the world is preparing rigorous systematic reviews of high-quality research on the effects of criminological interventions.

These systematic reviews are being maintained and updated in light of new studies, insightful criticisms, or new methodological developments. They are readily accessible on the Internet: see www.campbellcollaboration.org. Through international collaboration, the Campbell Crime and Justice Group(CCJG) aims to ensure that relevant evaluation studies conducted all over the world will be taken into account in its systematic reviews, and that the evidence from such reviews will be made accessible globally through language translation and worldwide dissemination.

Characteristics of Systematic Reviews

What are systematic reviews? These are reviews that use rigorous methods for locating, appraising and synthesizing evidence from prior evaluation studies. They contain methods and results sections, and are reported with the same level of detail that characterizes high quality reports of original research. Other features of systematic reviews include:

1. *Explicit Objectives*. The rationale for conducting the review is made clear.

2. *Explicit eligibility criteria*. The reviewers specify in detail why they included certain studies and rejected others. What was the minimum level of methodological quality for inclusion in the review? Did they consider only a particular type of evaluation design such as randomized experiments? Did the studies have to include a certain

type of participant such as children or adults? What types of interventions were included? What kinds of outcome data had to be reported in the studies? All criteria or rules used in selecting eligible studies are explicitly stated in the final report.

3. *The search for studies is designed to reduce potential bias.* There are many potential ways in which bias can compromise the results of a review. The reviewers must explicitly state how they conducted their search of potential studies to reduce such bias. How did they try to locate studies reported outside scientific journals? How did they try to locate studies in foreign languages? All bibliographic data bases that were searched should be made explicit so that potential gaps in coverage can be identified (and reviews can be replicated).

4. *Each study is screened according to eligibility criteria, with exclusions justified.* The searches always locate many citations and abstracts to potentially relevant studies. Each of the reports of these potentially relevant studies must be screened to determine if it meets the eligibility criteria for the review. A full listing of all excluded studies and the justifications for exclusion should be made available to readers.

5. *Assembly of the most complete data possible.* The systematic reviewer will generally try to obtain all relevant evaluations meeting the eligibility criteria. In addition, all data relevant to the objectives of the review should be carefully extracted from each eligible report and coded and computerized. Sometimes, original study documents lack important information. When possible, the systematic reviewer will attempt to obtain this from the authors of the original report.

6. *Quantitative techniques are used, when appropriate and possible, in analyzing results.* Although there is still some confusion about the meaning of these terms, it is useful to distinguish between a systematic review and a meta-analysis. A meta-analysis involves the statistical or quantitative analysis of the results of prior research studies. Since it involves the statistical summary of effect sizes and their correlates, it requires a reasonable number of intervention studies that are sufficiently similar to be grouped together. For example, there may be little point in reporting a weighted mean effect size based on a very small number of studies. Nevertheless, quantitative methods can be very important in helping the reviewer determine the average effect size of a particular intervention and in what circumstances and with what types of

people it works best.

A systematic review may or may not include a meta-analysis. For example, a reviewer may only find a few studies meeting the eligibility criteria. Those studies may differ just enough in the operational definition of the intervention or in the way they were conducted (etc.) to make formal meta-analysis inappropriate and potentially misleading. It is important not to combine apples and oranges in calculating a weighted mean effect size.

7. *Structured and detailed report.* The final report of a systematic review is structured and detailed so that the reader can understand each phase of the research, the decisions that were made, and the conclusions that were reached. In principle, it should be possible for an independent scholar to replicate both the review and the results.

The Campbell Collaboration

At a meeting in Philadelphia attended by over 80 persons from 12 different countries, the Campbell Collaboration was inaugurated in February 2000, to prepare, maintain and make accessible systematic reviews of research on the effects of social, educational, and criminological interventions. At that February 2000 meeting, the Campbell Collaboration established a Crime and Justice Group (CCJG) and a Steering Committee to coordinate the work of this Group. The original Steering Committee consisted of 10 persons from 7 different countries. I was appointed as the first Chair, and I managed to secure some funding from the British Home Office to support a part-time coordinator(Anthony Petrosino) for three years. The first meeting was held in Paris in April 2000, coinciding with a meeting of the Board of Directors of the International Society of Criminology(ISC). This was partly to emphasize the international remit of the CCJG and partly because four members of the Steering Committee were on the ISC's Board of Directors. It was agreed that the institutional home of the CCJG would be at the University of Pennsylvania, supported by Lawrence Sherman, who was the President of the ISC at the time.

At the first meeting, it was decided to commission reviews on 15 key topics such as the effectiveness of boot camps, child skills training, CCTV, neighborhood watch, and hot spots policing.The aim was to select narrowly defined topics where there was likely to be only a small number(e.g.20-50)of high quality evaluations,nevertheless covering a wide range of criminological interests in total.Instead of waiting for researchers to propose topics, the CCJG proactively approached well-known scholars to do the first few reviews.This ensured that key topics were covered,that results could be speedily obtained,and that a good reputation was established quickly.Those who undertook systematic reviews were asked to agree to the following requirements:

1. A commitment to undergo a rigorous editorial review process not only from researchers but also policy makers, practitioners, and citizens to ensure that the review meets high scientific standards and is also written to be understandable to non-academic audiences.

2. A commitment to maintain transparent and open review processes so that users can comment and criticize each stage of the review,from its proposal through to its completion.

3. A commitment to use the most rigorous search methods available to ensure that all relevant studies are considered for inclusion or exclusion and not just those reported in easily accessible journals and books.

4. A commitment to cover literature from around the world and not just the English-speaking world.

5. A commitment to code and computerize key features of each evaluation study reviewed(so that anyone accessing the review can organize the studies according to such features as sample size,design,or effect size).

6. A commitment to explicitly report the final review so that readers can understand decisions made at each stage,justifications for those decisions,and how conclusions were reached.

7. A commitment to make the review available to broader audiences than readerships of peer-reviewed academic journals through electronic publication and dissemination into policy,practice,and media outlets.

8. A commitment to update the systematic review to incorporate new evidence,respond to criticisms,or use more advanced methods,on a regular basis.

Doing a Systematic Review

The first step in conducting a systematic review for the Campbell Collaboration Crime and Justice Group is to submit a proposed title to the Managing Editor, who is currently Charlotte Gill. This is refereed and, if accepted, is registered in the Campbell Collaboration Library of Systematic Reviews. The main reason for not accepting a proposed title would be overlap or duplication with an existing title. The second step is to complete and submit a draft protocol(a detailed description of how the systematic review will be completed). This should include the background to the review(hypotheses tested, operational definitions of interventions and outcome variables), the objectives of the review, strategies for searching the literature, selection criteria for including or excluding studies, and strategies for data extraction, coding, and analysis. This is also refereed and revised in the light of the referees' comments, before it is published on the Campbell website. David Wilson currently acts as Editor-in-Chief of the CCJG refereeing process.

The third step is to complete the systematic review. This is also refereed(by the Campbell Methods group as well as by criminologists) and again is likely to require revisions before it is published in the Campbell Library. These rigorous refereeing processes are designed to ensure that the published reviews are of high quality. Once a review is published on the Campbell website, anyone can post comments on it, and authors are encouraged to update the review every three years or so. Campbell Collaboration policy is that each review should have at least two authors, in order to facilitate tests of the reliability of inclusion/exclusion decisions and coding of key features of evaluation studies.

The information that is extracted and coded from each included study should comprise at least the following: principal investigators, full citations to all evaluation reports, funding, publication dates, design of the study, characteristics of experimental units (for example, age and gender of participants, prior crime rates of areas), sample size, hypotheses tested, interventions, implementation details, how extraneous variables were controlled so that it was possible to disentangle the impact of the intervention, who were the program delivery personnel, what were the control conditions(since it is rarely possible to have a truly untreated control group), who knew what about the intervention (since double-blind trials are desirable), measurement of outcome variables(for example, official records and/or self-reports of crime), before and after measures of offending, length of follow-up period, and measures of effect size and variability of effect size. Authors of reviews are encouraged to code all variables independently, so that the reliability of coding can be assessed.

Decisions about what studies to include in a systematic review can be highly controversial, because they involve assessments of methodological quality. Authors of excluded studies may feel that their research has been negatively assessed or even "cast into outer darkness" (as one person has told me). I hope that Campbell Collaboration reviews will lead to an improvement in the quality of the primary evaluation research. In general, randomized experiments have the greatest internal validity. However, randomized experiments that evaluate criminological interventions are relatively uncommon. If Campbell Collaboration reviews were restricted to randomized experiments, they would be relevant to only a small fraction of the key questions for policy and practice in criminology. Therefore, for topics where there are few or no randomized experiments, reviewers also select high quality quasi-experimental evaluations for inclusion. The aim is to reach the most defensible conclusions based on the best available research.

Campbell Reviews

These five volumes present the conclusions of 36 reviews completed for the Campbell Crime and Justice Group. The five volumes cover policing, intervention and prevention, juvenile delinquency, corrections, and drugs. In general, the reviews show that many types of criminological interventions are effective.

In the area of policing, for example, hot spots policing(policing interventions targeting very small areas) is notably effective in reducing crime and disorder. Problem-oriented policing is similarly effective. Also, "pulling levers" focused deterrence strategies, that involve communicating costs and benefits to targeted offenders, are effective in reducing crime, and crackdowns on gun carrying are effective in reducing gun crime. DNA testing is generally effective in increasing police clearance rates. However, there is insufficient evidence to draw conclusions about the effectiveness of counter-terrorism strategies.

There is more good news in the area of intervention and prevention. In general, improved street lighting is followed by a decrease in crime, and closed-circuit television is also effective in reducing crimes in certain settings(e.g. in car parks). Neighborhood watch is also effective in reducing crime. Anti-bullying programs in schools are also generally effective, although there are too few evaluations of interventions to prevent cyber bullying on the internet to draw firm conclusions about these. Generally, court-mandated interventions for individuals convicted of domestic violence are effective in reducing repeat violence according to official records, but there were too few studies of interventions to reduce cross-border trafficking to draw conclusions about these.

Results are more mixed in the area of juvenile delinquency. Early family and parent training programs are generally effective in reducing antisocial behavior and delinquency, and the same is true of mentoring and self-control programs. However, parental imprisonment, formal system processing of juveniles, and the"scared straight" program all have undesirable effects. It is important to know what does not work as well as what works.

There are again desirable and undesirable results in the area of corrections. Cognitive-behavioral programs for criminal offenders are generally effective, as are cognitive-behavioral programs for serious, violent and chronic juvenile offenders. Non-custodial sentences are generally more effective than custodial sentences in reducing recidivism. However, correctional boot camps and non-custodial employment programs are not effective in reducing recidivism, and there are too few rigorous cost-benefit analyses of sentencing to draw firm conclusions.

In the area of drugs, it is clear that many types of interventions are effective. Drug courts are particularly effective, as are incarceration-based drug treatment and drug substitution programs. Also, problem-oriented policing and community-wide policing approaches are effective in disrupting street-level drug markets and reducing drug use.

Conclusion

These five volumes provide the best available information about what works and what does not work in reducing crime.They should form the basis of wide-ranging coordinated evidence-based strategies for crime prevention and crime control.

序言（中文版）

大卫·法林顿

怎样才能减少犯罪？如何处理罪犯，才能让他们不再犯？最有效的预防犯罪的方法是什么？这些问题都需要好好解答。对于普通民众、政府官员、政策制定者、实践工作者、教师学者以及新闻媒体来说，都需要有了解最严谨和先进的用以评估减少犯罪的干预项目有效性证据的途径，并且是能快速获得这些证据的途径。

同医药和教育界一样，很多犯罪和司法的实践都是以良久传统和临床经验为基础的。虽然传统和经验常常只用于指导刑事司法实践工作者，但是越来越多的学者、实践者以及政策制定者意识到犯罪控制的实践与政策也需要尽可能的科学研究结论的指导。支持基于实证的刑事司法政策，其实也是许多领域里运用科学研究来建立理性的行之有效的实践与政策大趋势的部分体现。这种趋势也许在医疗健康领域尤为突出，因为基于证据的医药研究已经获得了政府以及专业领域的大力支持。

对以往的调查以及效果评估研究的系统性回顾是这场基于证据的实践与政策制定的核心。康拜尔合作组织的犯罪与刑事司法小组是一个致力于评估犯罪预防以及刑事司法政策有效性的国际性组织。具体来说,是由世界各地的相关学者、政策制定者、实践工作者以及其他专业人士对那些关于犯罪干预有效性的高质量研究进行严谨的系统性回顾。

这些系统性回顾基于新出现的研究、锐评,以及新方法的发展而及时改进和更新,并且在互联网上可以浏览网址 www.campbellcollaboration.org。通过国际合作,康拜尔合作组织犯罪与刑事司法小组(CCJG)力求能对那些来自世界各地的相关评估研究进行系统性回顾,而得出的相关证据通过翻译和全球宣传可被广泛运用。

系统性回顾的特征

系统性回顾是什么? 所谓系统性回顾就是运用严谨的方法来定位、评估以及整合那些从先前评估研究中获得的证据。其包含了方法和结果两部分,并且以与原来研究相同的细节层次报告出来,而这些细节也正是原研究高质量的体现。系统性回顾的其他特征还包括:

1. 目标明确:评估的基本原理清晰。

2. 甄选标准明确:审阅者对遴选的研究报告有着明确的标准。入选的研究在其研究方法的质量上的最低要求是什么? 他们只考虑了诸如随机试验一类的特定类型的评估研究吗? 相应的研究必须包含特定的参与者,如儿童或者成年人? 包含了哪些干预的类型? 哪些数据结果需要报告? 所有用于甄选研究的标准都会在最后的报告中清晰呈现出来。

3. 搜寻相关研究时须减少可能的偏倚。很多潜在的因素都会让偏倚影响评估的结果。审阅者须明晰地陈述其在搜寻研究时如何减少偏倚。他们是如何定位发表在领域外期刊上的研究报告的? 他们是如何定位非英语研究报告的? 所有用于搜选的文献数据库都须明确,这样潜在的偏差才能被甄别出来(回顾才具有可重复操作性)。

4. 每个研究的入选或者排除都要依据相应的标准。文章的搜寻往往是通过定位引文和摘要来找到可能相关研究。我们需要对这些相关研究的报告进行筛选,判断其是否符合评估标准。而对于那些落选的研究,我们要给读者提供一份完整的清单,并说明落选原因。

5. 尽可能整合最完整的数据。通常系统性回顾者都会尝试获得所有符合要求的评估研究,然后从符合标准的报告里提取所有与评估目标相关的数据,再进行编码和电脑处理。有时候,原研究报告会缺失某些重要信息。可能的话,评估者会尝试从原文作者处获得这些缺失的信息。

6.适当的时候,定量分析方法也会用于结果分析。虽然系统回顾和元分析这两个概念的界定仍然有点模糊不清,但是将二者区分开来是有益处的。元分析方法包括了对前人研究的结果进行统计或者量化分析。由于牵涉了效应量大小和相关关系的统计汇总,所以对干预研究的数量有要求,而且这些研究要有足够的相似之处才能被整合。例如,如果找到的研究很少,那么在报告其加权平均效应量大小的时候可能就没有相应的点。然而,量化研究在评估者判断某个干预分析的平均效应量大小和在何种情况下对何种人最有效的问题上是大有裨益的。

一次系统性回顾可能包含了元分析,也可能不包含。例如,评估者只找到很少量符合要求的研究。这些研究可能在操作定义上或者操作过程等环节上有差异,而这些差异正好使得元分析不适用,或者产生误导。我们当然不该把风马牛不相及的东西整合起来,然后算出它们的加权平均效应量的大小。

7.报告要层次分明而又详尽。最终评估报告需要有分明的层次和详尽的细节,这样读者才能了解研究的各个阶段,才能明白所做的决定和最终达成的结论。原则上,其他独立学者应该能重复该评估的操作,并得到相同的结果。

康拜尔合作组织

2000 年 2 月,在费城一个由来自 12 个国家的 80 多名与会者参加的会议上,康拜尔合作组织诞生了,其目的是致力于对那些与社会、教育以及犯罪有关的干预研究效果的系统性回顾。在当年的会议上,康拜尔合作组织还成立了犯罪与刑事司法小组(CCJG)以及协调相关工作的指导委员会。指导委员会最初由来自 7 个国家的 10 人组成。我当时被任命为第一主席,并成功获得了英国内政部的资金支持,用以支付一位临时协调员(Anthony Petrosino)三年的工资。康拜尔合作组织第一次会议于 2000 年 4 月在巴黎召开,是与国际犯罪学学会(ISC)的董事会会议同时召开的。造成此情况的原因有两个,一方面是为了强调 CCJG 的国际性,另一方面是由于有 4 名指导委员会委员同时也是 ISC 的董事会成员。CCJG 机构的大本营设立在宾夕法尼亚大学,负责人是当时的 ISC 主席 Lawrence Sherman。

　　第一次会议上,我们决定就 15 个关键话题进行评估,如军事训练营、儿童技能训练、闭路电视、邻里监督和热点警务的有效性。这样是为了在明确评估对象的同时(虽然相关高质量的评估研究可能会较少,如只有 20—50 篇),又不失犯罪学研究范围上的广度。CCJG 并没有等着研究者来挑选主题,而是主动找到名声显赫的学者让其做前期少量的评估。这样在保证了关键话题都有人回顾的同时,还能较快得到结论,与此同时也能迅速将招牌打响。康拜尔合作组织对系统回顾者提出了以下几点要求:

1. 不仅是研究者,包括政策制定者、实践工作者以及普通民众都需要对所有评估进行严谨的审核,这样才能确保评估不但符合高的科学标准,而且对于非专业人士来说也能通俗易懂。

2. 评估的所有步骤都要有所体现,这样读者才能针对各环节提出修改建议。

3. 所用的搜索研究方法必须是最严谨的,才能确保所有相关研究都被考虑到,而不只是那些在容易找到的杂志和书籍上的研究报告。

4. 搜索时不能局限于英文文献,要全面。

5. 要对评估研究里的所有关键特征进行编码和电脑处理(任何读到该回顾的人都能根据样本大小、研究设计或者效应量大小等特征对回顾有整体认识)。

6. 最终的回顾报告要条理清晰,这样读者才能理解不同阶段所做的决定、每个决定的理由,以及结论是如何获得的。

7. 通过电子刊物、政策和实践宣传,或者传媒帮助,让目标读者的范围更广一些,而不只局限于学术期刊里同侪审阅的那些人。

8. 要通过整合新证据,反馈评论,或者运用新方法对这些系统回顾进行定期更新。

如何进行系统回顾

　　康拜尔合作组织犯罪与刑事司法小组系统回顾的第一个步骤是向执行编辑提交拟题(现任执行编辑是 Charlotte Gill)。题目在审核后,如果予以采纳,就会被注册于康拜尔合作组织系统回顾图书馆。那些被否定了的拟题,最主要是因为它们和现存的题目有所交叉或者重复。

　　第二步是完成和提交草案(如何完成系统回顾的详尽描述)。其中包括了背景介绍(假设检验、干预的操作定义以及结果变量)、评估目标、文献搜索策略,文章入选或落选的标准以及数据提取、编码和分析的策略。这个过程也需审核,在出版于康拜尔合作组织网站前还要根据评审的建议进行校订。当前是由 David Wilson 担任CCJG 该步骤审核主编。

第三步就是完成系统回顾。这个步骤也需要审核(由康拜尔方法小组和犯罪学家负责),在出版前也需要相应的校稿。严谨的审阅是为了确保系统回顾的质量。回顾一旦发表,任何人都可以在康拜尔的网站上对其做评论。康拜尔鼓励作者对所作回顾进行定期更新,周期为 3 年左右。康拜尔合作组织还规定每篇回顾至少要有两个作者,这样既方便检验研究入选/落选决定是否可靠,又能提高编码评估研究的关键特征时的效率。

每篇入选的研究里摘要和编码的信息至少应该包含以下内容:主要研究者,完整的引文情况,基金信息,出版日期,研究设计,实验单位的特征(如参与者的年龄与性别,区域里犯罪率的历史记录),样本量大小,假设检验,干预手段,操作细节,如何控制外扰变量以减小外界干扰,谁是该项目的执行人员,其他的控制条件是什么(因为很难做到完全排除对控制组的影响),何人了解干预项目的哪些情况(当然双盲检验最为理想),结果变量的测量(如官方记录和/或犯罪自我报告),犯罪行为的前测与后测,追踪研究的历时,以及效应量的测量与差异。回顾的作者应当独立编码所有变量,这样我们才能评估编码的可靠性。

选择什么样的研究进行系统回顾是极具争议性的,因为这里涉及了如何评价搜索方法质量的高低。那些落选的作者可能会觉得自己的研究被低估了,甚至认为是"被排斥"了(曾经一个作者对我如是说)。我希望康拜尔合作组织能够引导评估研究质量的提高。一般来说,随机试验最具有内部效度。然而,用于评估犯罪干预的随机试验相对来说并不常见。若康拜尔系统回顾只局限于那些随机试验,那么其所能涉及的犯罪学方面的政策和实践也会很受局限。因此,对于那些只有少量或者没有随机试验的研究主题,评估者也可以从中挑出质量高的类实验研究。如此一来,根据这样的搜索策略所得的研究结论才最有说服力。

关于康拜尔系统回顾丛书

您手中的这套丛书(共五册)将呈现康拜尔合作组织犯罪与刑事司法小组的 38

篇完整的系统回顾的内容。其涵盖了警务工作、犯罪干预与预防、青少年犯罪、犯罪矫治和禁毒干预五个主题。总体来说，许多犯罪干预手段都行之有效。

例如警务工作分册里的"热点警务"（即专门针对犯罪高发区域的警务手段）在减少犯罪与失序上的效果就很显著。"问题导向型警务"的结果亦如此。"撬动杠杆"强调威慑的策略，包括了与目标罪犯沟通时的性价比，其在减少犯罪上的效果也不错，而打击非法携带枪支的项目也在降低涉枪犯罪上效果明显。DNA检验在提高警察破案率上通常也是有所作为的。然而，反恐策略的有效性的证据还是比较匮乏。

犯罪干预与预防方面的情况要乐观很多。总体来说，提高街道的照明率能减少犯罪，闭路电视在特定场景下（如停车站内）也能有效降低犯罪率，邻里监督能有效减少犯罪。虽然有关预防网络霸凌项目的评估过少，以至于无法得出可靠结论，但是总体来说校园内的反霸凌项目还是有效的。官方资料显示，针对家庭暴力者的法庭干预措施在减少家暴再犯上是有效的，但是针对跨境走私的干预项目尚未有评估结论，因为相关研究数量太少。

青少年犯罪的相关结果要更为复杂。早期家庭与父母培训项目一般都能减少青少年的反社会行为和违法犯罪，辅导与自我控制项目的情况也是如此。但是父母的监禁式管理，传统青少年司法系统以及恐吓从善项目的效果不尽如人意。事实上，了解什么方法无效和了解什么方法有效同样重要。

犯罪矫治部分的情况也是喜忧参半。认知行为矫治项目对刑事犯和习惯性严重暴力青少年犯总体来说是有效的。非监禁刑罚在减少再犯率上一般比监禁刑罚更有效。但是，军事化矫正训练营和非监禁雇佣项目在降低再犯率上并无效果，针对刑罚的成本效益的严谨分析也很少，因此也无法获得可靠结论。

禁毒干预分册里很多种干预项目都效果显著。尤其是药物法庭、监禁式戒毒以及毒品替代品这三种。在阻断街头贩毒和减少毒品使用方面，问题导向型警务和广泛社区警务亦是有所作为。

结　语

本丛书（共五册）给我们提供了关于如何有效减少犯罪的宝贵信息，是基于广泛性整合证据的用以预防与控制犯罪策略的基石。

引言　犯罪防控政策与科学证据的结构

刘建宏

犯罪防控是一个重要的题目,我们社会若要长治久安就要做好对犯罪行为的预防和控制。那么,什么样的政策、措施或者项目,能够真正有效地预防、控制和减少犯罪呢? 只有充分依靠科学证据,建立科学的犯罪防控政策体系,才能更有效地达到这个目的。

一、现代犯罪防控政策体系需要建立在科学证据的基础之上

虽然世界各国政府每年都为控制犯罪而投入大量资金、制定各种刑事司法政策和干预项目,但长期以来,这些犯罪防控政策的制定和实施并没有要求将科学证据作为必不可少的基础,许多政策和项目的实际效果都没有经过严格的、科学的评估,一直到 20 世纪 90 年代中期,大部分实践活动仍然是由传统习惯、个人经验、教科书内

容和主观判断所主导①,这种情况显然不能完全适应犯罪防控的需要。犯罪学者和实务工作者认识到,要有效地控制犯罪,刑事司法政策和干预项目的设计和实施就必须建立在科学证据的基础之上②,并在近十年来形成了刑事司法政策科学化的思潮和运动,③逐步建立和完善以科学研究为基础的一整套刑事司法体系。

政策科学的发展,使得以量化分析为基础的政策分析得到了最引人注目的成长,逐渐从政策科学的一部分,成长为一个应用社会科学学科,强调使用现代科学技术和各种研究论证方法,产生与政策相关的信息,帮助政治组织解决政策问题④。政策分析强调对政策效果的评估,"是一种具有特定标准、方法和程序的专门研究活动",以政策效果为着眼点,"依据一定的标准和程序,对政策的效益、效率及价值进行判断",将相关信息"作为决定政策变化、政策改进和制定新政策的依据",其主要任务是对政策效果进行测量、评价,是决策科学化的重要基础⑤。

因此,在循证实践和政策科学的影响下,犯罪防控领域的评估研究得到了进一步的发展,理论基础不断完善,评估方法也不断科学化、规范化。宽泛的科学概念可以包括一切依靠事实和证据来做结论的活动和成果。我们所讲的实践是检验真理的标准,在精神上就属于这种科学概念。但狭义的"科学"二字,通常是指经验科学。经验科学指的是以可观察、可感知的事实为基础建立的认识,科学事实是指以科学的方法系统地收集严格、可靠的经验事实。以科学为基础的管理政策就是指以经验科学研究为基础建立起来的政策。实现犯罪防控政策科学化的一个主要途径就是建立和完善以经验科学研究为基础的一套犯罪防控体系,它包括科学研究基础上形成的观点、理论和政策,以及实施这些政策的具体项目。这套体系依靠可靠性日益提高的数据,严格程度日益提高的分析技术,对政策项目的科学评估,作出正确的政策决定,即达到对犯罪防控的科学管理。

---

① Sherman, Lawrence W. (1999). *Evidence-based Policing, in Ideas in American Policing*, Washington, DC: Police Foundation.

② Sherman, L.W., Farrington, D.P., Welsh, B.C., & MacKenzie, D.L. (2002). *Evidence-basedcrime prevention*. New York, NY: Routledge.

③ Myers, D.L.& Spraitz, J.D. (2011). Evidence-Based Crime Policy: Enhancing Effectiveness Through Research and Evaluation. Criminal Justice Policy Review, 22: 135–139.

④ 陈振明:《政策科学:公共政策分析导论》,中国人民大学出版社 2003 年版,第 2—16 页。

⑤ 陈振明:《政策科学:公共政策分析导论》,中国人民大学出版社 2003 年版,第 10—11 页。

二、西方国家的经验：从前科学、准科学到科学

（一）曼海姆的科学阶段理论

西方国家的犯罪防控政策,也经历了一个科学化的过程。对18世纪晚期以来的犯罪学研究如何划分阶段或时期,犯罪学家们有不同的看法。对西方犯罪学史发展阶段的划分,最有代表性的观点可能是德国出生的英国犯罪学家赫尔曼·曼海姆(Hermann Mannheim)(1889—1974)提出来的。曼海姆认为,过去200多年间犯罪学研究的历史发展,可以大致划分为三个阶段：

1. 前科学阶段。前科学阶段(the pre-scientific stage),既没有系统阐述假设,也没有检验假设。人们并没有试图公正地解决他们所遇到的问题,没有研究他们所发现的事实,这并不意味着那时的一些探讨是无价值的。相反,尽管18世纪和19世纪上半期的大部分刑罚学文献属于前科学阶段的范围,但是,我们现在的刑罚制度中的人道主义进步,在很大程度上应归功于前科学阶段的努力。

2. 准科学阶段。准科学阶段(the semi-scientific stage)从19世纪中期开始。在这个阶段,提出了大量明确的或含糊的假设,但是,许多假设过于宽泛和模棱两可,以至于经不起精确的检验。而且,在这一阶段,也没有可以使用的公认的科学检验手段。

3. 科学阶段。科学阶段(the scientific stage),来源于某个一般性理论的假设,必须通过正确使用一种或几种普遍承认的方法检验,其结果应当得到无偏见的解释和验证。如果有必要的话,应当根据研究结果修改最初的假设,形成新的假设。在科学阶段,并不排斥使用直觉方法,但是,"我们的直觉必须接受检验"。如果说迄今为止概括出来的所有要求在科学阶段都已经实现了,那是不可能的,只能是一种理想。

（二）前科学、准科学与科学的划分标准

如果要判断某个国家的犯罪防控体系所处的科学阶段,需要对前科学、准科学与科学的划分标准进行明确。前科学、准科学与科学的区别,主要在以下几点：

1. 是否以证据/经验证据为基础不同,科学化以证据/经验证据为基础；

2. 使用的经验证据质量不同,科学使用的经验证据质量和严格程度远远高于前

科学或准科学；

3. 证据系统性有别,科学证据的系统性强于前科学、准科学；

4. 存在着科学基础上的差别,科学研究以实证的、观察的经验为基础。

（三）科学犯罪防控政策体系的四个层次

按照前述的科学概念,一个学科从理论层面上升到有关政策层面通常要经历科学发展的三个阶段。现代的或者说科学的犯罪防控政策体系,包含四个层次:

第一个层次是观点层次。主导的观点或者大部分人认同的观点可能成为对犯罪问题的基本理解,影响其他各层次的犯罪防控政策的建设和执行。

第二个层次是与犯罪防控有关的法律法规。包括刑事法律法规和在特定历史时期为处理某一特定犯罪问题通过的特殊法案或者单行法规。

第三个层次是犯罪防控机构的行政设置及其建立的各种政策。这些行政设置可以是在中央设立的,也可以是在地方设立的。一些发达国家往往会就某一特定问题通过单行法案,并拨付相应的预算,设立相应的行政机构来执行这些法案。

第四个层次是政策项目层次。政策通常是通过具体项目来体现的,项目的概念可以很宽泛,可以是很大的项目,也可以是很具体的小项目,在西方往往用"program"这个概念来表示。这些体系有些是建立在比较充分的科学研究基础之上的,而更多的是在政治及其他方面考虑的基础上建立的。

这个体系中第一层次中的观点和理论方针可以是来自科学理论研究的结果,其他几个政策层次可以是来自于以科学评估为核心的研究活动。科学研究可以成为犯罪防控理论政策和实践的科学基础。

三、科学证据的层次:萃取技术与康拜尔合作组织

犯罪防控政策的科学化,强调通过科学的研究方法对政策实践进行评估,并使用科学方法所产生的科学证据来指导实践[1]。那么,什么样的证据才算是科学的呢?

---

[1]　Sherman,Lawrence W.,"Evidence-based Policing"in Ideas in American Policing,Washington,DC:Police Foundation,1999.

（一）层次的划分

不同方法所产生的证据,其效力也是不同的。RCT 所产生的证据属于效力最高的级别(即所谓的"金标准"),准实验研究、问卷调查、定性研究获得的证据效力次之[①]。

证据级别由低到高			
定性研究	问卷调查	准实验研究	RCT

在评估研究所采用的各种方法中,RCT 所产生的数据之所以被视为最高等级的科学证据,是因为 RCT 相对其他实验方法而言,具有最稳定的内部效度(Internal Validity),能够最为客观、清晰地展现犯罪防控措施或干预项目的影响。[②] 在评估犯罪防控措施或干预项目的效果时,如果一个评估研究难以解释这些措施或项目到底能否引起受试者的变化,例如在戒毒矫治项目效果评估中,即使大部分受试者都能减少毒品的使用量或使用频率,但研究者并不能确定到底是干预项目起了作用,还是受试者本来上瘾程度就不深或在接受矫治前就已经准备戒毒,那么这个研究的内部效度就比较低,因为它无法排除是否有其他因素影响了结果的产生;反过来讲,如果这个评估研究能够确保、证明,受试者的戒毒效果是由干预项目这一单一因素引起的,那么它就具有较高的内部效度。一般 RCT 之所以具有最稳定的内部效度,是因为其在控制了年龄、性别等变量的情况下,将参加实验的被试者随机分配到实验组和对照组,确保实验组和对照组的人员构成与各种特征都比较一致,再对实验组实施干预项目,由于实验组和对照组的人员都是随机分配的,具有同质性,因此当实验组在接受干预项目之后出现任何变化,研究者都可以确认,这些变化一定是由干预项目所造

① Farrington,David P.1983.Randomized Experiments on Crime and Justice.In *Crime and Justice：An Annual Review of Research*.Vol.4,ed.Michael Tonry and Norval Morris.Chicago：University of Chicago Press.Eileen Gambrill.Evidence-Based Practice and Policy：Choices Ahead.*Research on Social Work Practice*,2006.Sackett,D.L.,Straus,S.E.,Richardson,W.S.,Rosenberg,W.& Haynes,R.B.,Evidence-based medicine,how to practice and teach EBM.New York：Churchill Livingstone. Gray,M.,Plath,D.& Webb,S.A.,Evidence-Based Social Work.Routledge：New York,2009.Marston,G.& Watts,R.,Tampering with evidence：a critical appraisal of evidence-based policy-making,The Drawing Board：An Australian Review of Public Affairs,2003.

② Farrington,D.P.,D.C.Gottfredson,L.W.Sherman,and B.C.Welsh.2002.The Maryland scientific methods scale.In *Evidence-based crime prevention*,edited by L.W.Sherman,D.P.Farrington,B.C.Welsh,and D.L.MacKenzie,13-21.London：Routledge.

成,而不会是其他因素所造成的。①

（二） 元分析

要对某项犯罪防控政策的有效性进行评价,如果仅仅依靠一两个评估研究的科学证据,可能并不足够,因为其他评估研究可能会有不同的结论,甚至不同研究者分别针对同一个主题所进行的不同评估研究也可能产生不同的结论;因此,为了进一步提高科学证据的效力(同时也是进一步提高犯罪防控政策的科学化水平),需要对关于同一个主题的评估研究报告进行系统的元分析。

按照传统的文献综述方式,研究者不使用定量技术,而是根据个人的思辨结果对所搜集的文献资料进行分析总结,因此可能会受到个人偏见的影响②;为了改善这一问题,可以使用定量分析技术的元分析。但其也存在着问题和局限,例如其主要依赖统计显著性来对评估研究报告的结果进行筛选和评价,但由于社会服务领域,以及刑事司法领域的评估研究往往在 RCT 中使用比较小的标本数量,因此很多具有实际效力的小样本评估研究结果可能被排除、被忽略,从而影响最终结果的可靠性和科学性。

（三） 系统综述

为了改善这些问题,可以进一步采用系统综述的方法;系统综述是一种全新的文献综述方式,使用严格的方法对某一主题的所有评估研究报告进行定位、分析、综合合成,将数据综合成一个整体,以得出可靠的结论,具有如下特征:明确的目的,明确的筛选标准,筛选文献时应当避免潜在的偏见,必须列明被排除的文献清单,尽量获取与主题有关的所有文献,使用定量分析方法对文献的数据进行合成(包含或不包含元分析均可),最终的系统综述报告必须具备固定的结构和撰写方式③。必须明确的是,系统综述并不等同于元分析,前者可以包含后者,但后者并不代表前者。严格按照规定程序和方法完成的系统综述,能够为评价犯罪防控政策的有效性提供当前最可靠、最完整的科学证据④。

①　David Weisburd, Lorraine Mazerolle & Anthony Petrosino, The Academy of Experimental Criminology: Advancing Randomized Trials in Crime and JusticeDavid Weisburd, Cynthia M. Lum & Anthony Petrosino, Does research design affect study outcomes in criminal justice? in ROBERT PEARSON(Ed), The Annals by The American Academy of Political and Social Science. Sage Publications, 2455 Teller Road, Thousand Oaks, CA. 2001.

②　Cooper, Harris C. and Larry V. Hedges, eds. 1994. *The Handbook of Research Synthesis*. New York: Russell Sage.

③　Farrington, David P. and Anthony Petrosino. 2001. The Campbell Collaboration Crime and Justice Group. *Annals of the American Academy of Political and Social Science* 578:35-49.

④　Petrosino A, Boruch RF, Soydan H, Duggan L, Sanchezp-meca J. (2001). Meeting the Challenges of Evidence-based Policy: The Compbell Collaboration, in ROBERT PEARSON(Ed), The Annals by The American Academy of Political and Social Science. Sage Publications, 2455 Teller Road, Thousand Oaks, CA.

（四）康拜尔国际合作组织

在评估研究发展过程中,系统综述作为一种新的评估工具,得到了越来越广泛的应用,同时也发挥了越来越重要的作用。而康拜尔合作组织的成立,则是评估研究以及犯罪防控政策科学化发展进程中的一个里程碑事件,通过系统评估的方法,进一步提高了评估研究的科学性[①]。康拜尔合作组织是一个由跨国学者组成的研究组织,下设教育、刑事司法和社会福利三个领导委员会,其目的是筹备、推动、产生社会科学方面,包括教育学、刑事司法学、社会福利学三个领域的系统综述研究报告,为各国学者或机构的研究和决策提供参考。

康拜尔合作组织的建立,要追溯到 Cochrane 国际合作组织的成立和成就。在英国卫生部的支持下,Cochrane 国际合作组织于 1993 年正式成立,致力于为全球医务工作者提供关于对医学领域各种医疗干预措施有效性进行评价的系统综述报告,并迅速在全球医学研究和医疗实践领域取得了巨大成功。研究显示,Cochrane 国际合作组织所产生的系统综述报告,其质量和效力要高于其他研究组织或研究系统所产生的系统综述报告,更是远远高于通常发表在医学期刊上的元分析论文,被认为是关于医疗干预措施有效性评价的最可靠的证据来源;Cochrane 国际合作组织(简称 C1)的成功,促使各国学者决定成立康拜尔合作组织(简称 C2),仿照 Cochrane 国际合作组织的运作方式,为教育、刑事司法和社会福利领域的研究者和实务工作者提供系统综述报告[②]。

康拜尔合作组织的刑事司法领导委员会,专司负责与刑事司法政策和犯罪防控项目有关的系统综述报告的产生和维护,主要目的是对犯罪防控政策及干预项目的有效性进行科学评价、提供科学证据,其研究范围涵盖犯罪防控领域的各个主要课题,着重对与这些课题有关的干预项目的有效性进行系统综述,包括:恢复性司法,父母教育项目,儿童技能培训,少年犯宵禁令,少年行军营(对未成年犯或未成年行为偏差人员集中进行军事化训练),电子监禁,针对犯罪人员的认知行为项目,针对监狱服刑人员的宗教信仰项目,刑期长短对重新犯罪率的影响,社区服务令,针对精神病患者的矫治,闭路监控系统,街道照明项目,邻里守望项目,高危地带警务项目,戒

---

① Farrington, David P. and Anthony Petrosino. 2001. The Campbell Collaboration Crime and Justice Group. *Annals of the American Academy of Political and Social Science* 578:35-49.

② Petrosino A, Boruch RF, Soydan H, Duggan L, Sanchezp-meca J. (2001). Meeting the Challenges of Evidence-based Policy: The Compbell Collaboration, in ROBERT PEARSON(Ed), The Annals by The American Academy *of* Political *and* Social Science. Sage Publications, 2455 Teller Road, Thousand Oaks, CA.

毒矫治,等等[1]。

四、中国的现状和发展方向

（一）中国犯罪防控政策体系的现状

在我国,过去几十年来,特别是自改革开放三十多年来,犯罪问题与犯罪率,特别是青少年犯罪,出现了较为明显的增加,日益成为政府和广大公众关注的重要问题。中国的犯罪防控和犯罪学取得了长足发展,犯罪防控领域的理论和实践都取得了重要的成就。我国政府也已建立了自己的犯罪防控体系:

1. 在观点层次上,国家确定了社会治安综合治理的方针。可以说,我国犯罪防控政策框架主要是以社会治安综合治理这个基本方针为中心的政策体系,这个政策框架首先包含着中央政府对犯罪防控的基本指导思想。中共中央 1979 年 8 月在批转中央宣传部、教育部、文化部、公安部、国家劳动总局、全国总工会、共青团中央、全国妇联等 8 个单位《关于提请全党重视解决青少年违法犯罪问题的报告》时明确指出,解决青少年的违法犯罪问题,必须实行党委领导,全党动员,依靠学校、工厂、机关、部门、街道、农村社队等城乡基层组织和全社会的力量。绝不能就事论事,孤立对待,而应当同加快经济发展,加强思想政治工作,健全民主与法制,搞好党风、民风,狠抓青少年教育等工作结合进行。这是最早见于中央文件中的有关对社会治安问题实行综合治理的指导思想。

社会治安综合治理,是指在党和政府的领导下,依靠国家政权、社会团体和广大人民群众的力量,各部门协调一致,齐抓共管,运用政治、经济、行政、法律、文化、教育等多种手段,整治社会治安,打击犯罪和预防犯罪,保障社会稳定,防止被害,为我国社会主义现代化建设和改革开放创造良好的社会环境。

2. 法律、法规层面,1991 年 3 月 2 日,第七届全国人大常委会第十八次会议通过了《全国人大常委会关于加强社会治安综合治理的决定》。

3. 犯罪防控组织机构,例如中央、各地专门设立综治委等机构,并进一步颁布了各种具体政策,领导、组织各种具体项目的实施,形成了一个具有相当规模的犯罪防

---

[1]　Farrington, David P. and Anthony Petrosino. 2001. The Campbell Collaboration Crime and Justice Group. *Annals of the American Academy of Political and Social Science* 578:35-49.

控体系。

4. 在政策项目层次上,从中央至地方多年来提出了很多政策项目,如打击犯罪、预防犯罪、矫治罪犯、刑事司法过程、社区参与、化解矛盾冲突、情景犯罪预防。具体实施的政策项目,大到多部门治理,小到具体的犯罪干预项目。

(二) 当前中国犯罪防控政策体系所面临的困难和问题

我国学者也对犯罪治理政策做了大量研究。如研究对政府理论观点的形成等,这些对政策的制定也都有着重要的影响。我国学者也对主要的政策项目做了一些有价值的评估研究。但是,我国犯罪防控政策体系仍面临着一些问题与挑战,在社会基本稳定的大前提下,大量不安定的风险因素和社会矛盾普遍存在。

1. 刑事案件仍在上升。随着经济社会发展、改革开放深入、市场化深化,有关犯罪防控的社会管理任务十分艰巨,除了传统类型的犯罪和治安案件仍在持续上升,一些特别严重的犯罪问题也对我们提出重大挑战,例如不断发展的有组织犯罪问题、毒品犯罪问题、拐卖妇女儿童犯罪问题等,发展趋势都相当严峻。从警务战略的角度看,如何以有限的警务资源有效地应对这些挑战,不断总结经验,提出创新,发展出有效果又有效益的各种政策项目,维护好社会治安,保证国家经济建设、人民生活安定,我们面临十分艰巨的任务。

2. 中国综合治理犯罪框架下,公安机关是犯罪防控的领导力量和中坚力量。几十年来,公安部门设计并执行的犯罪防控政策及项目,主要就是"严打"。"严打"是依法从重从快严厉打击刑事犯罪分子活动的简略表述,是为解决一定时期中突出的社会治安问题而依法进行的打击严重刑事犯罪的活动。1983 年 9 月,全国人大常委会通过了两个决定,即《全国人民代表大会常务委员会关于严惩严重危害社会治安的犯罪分子的决定》和《全国人民代表大会常务委员会关于迅速审判严重危害社会治安的犯罪分子的程序的决定》,这两个决定为"严打"活动提供了合法的依据。第一个决定体现出"从严",而第二个决定表现的是"从快"。

从 1983 年 8 月上旬开始到 1984 年 7 月,各地公安机关迅速开展严厉打击刑事犯罪活动的第一战。迟志强就是这次战役中最著名的一个案例。"严打"虽严,却反弹很快。在 1983 年到 1987 年第一次"严打"期间,刑事犯罪确实得到了抑制,"严打"期间,从各类报道中不仅可以看到各种公共场所治安良好,连女工上下夜班、女学生下晚自习也不再需要家人接送了。但是,在"严打"后,刑事案件的立案数一下子由 1987 年的 57 万件上升到 1988 年的 83 万件——三年多的"严打"并没有达到预期的长效目标。严打政策项目、严打刑事犯罪使犯罪在一定程度上得以抑制,但也受到很多批评,很多学者,包括政府和学界普遍认为"严打"并不能达到社会控制的长效目的。与此同时犯罪学并不被社会广泛了解。与临近学科例如法律相比较,犯罪学家的社会地位并不高。

3. 科学程度不足。我国犯罪率不高,在警务项目方面可以说是成功的,平时也讲犯罪防控效果的客观性、真实性,那么中国的犯罪防控政策有没有科学化? 够不够科学化? 由谁来决定是否科学化? 用什么方法评估科学化程度? 科学的犯罪防控政策要讲证据,而大多数中国的犯罪学理论是没有以经验研究为基础的。学者刘晓梅指出,中国从理论、经验和实践上都没有科学化。中国的政策和项目基本没有科学的评估,而是领导人(层)的意志决定一切。比如中国的犯罪率在一定时期内发生变化,呈现下降趋势,能不能想当然地认为国家施行的犯罪防控政策在起作用,也许是人的素质普遍提高等其他因素对犯罪率产生了影响。没有进行评估,无法轻率地得出任何结论。当前中国某些犯罪防控政策是新瓶装旧酒,虎头蛇尾,评估结果不一定权威,评估方法不够科学。

(三) 未来的发展方向

科学的犯罪防控政策体系,其实是科学研究与实践工作的结合。在此过程中,犯罪学研究起着重要的作用。犯罪学是一门学问,只有不断发展才能保证它的成功。

1. 犯罪学的资源。犯罪学领域中的关键概念之一是资源。因为我国资源不足,所以在世界各国影响力有限。资源就是力量,资源左右影响力的分配,反之亦然。另外,我们需要财务资源来保障科学研究顺利进行,我们需要政治资源影响政府的决策,我们需要社会资源创造并提高犯罪学的影响和认可度。

2. 犯罪学的需求。我国是否存在发展犯罪学的需求? 答案是肯定的。城市化不仅仅带来了高度发达的物质文明,也带来日益繁重的犯罪问题。那么,谁需要犯罪学知识呢? 政府是最为传统的消费者。政府在制定法规政策,改进警务机构,推动司法改革等方面,是非常需要高水平的、专业化的犯罪学知识作为参考的,这将大大有益于社会科学化管理水平的提升。除此之外,非公共领域当中,对犯罪学的需求也是不可忽视的。随着城市建设的扩张,城市新兴社区正在不断形成。为了社区安定,需要构建新型的社区治安保障体系。这种体系建设需要大量的犯罪防控知识作为支撑。比如,在情景预防犯罪理论的指导下,在建设城市公共设施和居民住宅的过程中,应该在考虑建筑布局和工作人员设置与职责安排时,将安全与犯罪防控也作为重要的考量要素。因此,在犯罪学的市场中,政府是最关键的因素,而非官方组织是另一个主要市场。私营企业有犯罪预防和安全的需要,社区、学校、家庭以及个人也有犯罪预防和安全的需要。

3. 犯罪学的科研产品。犯罪学领域还有一个关键概念是科研产品,也就是犯罪学的供给。为了生存并取得成功,我国犯罪学必须拿出高质量的研究成果来满足市场的需求。政府方面犯罪学的研究成果包括法律法规、政策、项目策划、咨询服务。非官方组织方面犯罪学的研究成果有犯罪防治、安全措施、社会项目等。在理论领域里通行的做法是依靠严格的经验验证来建立理论,这其中包括以严格的科学方法系统地收集证据、资料,通过使用各种经验方法进行验证,包括使用统计模型和计算来检验理论在观察层面上的假设是否成立。政策领域中,核心的科学活动就是对现实存在中的政策和政策项目进行评估,并以评估提供的证据为基础调整、改善或放弃已有的政策,从而实现科学的管理。

4. 供给和需求组成的市场。犯罪学共同体的主要使命是提供专业水平的知识产品,而这种产品的使用价值取决于它是否能够满足公共或非公共领域的犯罪防控与社会安全需求。这种需求与犯罪共同体的供给共同组成了我国犯罪学的市场。资源和影响力在市场中进行分配。市场占有率决定一个组织的影响力,犯罪学也不例外。市场能够左右专业群体的社会阶层划分并且决定他们的影响力。市场的这个作用是客观的,犯罪学家更无法控制。为了提高犯罪学的影响力,我们要尊重市场的需求。以市场作为犯罪学发展的支点,意味着要用竞争机制来启动犯罪学的学术航路。市场占有率决定组织影响力,左右专业阶层的划分,但是,市场的本意是要尊重和满足各种特定的需求,而这种需求的存在,是我国犯罪学进一步拓展和深化发展的基础。

在社会管理向科学化方向发展的今天,犯罪学的建设和刑事政策的制定与实施应遵循科学的轨道。在市场化竞争机制的指引下,融合了实业家精神的中国犯罪学,必将迎来蓬勃发展的未来。

五、本丛书简介

综上所述,建立在科学证据基础上的犯罪防控政策和项目,将能更加有效地预防、减少犯罪行为。评估研究以犯罪防控政策的有效性作为研究对象,以实验方法为主要研究方法,为犯罪防控政策的制定和实施提供了极为有力的科学证据[①],使得犯

---

① Brandon C.Welsh and David P. Farrington. (2001) .Toward an Evidence-Based Approach to Preventing Crime, in ROBERT PEARSON(Ed), The Annals by The American Academy of Political and Social Science. Sage Publications, 2455 Teller Road, Thousand Oaks, CA.

罪防控政策体系逐渐向科学化的方向发展,即在科学证据的基础上,对犯罪防控政策进行科学决策,并确保其得到有效实施。

高层次的科学证据,主要来自于 RCT,Meta-analysis 和 Systematic Review。康拜尔合作组织是这方面的领头羊,其刑事司法委员会所完成的元分析和系统综述研究,涵盖了警察、矫正、吸毒和预防犯罪领域,代表了该领域的最高成果。我们选译了康拜尔合作组织的若干元分析和系统综述报告,编成 5 卷,分别为《警务工作评估系统回顾研究》、《犯罪干预与预防评估系统回顾研究》、《青少年犯罪评估系统回顾研究》、《犯罪矫治评估系统回顾研究》和《禁毒干预评估系统回顾研究》,以期为国内学界及实务界提供参考,共同推进我国犯罪防控政策体系的科学化。

《警务工作评估系统回顾研究》包括 11 篇研究报告,分别对"犯罪热点警务"项目、反恐战略、控制枪支犯罪项目、家庭暴力应对项目、警察压力管理项目等警务项目的效果进行了系统综述。

《犯罪干预与预防评估系统回顾研究》包括 8 篇研究报告,分别对街道照明项目、闭路电视项目、邻里守望项目、家庭暴力罪犯治疗项目、恢复性司法等预防干预项目或措施的效果进行了系统综述。

《青少年犯罪评估系统回顾研究》包括 7 篇研究报告,分别对家庭/家长培训项目、儿童自我控制干预项目、父母监禁对子女心理行为的影响等内容进行了系统的综述和评估。

《犯罪矫治评估系统回顾研究》包括 7 篇研究报告,分别对认知行为治疗、监禁与非监禁刑罚、矫正训练营、就业项目对重新犯罪率的影响进行了系统综述。

《禁毒干预评估系统回顾研究》包括 5 篇研究报告,分别对监狱里的戒毒项目、药物法庭、替代矫治项目、动机式晤谈法的效果进行了系统综述。

目　录

罪犯认知—行为治疗的效果

Effects of Cognitive-Behavioral Programs for Criminal Offenders

作者:Mark W.Lipsey,Nana A.Landenberger,Sandra J.Wilson

译者:刘为地　核定:张金武

内容概要

　　认知行为治疗(CBT)是其中一个比较有前景的针对犯罪分子的康复治疗方法。不同治疗方法的相对有效性文献回顾都把 CBT 列为对累犯最为有效的治疗方法(如 Andrews et al.,1990;Lipsey & Wilson,1998)。它有一个完备的理论基础,这个理论基础明确地把"犯罪思维"看作是越轨行为的一个影响因素(Beck,1999;Walters,1990;Yochelson & Samenow,1976)。并且,它可适应于各种青少年和成年罪犯,可以在公共机构或社区的环境下由心理健康专家或专家助手实施,既可以作为多层面项目的一部分,也可以作为一个独立的干预项目。元分析结果一致地显示,认知行为治疗通常对累犯有显著的积极影响。然而,不同研究中治疗成效的大小也有显著差别。调节变量能够描述与较大和较小的影响相关的研究特性,鉴别出这些变量可以进一步扩展我们对罪犯 CBT 的有效性的认识。尤为重要的是这样的调节变量分析可以确定CBT 中的哪些变量是最有效的。这篇系统性回顾是为了检验一般罪犯群体中累犯的 CBT 效果里,所选定的调节变量间的关系。

1. 犯罪思维

一个刑事罪犯最显著的特点是扭曲的认知——自我辩护的思维、社会线索的误解、责任的推卸、道德推理的缺乏、主导和权力的模式等(Beck,1999;Dodge,1993;Walters & White,1989;Yochelson & Samenow,1976)。有这种扭曲思维的罪犯会把善意的情形误认为是威胁(例如,会倾向于把无恶意的评论当作是不敬或故意挑衅),需要及时行乐,还有混淆欲望和需求。

犯罪思维往往与"受害者的立场"联系在一起,这个立场使得罪犯认为他们自己即便不被仇恨,也受到了不公平的责备,甚至被赶出社会("人人都针对我"或"社会不给我一个机会"),但是他们并没有意识到自己的反社会行为造成了他们的问题。这些思维模式也可能是受到反社会亚文化(如街头和监狱潜规则)中罪犯侵染的支持,否则关于人应该怎么表现的功能失调性假设实际上可能是适合的(例如,如果别人惹你时,你就应该惩罚他,否则他不会尊重你)。

2. 认知行为疗法

认知行为疗法基于的假设是:罪犯的认知缺陷和扭曲特性是后天学习,而非遗传的。所以针对罪犯的项目强调个体责任,并试图教导罪犯去了解他们犯罪行为之前的思维过程和选择。学会自我监控思维是典型的第一步,之后治疗技术就会去帮助罪犯鉴别和纠正有偏差的、冒险的和有缺陷的思维模式。因此所有的认知行为干预都是采用一系列结构性的技术,这些技术的目的在于在罪犯表现不足的地方建立认知技巧和当罪犯的思维出现偏差或者扭曲时重建认知。这些技术通常包括认知技能培训、愤怒管理,以及与社会技能、道德发展和再犯预防有关的各种辅助成分。

认知技能培训。认知技能培训的目的是传授一些思维技巧,如人际问题解决(其中信息收集、学习替代解决方案和评估结果是关键步骤),抽象思维、批判性推理、因果思维、目标设定、长远规划和观点采择。一些情境容易激发不适应的习惯以及具有攻击性的或犯罪行为,往往在实际生活中的角色扮演可以用来帮助巩固适应这些情境的新方法。

愤怒管理。愤怒管理培训通常着重于教会罪犯在容易激发愤怒和暴力的情境下管理他们自发的思维模式。然后不同的策略会通过排练来评估这些"激惹性"思维的有效性。学习用精确的解释去代替有偏差的解释,并且用非敌意的原因去解释他人的行为是大多数愤怒管理项目的核心部分。

附加成分。CBT 的各种方案会有不同的侧重。一些主要针对愤怒控制和学习解决冲突的技能。其他集中在假定的对于犯罪的个人责任上(如,改变罪犯以谴责受害人来把他们的行为合理化的倾向)和建立对受害者的同情心(如,通过纠正他们把自己造成的伤害最小化的借口)。除了这些主要的重点,CBT 项目往往有选择的添加些辅助成分,如社交技巧训练,道德推理练习,或再犯预防计划。再犯预防措施越来越受欢迎,它旨在发展认知风险管理策略和一套行为契约去避免或逐步降低犯罪行为的预兆(如,高危情境、地点、同伴或适应不良的应对反应)。

3. 具有代表性的 CBT 项目

针对罪犯的 CBT 项目的典型例子包括:

• 推理和康复项目(Ross & Fabiano,1985)是围绕一些训练(如批判性思维、社会观点采择)安排的,这些训练的重点在于"改变犯罪者冲动的、自我中心的、不合理的和刻板的思维方式,并教会他们在行动前停下来并思考,去考虑他们行为的后果,认识到应对人际问题的其他方式,并且意识到自己行为会对他人,特别是对受害人,产生的后果"(Ross et al.,1988:31)。

• 道德再塑造治疗(Little & Robinson,1986)是基于 Kohlberg 的道德发展阶段并且采用了一系列的小组和工作簿练习,这些练习是设计来在 16 级的道德和认知阶段上逐步提高罪犯的道德推理水平。

• 侵略替代训练(Goldstein & Glick,1987;1994)是由"技能流"、愤怒控制训练和道德教育三个部分组成。"技能流"通过榜样和角色扮演亲社会行为教会罪犯亲社会行为。愤怒控制训练指导罪犯通过记录引起他们愤怒的经历进行自我控制,识别激发自己愤怒的想法并使用愤怒控制技巧。道德教育是在讨论的形式中把罪犯暴露在道德两难情境中,目的是提高其道德推理水平。

- 对于可能的变化的思考(Bush et al.,1997)包括 22 个小组练习和家庭作业,这些练习和作业围绕(1)认识到是思想控制着行为;(2)理解并回应自己和他人的感受;以及(3)解决问题的能力。

- 认知干预项目(National Institute of Corrections,1996)是一个 15 节课的认知重建课程,这个课程引导罪犯看到自己的行为是他们作出选择的结果。该项目引导参与者认识到思维中的扭曲和错误(如受害者立场、过于乐观、认识不到对他人的伤害)和反社会倾向是如何影响这些选择。

- 对于药物滥用的再犯预防方法(Marlatt & Gordon,1985)已经应用于治疗攻击性和暴力行为(如,Cullen & Freeman-Longo,2001)。这些项目把认知技能和认知重组元素融合进一个课程,这个课程可以建立行为策略去应对高危情境并在行为失检发展成再犯前中止再犯循环。

4. 对于罪犯 CBT 的现有研究

一些严格实施的元分析已经确定了认知行为治疗(CBT)是一个对于减少青少年和成年罪犯再犯特别有效的干预措施。例如 Pearson,Lipton,Cleland,and Yee (2002),进行了一项包含 69 项研究的元分析,这个元分析涵盖了行为项目(如应变契约、代币制)和认知行为项目。他们发现认知行为项目在减少重犯上比行为项目更有效,其累犯平均减少约 30%。类似地,Wilson,Bouffard,and MacKenzie(2005)的一个元分析检验了 20 个小组导向型的认知行为项目研究,发现 CBT 对减少犯罪行为非常有效。在他们的分析中,典型的 CBT 项目比控制组减少 20%—30%的累犯。

虽然这些元分析为针对罪犯认知行为治疗的有效性提供了有力证据,但是他们在罪犯类型、结果变量、研究设计的质量和记作认知行为治疗的变化上(特别在 Pearson et al.,2002 的研究)仍有不小的差异。Lipsey,Chapman,and Landenberger (2001)进行的一个更局限的元分析检验了 14 个实验和准实验研究,这些研究强调认知变化作为 CBT 的定义性条件,只考虑了针对一般罪犯样本的效果,并且着重于把再犯作为治疗结果。结果显示接受 CBT 的罪犯再犯率只有控制组的 55%。后来，Landenberger 和 Lipsey（2005；Lipsey & Landenberger，2006）进一步强调更新的和重叠的一系列研究，并且再次发现接受治疗组的平均再犯率比控制组显著要低。

这些现有的元分析回顾清晰地识别出 CBT 对于累犯的积极作用，虽然在一些案例中，他们把 CBT 的定义扩大，并且包括了针对不同类型罪犯的变化。这些元分析也为高低评级不同的全球性方法质量提供了对比，同时做了一些针对不同 CBT 干预措施（如不同命名的项目）的有限对比。然而，对于那些或许能够区分不同研究的效果大小的因素却只提供了很少的详细分析。

5. 此回顾的目的

元分析一致地显示，一般而言，CBT 对累犯有显著的积极影响。然而，对于作用于平均效应值的效应量，不同研究同样存在显著的差异。这个系统回顾的目的在于关注一个清晰明确的罪犯 CBT 治疗的主要领域，并且在这个领域里检验治疗效果变化中各种调节变量的作用。为此，相关的干预措施就仅限于那些明确指示出认知变化所适用的治疗策略，并且采用直白的认知行为方法去作出这些改变的干预方法。另外，只考虑对一般罪犯样本的效果。针对特定罪犯群体（如性罪犯、实施家暴者和滥药者）的 CBT 干预一般含有适用于那些罪犯的不同特性，并且这些干预的效果和这些效果的调节变量也都是特有的。因此，这篇回顾的主要问题是确定 CBT 对一般罪犯中累犯的主要效果及其调节变量。在这个领域里，CBT 有很多的变体，包括前面列举的不同名称的 CBT 项目和不同的可选择成分。我们特别感兴趣的是这些变体对累犯是否有不同的效果。

6. 回顾方法

6.1 此回顾对研究的筛选标准

为了有足够数量的研究检验研究间的差异，我们对现有研究做了非常详细的搜索。为了扩展研究的数量，我们既包含了随机田野实验也包含了准实验研究。根据下列标准评估和选择研究。

干预。所调查的治疗策略是认知行为治疗的一个变体,它代表或本质上类似推理和康复(Ross & Fabiano,1985)、道德再塑造治疗(Little & Robinson,1986)、愤怒替换训练(Goldstein & Glick,1987)、尝试改变课程(Bush,Glick & Taymans,1997)和认知干预项目(NIC,1996)这样广为人知的项目。这个项目专为改变扭曲的或有障碍的认知(认知重建)或教授新的认知技巧设计和涉及与 CBT 相关的治疗技巧,例如通过结构学习经历去影响一些认知过程如解释社会线索、监控自身思维过程、识别和补偿思维的扭曲和错误、正误行为推理、采用替代解决方法和作出合适行为决定。如果 CBT 被应用在同时提供其他服务的多模式项目中,CBT 一定是提供给所有的参与者,并且是项目的主要成分。

参与者。干预的接受者是包括未成年和成年的刑事罪犯,是在缓刑期间、关押期间或保释期间接受治疗的。罪犯是选自一般罪犯群体,并没有选择犯了某种特定罪行(如性犯罪、酒后驾驶、毒品犯罪、未成年身份犯罪)的罪犯样本。

结果测定。这个研究把治疗后的刑事犯罪作为结果变量。结果以量性形式呈现,这种形式能够用来计算或合理估计效果大小统计值,这些效果大小统计值代表了经过治疗和未治疗的罪犯的累犯率差异。

研究方法。这个研究使用了随机的或准实验的设计,这些设计比较了 CBT 治疗的一个条件和没有 CBT 治疗的一个控制条件。只有当治疗的和控制的条件下的对象是匹配的,统计上是控制的,或在以下一个或多个治疗前风险相关的变量作了比较的:先前犯罪史、累犯风险、性别、种族或年龄。所有被报告的变量和被用于创建成一个调节变量的信息的组内相等性都被编码了。为了减少小组分配中自己选择的误差作用,参与了 CBT 但没有完成整个过程和拒绝参与 CBT 的个体组成的控制组的研究没有包括在内。控制组可以代表安慰剂、等待名单、没有参与治疗,或"与过去同样的治疗"的情况,后者只限于常规缓刑、关押或假释。

来源。发表的和未发表的,在任何国家实施的,使用任何语言撰写的研究都符合纳入标准。

6.2 确定研究的搜索策略

最初一系列符合标准的研究来自 Lipsey,Chapman,and Landenberger(2001)和 Lipsey and Landenberger(2006)元分析中的总结和分析。通过以下步骤的详尽搜索使数量得以扩展。

元分析数据库。第一作者(Lipsey)已经建立了一个已经编码的青少年罪犯干预措施研究元分析数据库,这个数据库是基于对 2002 年及以前研究的详尽搜索。数据库里所有研究的适当性都被审核。另外,另一个针对成年罪犯干预措施的数据库审核已经接近尾声。

数据库搜索。1965 年至 2005 年期间的研究已进行了计算机化的文献搜索。据我们所知,第一个系统的针对罪犯的 CBT 应用是在 20 世纪 70 年代中期发展和发表的(如 Yochelson & Samenow, 1976);追溯到 1965 年的目的在于确保任何研究都不会被遗漏。搜索的关键字是描述人口(如犯人、罪犯)、CBT 治疗措施(如认知、CBT、犯罪思维)和有效性评估(如结果、评估、有效性)的组合词。所搜索的数据库包括 Campbell Collaboration Social, Psychological, Educational and Criminological Trials Register(C2-SPECTR), Dissertation Abstracts Online, ERIC, MEDLINE, The National Criminal Justice Reference Service(NCJRS), PsychInfo/PsychLit, Sociological Abstracts 和其他的一些数据库。

文献的交叉引用。相关的评论文章、元分析和资格审查的主要研究都已扫描了引文以发现可能符合条件的研究。

网络搜索。搜索了相关的政府网站(如 NIJ, NIC, OJJDP, Home Office)、基金会、专业协会和政策研究所的网站。另外,关键词搜索是用如 google.com 的搜索引擎进行搜索的。

期刊。Vanderbilt 大学订阅了大量的电子期刊,我们用关键词搜索了认为合适的期刊全文。大多数发表了与犯罪和青少年犯罪相关的实证研究的期刊也经人工搜索来寻找合适的研究。

非正式数据来源。未发表的两个 CBT 项目评估结果也从 N.Landenberger 得到,其他的几个同事向我们建议了一些符合资格的研究,而这些研究是无法从以上渠道得到的。

6.3 研究的选择

通过搜索步骤找到的研究的摘要都由一个研究者审查其相关性(通过阅读摘要)。非明显不合格或不相关的文章都被保留做最后的合格检查,这些文章都来自 Vanderbilt University Libraries, Interlibrary Loan, ERIC, University Microfilms 和政府文件资源。不论来源,由一位作者通过阅读全文最终决定所有研究的相关性。对于相关性的任何歧义或者疑问的地方都经讨论决定。

虽然有些研究建议由两位审查者来审核搜索到的摘要可能增加识别出合适研究的精确性(Edwards et al., 2002),但我们的经验是大多数摘要并没有提供足够的细节使审查者作出文章是否符合标准的可靠判断。因此,我们审查摘要主要是为了排除明显不相关并把最终决定延迟到整个研究报告都被筛选以后。因为这需要比回顾最终所需的数量更多的文章,这能够让我们基于对已有研究最完整的信息作出适当性判断。

对成人罪犯 CBT 研究共 2947 条研究引文,其中 771 篇文章被认为是可以做进一步检验的。对青少年罪犯的研究共 1487 条研究引文,其中 299 篇文章被检索出。通过一个或更多的作者对这些检索出来的文章的审查,最终确定了 58 个研究符合本次系统回顾的标准。

6.4　数据管理和提取

虽然并不是所有的潜在调节变量都在来源研究中记录完成以至于可以用来进行系统比较,一个详细的编码规则可以用来在这 58 个合格研究中提取尽可能多的相关信息进行分析。第二作者(Landenberger)对所有研究进行了编码,这些研究结果是经第二编码者审查的,而且所有有疑问的条目都经讨论决定。表 1 显示了用于描述性信息的主要编码类别。

累犯结果以几种不同的形式记录,但在几乎所有的例子中,要么每种研究条件下的罪犯比例已列明,要么通过提供的信息可以估计出这个比例。当出现不只一次再犯结果时,只有一个用作分析,分析使用的标准是最大化跨研究在测量变量和时间上的相似性。这个步骤更适合再次被捕的累犯,然后再次被定罪和关押,这个测量需要治疗后最近的 12 个月时间。其他再犯结果的差别通过编码变量识别并包含在了调节变量分析中以便检验和控制这些来源的变化。

所选的再犯结果被编码为优势比来代表治疗组相对于控制组"成功"(不再犯)的几率。对于二元的结果,这个优势比提供了具有良好性质的效果统计值以及容易解释的结果(Haddock, Rindskopf, & Shadish, 1998)。如果由 log 代表,优势比的统计分析就更有利,因此所有的分析都应用了 log 优势比。贯穿整个研究,我们使用了随机效果分析,这是为了恰当地呈现研究内样本误差和相关的假设,这些假设是指从那些希望能推广到超出这些特定研究的结果。

另外,正如下面所详细提及的那样,统计分析是使用传统的元分析技巧实施的,Lipsey 和 Wilson(2001)展示了这些技巧,其中每个效果值由它的逆随机效应方差衡量,这会在下文更详细的描述。所有的分析都是通过 SPSS 软件完成的,而元分析则由 SPSS macros 完成,这在 Lipsey 和 Wilson(2001)同样有描述。

7. 结　果

7.1　适当研究的描述

表 1 总结了此元分析包含的 58 个研究的特点。这篇研究有几个显著的特征。随机设计、配对设计以及非使用这些过程的组间比较用大致相等的数字呈现并包含了广泛的样本量。大多数研究中结果测量的消耗几乎为 0，但剩下的研究有些超过 30%。大约一半的治疗项目被用于常规训练，而剩下一半则由研究者设立并作为展示项目或研究项目进行，其中展示项目是指主要为了研究目的但在一定范围内和在某种程度上比所定义为研究项目的更能代表实际中的操作。成年人研究比青少年研究更多，并且多数只用男性罪犯或男性罪犯占绝大多数。将近一半研究中，治疗是在罪犯被关押再矫正机构时进行的，而且时间一般不超过 20 周。大多数例子中，治疗提供者基本没有足够的精神治疗背景，并且只接受过最简单的认知行为治疗培训。这些治疗通常是采用比较出名的手册化 CBT 项目，同时包含了多种治疗元素。

表 1　纳入元分析的研究的特性

	N	%		N	%
Publication type			**Program studied**		
Journal	19	33	Practice	31	53
Chapter	7	12	Demonstration	18	31
Technical report	25	43	Research	9	16
Thesis	7	12	**Treatment setting**		
Year of publication			Correctional institution	27	47
1980—1990	10	17	Community	31	53
1991—2000	31	53	**Treatment sessions/week**		
2001—2004	17	29	1	18	31
Country			2	17	29
USA	42	72	3	8	14
Canada	10	17	4—5	10	17
UK	5	9	6—10	5	9
New Zealand	1	2	**Treatment length**		

续表

	N	%		N	%
Design			5—10 wks	12	21
Randomized	19	33	11—20 wks	26	45
Matched	23	40	21—40 wks	13	22
Neither	16	28	41—104 wks	7	12
Design problem			**Proportion of treatment dropouts**		
Yes,favors control	13	22	.00	13	22
No or not noted	41	71	.01—.10	6	10
Yes,favors treatment	4	7	.11—.20	18	31
Attrition from Posttest			.21—.30	8	14
.00	37	64	>.30	13	22
.01—.10	7	12	**CBT treatment type**		
.11—.30	8	14	Reasoning & Rehabilitation	15	26
>.30	6	10	Moral Reconation Therapy	11	19
Intent to treat			Aggression Replacement Therapy	6	10
Yes,Tx dropouts included	49	84	Interpersonal Problem Solving Therapy	4	7
Cannot tell	4	7	Thinking for a Change	5	9
No,Tx dropouts not included	5	9	Substance abuse focus	5	9
Type of recidivism			Other manualized	9	16
Rearrest	29	50	All other	3	5
Reconviction	20	34	**CBT Emphasis**		
Incarceration	8	14	CBT with other services	11	19
Other	1	2	CBT with some other Tx elements	11	19
			CBT only	36	62
Recidivism interval			**CBT treatment elements indicated** *		
1—5 mo	2	3	Cognitive skills	45	78
6 mo	9	16	Interpersonal problem solving	45	78
7—11 mo	5	9	Social skills	43	74
12 mo	29	50	Cognitive restructuring	37	64

	N	%		N	%
13—24 mo	9	16	Anger control	20	35
25—36 mo	4	7	Substance abuse	19	33
Sample size			Moral reasoning	17	29
14—50	10	17	Relapse prevention	15	26
51—100	8	14	Behavior modification	11	19
101—200	14	24	Individual attention	10	17
201—500	11	19	Victim impact	7	12
501—3000	15	26	* multiple elements, not mutually exclusive		
Sample age			**Implementation monitoring**		
Juvenile	17	29	None indicated	17	29
Adult	41	71	Minimal	20	35
Percent male			Good	17	29
0	3	5	Very good	4	7
50	2	3	**CBT training for providers**		
70—98	11	19	Minimal	31	53
100	36	62	Moderate	14	24
Not reported	6	10	Extensive	13	22
Percent minority			**Mental health background of providers**		
0—25	12	21	None or minimal	40	69
26—50	9	16	Moderate	7	12
51—75	12	21	Extensive	11	19
76—100	4	7			
Not reported	21	36			
Recidivism risk rating					
Low	18	31			
Low-medium	9	16			
Medium	18	31			
Medium-high	7	12			
High	6	10			

Study name

Odds ratio and 95% CI

Culver (1993)
Pullen (1996)
Motiuk, et al. (1996)
Grandberry (1998)
Landenberger (2004)
Bonta, et al. (2000)
Falshaw, et al. (2003)
Pelissier, et al. (2001) Females
Thambidurai (1980)
Washington DOC (1998)
Cann (2003) Juveniles
Voorhis, et al. (nd)
Cann (2003) Adults
Hughey & Klempke (1996)
Van Voorhis, et al. (2004)
Knott (1995)
Robinson, D. (1995) A
Barnoski (2002) Institutional
Armstrong (2000)
Barnoski (2002) Probation
Little (1993): Routine Practice
Pelissier, et al. (2001) Males
Golden (2003)
Friedman, et al. (2002)
T3 Associates (1999)
Finn (1998)
Guerra & Slaby (1990)
Robinson, S. (1995)
Deschamps (1998)
Greenwood & Turner (1993)
Johnson & Hunter (1995)
Kirkpatrick (1996)
Friendship, et al. (2003)
Little (1993): Demonstration
Porporino, et al. (1991)
Hanson (2000)
Bush (1995)
Berry (1998)
Spencer (1986)
Robinson, D. (1995) B
Burnett (1997)
Curulla (1991)
Shivrattan (1988)
Henning & Frueh (1996)
Bottcher (1985)
McCracken, et al. (2003)
Coughlin, et al. (2003)
Hall, et al. (2004)
Kownacki (1995)
Larson (1989)
Arbuthnot & Gordon (1986)
Leeman, et al. (1993)
Goldstein, et al. (1989) A
Anderson (2002)
Dowden, et al. (1999)
Goldstein, et al. (1989) B
Ross, et al. (1988)

0.01   0.1   1   10   100

Favors Control   **Favors Treatment**

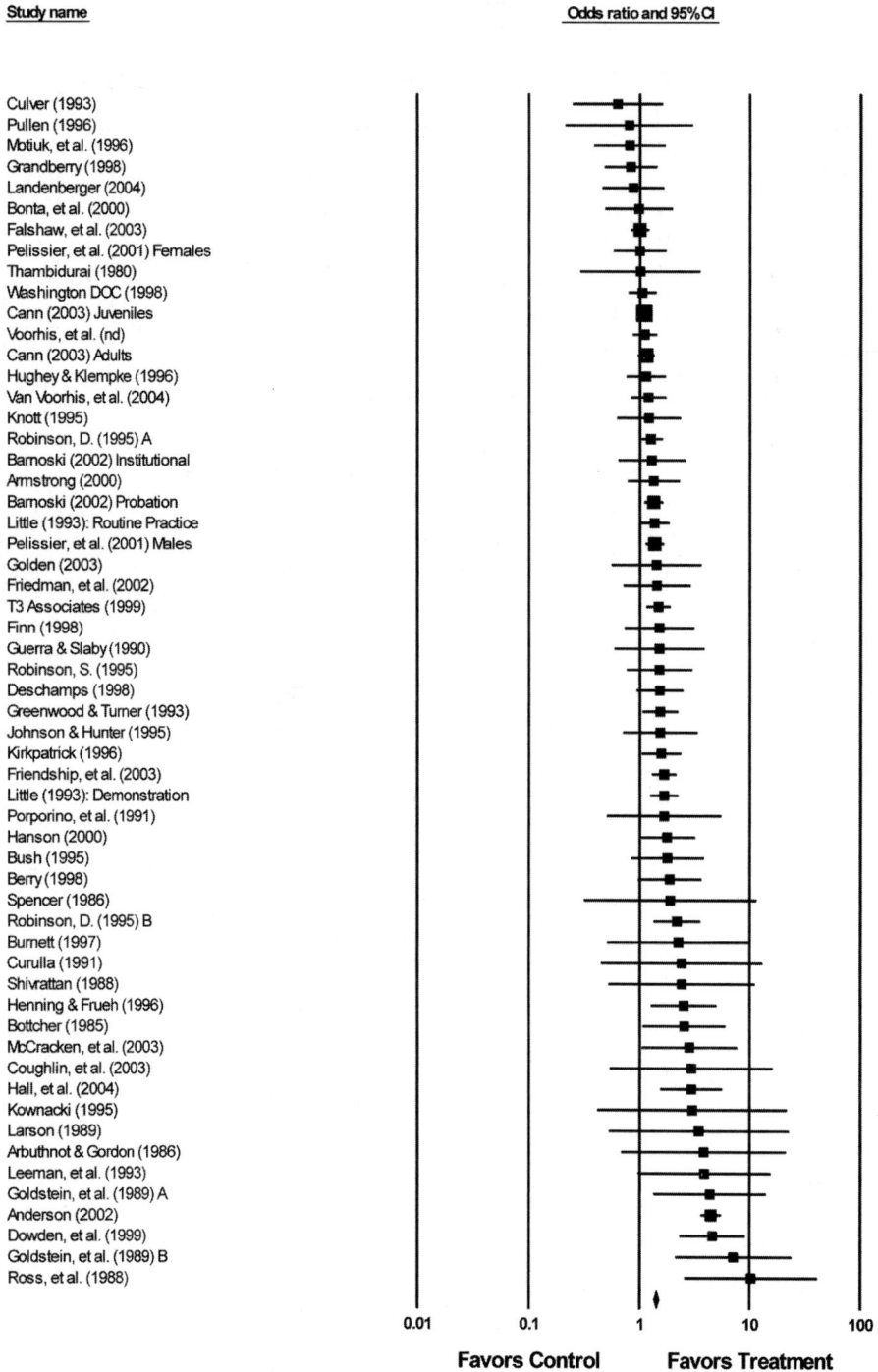

图 1　再犯结果的优势比和 95%置信区间

7.2　CBT 对于累犯的平均效果

代表干预措施的平均效果的平均优势比是 1.53（p<.001），这表明治疗组参与者的成功几率（如干预措施后的约 12 个月内没有再次犯罪）超过控制组的 1.5 倍。相对于平均累犯率约为 .40 控制组，这个优势比表明累犯率减少 25%，平均值为 .30。图 1 使用随机效果估计显示了效果值分布的森林图。不同研究在干预效果的优势比上同样有显著的变化（Q=214.02,df=57,p<.001）。我们现在开始检验与变化相关的研究特征。

7.3　效果值的方法关系

在这个元分析的研究中观察到的累犯效果可能受研究的方法特征以及治疗措施和被治疗者的实质特性的影响。因此，分析的第一步是决定哪种研究方法特征与效果值相关，从而可以在检验它们与实质属性关系时进行控制。以下是编码中获得的符合此目的的并认为相关的研究方法变量：

（a）设计：随机的、匹配的或者两者都不是；每个虚拟变量都被编码生成三个设计变量。

（b）设计问题：最初各组间在治疗前变量的差异性指数或者治疗中或之后有可能导致治疗组和控制组差异性的问题都由编码者规定为 3 级编码（1=favors control group；2=favors neither or insufficient evidence；3=favors treatment group）。

（c）比例消耗：没有累犯数据的所有最初样本比例（治疗组和控制组）。

（d）治疗意愿：在研究记录的累犯数据中，放弃治疗者是否被留在治疗组被编码为是／否。

（e）再犯类型：再次被捕、再次被定罪、关押或其他，每个虚拟变量被编码生成四种累犯变量。

（f）再犯间隔：治疗后几个月测量了再犯行为。因为刚开始几个月比之后几个月更有可能再犯，这个变量的数据在这个分析中也被检验。

表 2 显示了每个方法变量和累犯效果值之间（以 log 优势比呈现）的零次相关。他们采用了倒方差加权的随机效应分析，其中随机效应成分的估计是使用最大似然估计方法（Raudenbush,1994）。

表 2　研究方法特征和再犯效果值的相关（N=58）

Method Variable Design	Correlation	p
Randomized(no/yes)	.04	.77

续表

Method Variable Design	Correlation	p
Matched(no/yes)	-.03	.80
Neither(no/yes)	.00	.98
Design problem(favors control/no/favors Tx)	.19	.14
Attrition proportion	.12	.35
Intent to treat(yes/no)	-.24*	.06
Type of recidivism		
Rearrest(no/yes)	.10	.44
Reconviction(no/yes)	-.04	.77
Incarceration(no/yes)	-.08	.57
Other(no/yes)	-.02	.90
Recidivism interval		
Linear	-.01	.93
Log	-.04	.74

Note：Weighted random effects analysis.

* p<.10   ** p<.05

　　根据表2显示,效果值和研究设计总体而言没有显著相关。特别是随机化研究观察到的效果和配对研究或者既非配对又非随机分配的对照组研究观察到的效果没有明显差异。同样和效果值没有显著关系的是编码者对于是否存在明显的设计问题的评估,这个设计问题可能偏向控制组或治疗组,换言之,非对等的迹象可能影响累犯结果。相似的是,消耗比例、测量累犯的方式和测量的时间间隔和效果值都没有显著相关。

　　显示出和效果值微弱相关(p<.10)的唯一方法变量就是研究是否把治疗—控制组对比呈现为治疗意图分析。当中途放弃治疗者被包含在累犯结果中时,效果值比不包含时要小,这与预想的是一样的。鉴于治疗意图变量可能会影响效果值,这个变量就被作为效果值和与治疗及其接受者相关的实际因素二者关系分析的控制变量。作为防止研究方法特征混淆的预防措施,其他三个0.1或者更大零次相关的方法变量也都被作为方法控制(设计问题、消耗比例和再次被捕累犯)。

7.4　与治疗及其接受者相关的效果值变化

　　累犯效果值与CBT及其接受者描述性变量(见表1)的关系通过四个选取的方法变量来研究。这些分析通过一系列随机效果多元回归进行,这些多元回归包括一个描述变量和四个控制变量。每个描述变量在最初的分析中都是独立运行的,从而保证任何与效果值有潜在重要关系的都可以被识别出来,不管每个描述变量在这个设置中是否与其他变量相关。由于数量有限的研究导致了有限统计力和随机效果分析导致较宽的置信区间,为了进一步确保没有因此而导致潜在重要变量被遗漏,我们以 alpha=0.1 为统计显著值。表 3 呈现了这些结果。

表 3　对于效果值的参与者和干预特征的关系以及所选的方法变量控制

Study Characteristic	Beta with Method Controls[a]
General Study Characteristics	
Country:U.S.(1)vs.Canada/UK/NZ(2)	-.03
Publication type:report/thesis(1)vs.journal/chapter(2)	.13
Year of publication	-.11
Participant Characteristics	
Juveniles(1)/adults(2)	-.03
% male	-.07
% minority	.16
Recidivism risk rating	.27**
CBT Amount	
Sessions per week	.34**
Hours per week(logged)	.23*
Total hours of treatment(logged)	.38**
Length in weeks(logged)	-.03
Sessions per week x Length in weeks(logged)	-.08
Quality of CBT Implementation	
Proportion of Tx dropouts	-.28**
Implementation monitoring	.20
CBT training for providers	.21
Mental health background of providers	-.07
Practice(1)/demonstration(2)/research(3)program	.31**
Composite implementation factor	.40**
Other Program Characteristics	
Treatment setting:prison(1)/community(2)	.20
CBT emphasis:with other components(1)/CBT alone(3)	-.30**
Specific CBT Program	
Reasoning & Rehabilitation	-.21
Moral Reconation Therapy	.04
Aggression Replacement Therapy	.16

Study Characteristic	Beta with Method Controls[a]
Interpersonal Problem Solving Therapy	-. 09
Thinking for a Change	. 12
Substance abuse focus	. 00
Other manualized	. 02
All other	. 01
CBT Treatment Elements	
Cognitive skills	. 02
Cognitive restructuring	. 27 * *
Interpersonal problem solving	. 04
Social skills	. 02
Anger control	. 32 * *
Moral reasoning	. 11
Victim impact	-. 14
Substance abuse	. 11
Behavior modification	. 03
Relapse prevention	. 12
Individual attention(in addition to group sessions)	. 39 * *

Note: Beta values(standardized regression coefficients) from random effects multiple regression.

* $p<. 10$ * * $p<. 05$

表 3 中的变量被归为代表不同研究方面和不同 CBT 项目性质的分类。最主要的研究特征(国家、发表类型和发表日期)最先呈现,没有一个显示与效果值有显著关系。其他候选的调节变量依据一个简单模型分类,这个模型假定当方法变量被控制时,治疗效果就会是参与者特征、接受治疗的数量、实施治疗的质量和治疗的具体类型的共同作用。根据表 3 中的信息,我们进一步研究了以下变量,这些变量是干预效果的潜在调节变量。

发表偏差。不同的发表物二分为正式发表的(学术期刊和书的章节)和未发表的(技术报告和论文)。之前呈现的表 1 汇报了以便进行二分的四大类中每个大类的比例。在文献搜索过程中,我们特别注意去搜索未发表的研究,结果为最后分析的符合资格的研究中 55% 都是未发表研究。未发表研究的未调整优势比是 1.40,而发表研究的是 1.73,两者间存在显著差异(p=. 08)。然而,发表类型与包括研究方法在内的其他研究特征相混淆了。如表 3 显示,当发表类型被控制时,已发表的和未发表研究的调整差异几乎不显著(p=.31)。因此没有迹象显示发表偏差影响所呈现的分析。

参与者特征。在多数研究里可以被编码的治疗接受者特征中,只有累犯风险等级和效果值显著相关。这个等级是由编码者基于研究中关于所治疗罪犯的犯罪历史的描述以及控制组的累犯率而确定的。反过来,这个等级不与表3中任何其他描述参与者的变量显著相关。值得注意的是,效果值和罪犯是青少年还是成人没有关系。正如表1所示,CBT接受者的性别混合也和效果值没有相关,但是多数样本都是全部为男性或者大部分为男性,所以这个测量基本没有变异。

CBT的数量。数量变量被编码为每周的次数、每周治疗的小时数、治疗的总小时数和治疗从开始到结束的周数(见表1)。后三个的分布具有长尾分布,并且变量的对数值被用来分析(且表现出比非对数与效果值更强的相关)。根据表3显示,除了治疗长度以外的所有变量都和效果值显著相关。总小时数表现出最强相关,然而这是每周小时数和周数的共同作用。这些变量间的研究—水平相关显示,治疗长度和总小时数显著相关(r=.75),和每周次数(r=.58),和每周小时数(r=.75),其中后两者高度相关(r=.81)。

从这个相关模式中我们可以得出结论,治疗数量最好的总体代表应该能够从治疗长度中区分治疗次数和每周小时数。这个方法允许对于表3中的结果进一步研究,就是治疗次数和每周小时数都与效果值相关,但是治疗的持续时间和效果值并不相关。在每周次数和每周小时数之间,次数显示出和效果值更强的相关。表3同样显示治疗次数和治疗长度之间的相互作用,但与效果值并不显著相关。

CBT实施的质量。在这个分类中,我们包含了实践—研究维度,这个维度用以区分基于真实常规的刑事司法背景下CBT治疗的实施,相似情境但受研究者影响的项目展示和由研究者实施主要为了研究目的的研究项目。我们的假设是研究者的日益增加地更多参与会影响治疗的更好实施并且治疗过程更遵守治疗方案。

表4显示实践—研究变量和表3中列出的其他假设与实施质量相关的变量之间的研究—水平相关全部是显著的,表3中列出的变量是指治疗的中途退出率、实施监控的报告程度、CBT实施者训练量和实施者的精神健康背景。表3显示,除了实施者的精神健康背景外,所有变量与效果值的相关都显示出预期的方向,虽然只有治疗的中途退出率和实践—研究维度到达了统计显著水平。为了总结这些实施质量的变量和效果值的关系,我们从一个主成分分析中创造了一个因素分数形式的复合变量。根据表3所示,这个复合实施因素比其他任何构成变量与效果值之间有更强的相关。

表 4　与 CBT 实施质量相关的潜在调节变量之间的相关（N=58）

	Proportion of treatment dropouts	Implementation monitoring	CBT training for providers	Mental health background of providers
Implementation monitoring	-.17			
CBT training for providers	-.17	.40**		
Mental health background of providers	.08	-.07	.13	
Practice-demonstration-re-search program	-.29**	.44*	.23*	.24*

*p<.10　**p<.05

其他项目的特征。表 3 也显示了效果值和两个其他项目特征之间的关系。一个是所提供的 CBT 环境下,区分在押期间的治疗项目和社区中的治疗项目(如针对缓刑犯人和假释犯人的);这个变量和效果值不显著相关。另外,在治疗项目中强调 CBT 的程度却显示出和效果值的显著相关。这个变量涉及其他服务提供的 CBT,有其他治疗成分的 CBT 和单纯 CBT 的分类。根据表 3 显示的系数负号,CBT 和其他服务相结合时效果大得显著。这些成分包括精神健康咨询、就业及职业训练和教育项目。

CBT 治疗的特殊性质。表 3 的最后两部分显示了代表 CBT 治疗特殊性质的两个替代方法。一组虚拟编码的项目区分了各种主要的 CBT 类型与一种更加通用的注重药物滥用的项目类型以及两种并不那么常见但是手册化治疗和一些并不显示为手册化的剩余类别。这些项目变量都与效果值没有显著相关,这意味着没有哪个 CBT 的种类比其他种类的平均更有效果。

为了进一步区分 CBT 项目的特征,另外一个编码治疗性质的方式就是通过本研究报告提供的描述识别特定的治疗成分。这些描述在细节上和延伸上不同,但是当提及一个独特的治疗成分,正如所呈现的,我们通过虚拟编码来进行编码。表 3 中呈现了有足够频次来支持分析的成分,以下是简要的定义:

• 认知技能:基本思维和决策技能训练,如行为前思考、采取其他解决方法、评估结果和作出合适行为的决定。

• 认知重建:目的在于认识和改变那些具有犯罪思维特征的扭曲及错误的活动和训练。

• 人际间问题解决:处理人际冲突和同伴压力的问题解决技能训练。

• 社会技能:亲社会行为、解释社会线索、考虑他人感受,及其他类似行为的训练。

- 愤怒控制:识别引起愤怒的触发原因、线索和保持自我控制的技巧训练。
- 道德推理:为提高正误行为推理能力和提高道德发展水平而设计的活动。
- 被害者影响:针对侵犯者和令侵犯者考虑他们行为对于被害者影响的活动。
- 药物滥用:任何典型的 CBT 技术,特别是针对药物滥用问题的应用。
- 行为纠正:为了强化适当行为而设计的行为契约或奖励和惩罚计划。
- 再犯预防:认识和应对高危情境并在再犯完成前停止再犯循环的策略训练。
- 个体关注:任何附有 CBT 团体训练的个体化一对一治疗成分,如个体咨询。

根据表 3 所示,有些 CBT 项目里治疗成分的出现与效果值显著相关。最强的相关是个体关注,其次是愤怒控制和认知重建。

7.5 不同调节变量的相对影响

表 3 呈现的结果识别出一些变量,这些变量描述参与者和控制了主要方法变量并与治疗效果相关的 CBT 干预措施。每个调节变量代表一种区分 CBT 治疗环境的方法,这些环境会对累犯产生或大或小的影响。然而表 3 中逐变量的结果并没有告诉我们不同调节变量间的相对影响力,也没有考虑它们之间的相互关系。为了检验考虑其他变量时,这些变量对于效果值的独立关系,我们进行了两个总随机效果回归分析。这些被用来塑造治疗效果值,这个效果值是参与者特征、CBT 数量、CBT 质量和 CBT 特定类型的共同作用,其中方法差异是被控制的。

利用表 3 的结果,相关的参与者特征通过累犯风险表现,累犯风险是在那组中唯一与效果值显著相关的变量。CBT 的数量通过先前设定的变量的结合来呈现,这些变量是每周次数、周数和(有一个完成呈现的)互动。正如前面提到的,CBT 质量的实施是由复合实施因素呈现。CBT 类型是通过第一个分析呈现的,即治疗名称的分类(有两个"其他"分类作为参考集省略了)。在第二个分析中,是由被识别为存在于干预措施中的特定治疗成分呈现的。在两个分析中,CBT 强调变量也被包括在内以用于增加 CBT 在总治疗中首要性的信息。

表 5 显示了 CBT 通过种类名称分类呈现时的结果。再一次说明,没有特定的 CBT 项目能够证明其明显有别于其他类型的平均值。只有两个调节变量在此分析中独立显著,这两个变量是累犯风险(高风险与更大的效果相关)和复合实施因素(高质量的实施和更大的效果相关)。

表5 使用特定类型的 CBT 项目的效果量调节因素的回归模型

Variables in the Model[a]	B	z	p	Beta
Method Controls				
Design problem	.11	1.02	.31	.14
Attrition proportion	−.13	−.21	.83	−.03
Intent to treat	−.13	−1.21	.23	−.19
Arrest recidivism	.13	1.04	.30	.15
Participant Characteristics				
Recidivism risk rating	.19**	1.99	.05	.26
CBT Amount				
Sessions per week	.05	1.21	.23	.22
Length in weeks(logged)	.04	.36	.72	.06
Sessions x length	.03	.73	.46	.12
Quality of Implementation				
Composite implementation factor	.26**	2.93	.00	.45
Other Program Characteristics				
CBT emphasis	−.10	−.90	.37	−.19
Specific CBT Program				
Reasoning & Rehabilitation	−.01	−.10	.92	−.02
Moral Reconation Therapy	.16	.99	.32	.15
Aggression Replacement Therapy	−.09	−.35	.73	−.05
Interpersonal Problem Solving	−.31	−.82	.41	−.10
Thinking for Change	.00	.02	.99	.00
Substance abuse focus	−.19	−.93	.35	−.15

a. Weighted, random effects multiple regression analysis with inverse−variance weights.

* $p < .10$ ** $p < .05$

表6展示了通过治疗成分呈现的 CBT 干预的平行分析。正如之前的分析,累犯风险和高质量实施与更好的效果相关。另外,四个独立治疗成分也显示出与效果值的显著相关。人际间问题解决和愤怒控制呈正相关;它们的呈现对于累犯有更大的效果相关。被害者影响和行为纠正呈负相关;它们与更差的效果相关。

7.6 "最好行为"CBT 对累犯的效果

我们可以使用表6中多元回归分析去寻求 CBT 治疗的最好环境,这要通过在最理想环境去预测效果值。为此,我们假设最好的研究方法和测量特征(没有设计问题、零人数流失、意向—治疗分析和逮捕累犯结果)。我们同样假设被试样本包含了适度的高危罪犯,他们每周接受中等次数的治疗(每周两次)以及高于平均周数(16周)的高质量实施。假设的 CBT 治疗是任何一种项目名称(不附加其他服务),但包含愤怒控制和人际间问题解决成分。

当相应的变量值输入表 6 中的预测公式时,预测的效果值是 1.05 的指数优势比,这与 2.86 的优势比相一致。与控制组中累犯的 .04(总平均值)相比,这意味着治疗组累犯率下降为 .19,即总下降 52%。这个惊人的效果并非超出数据的数学投影。2.86 的优势比在这个元分析的 58 个研究效果分布的第 82 个百分位数上。

表 6 使用 CBT 治疗元素的效果量调节因素的回归模型

Variables in the Model[a]	B	z	p	Beta
Method Controls				
Design problem	−.02	−.27	.79	−.03
Attrition proportion	.08	.12	.90	.01
Intent to treat	.03	.30	.77	.05
Arrest recidivism	.01	.08	.94	.01
Participant Characteristics				
Recidivism risk rating	.20**	2.83	.00	.27
CBT Amount				
Sessions per week	.01	.37	.71	.07
Length in weeks(logged)	−.03	−.35	.72	−.05
Sessions x length	.04	.74	.46	.13
Quality of Implementation				
Composite implementation factor	.14*	1.82	.07	.23
Other Program Characteristics				
CBT emphasis	−.20*	−1.84	.07	−.41
CBT Treatment Elements				
Cognitive skills	−.26	−1.23	.22	−.26
Cognitive restructuring	.13	.84	.40	.16
Interpersonal problem solving	.28**	2.16	.03	.32
Social skills	.19	1.23	.22	.19
Anger control	.32**	2.23	.03	.36
Moral reasoning	−.03	−.17	.87	−.03
Victim impact	−.45**	−2.36	.02	−.31
Substance abuse	.13	.87	.39	.16
Behavior modification	−.29*	−1.70	.09	−.31

续表

Variables in the Model[a]	B	z	p	Beta
Relapse prevention	-.19	-1.32	.19	-.19
Individual attention	.07	.37	.71	.06

a. Weighted, random effects multiple regression analysis with inverse-variance weights.

* p<.10   * * p<.05

8. 结　论

这个元分析确认了 CBT 对于累犯效果的积极作用,这积极作用已在之前元分析记录过(Landenberger & Lipsey, 2005; Lipsey, Chapman, & Landenberger, 2001; Lipsey & Landenberger, 2006; Pearson et al., 2002; Wilson, Bouffard, & MacKenzie, 2005)。平均优势比显示,治疗组在治疗后 12 个月内不再犯罪的几率比控制组的高 1.53 倍。这表示控制组平均累犯率从 .40 降低为治疗组的平均率 .30,降低了 25%。最有效的 CBT 组合的优势比几乎是平均值的两倍,与治疗组中 .19 的累犯率一致,这相比 .40 的控制组平均累犯率下降超过 50%。

然而,这个元分析重点强调的是寻找主要的调节变量,这些调节变量能够区分 CBT 产生更大效果的情境和产生小的效果的情境。就这个问题,在结果中有两个主题。第一,一些具有被试样本、数量、CBT 的实施,以及 CBT 治疗成分特征的变量与累犯效果值显著相关。就这一点而言,治疗效果有很多调节变量,但是这些不都是独立关系的。干预性研究往往会产生一系列共生的特征,这些特征是不同研究间相关的。这些调节变量的混淆会更难识别那些对于结果最重要的调节变量(Lipsey, 2003)。

运用多元回归分析确定具有与效果值最强独立关系的调节变量引出我们结果的第二个主题。在很多显示出与效果值显著关系的研究特征中,当考虑其他的影响时只有很少的还保持显著。净结果是指累犯效果中的很多变异是可以通过几个调节变量来解释的。唯一独立与效果值相关的因素包括(a)参与罪犯的风险水平,(b)治疗实施的好坏,以及(c)几个治疗成分的存在或消失。在后者的分类中,在治疗项目中加入愤怒控制和人际间问题解决成分能产生更大的效果;加入受害者影响和行为纠正则会产生更小的效果。最突出的是,当控制了其他调节变量时,没有一个主要的

CBT 种类对累犯产生的效果显著地大于其他种类的平均水平。

虽然对于确定最有效的治疗条件没有太大价值,研究方法特征和效果值之间的关系仍然很有趣。对于干预性研究通常最大的关注就是方法方面是否采用随机设计。但是在纳入本次元分析的研究中,随机和不随机研究的效果值差异并不显著。只有显示退出治疗者是否也进入结果测量的意向—治疗变量和效果值显著相关,并且当其他调节变量纳入此分析时这个关系就消散了。

8.1 对实践的意义

当控制主要参与者和一般实施特征时,不同类型或"名称"的 CBT 在有效性上并没有显著差异。因此一般的 CBT 方法,而非任何特定的类型,对累犯产生总体的积极作用。在这个框架内,在 CBT 项目中加入独特的愤怒控制和人际间问题解决成分可以加强效果,但是受害者影响和行为纠正成分则会削弱效果。

似乎有效 CBT 项目最强特征是高质量实施,即低比例的中途退出治疗情况、对质量和治疗实施的更密切的监督,和对实施者足够的 CBT 训练。这些特征更容易发生在研究和展示项目中,而非日常的刑事司法实践所实施的项目中。从实践角度看这是一个鼓舞人心的研究。任何代表性的 CBT 项目只要很好地实施就会在实践中产生积极结果,这积极结果和已有研究中记录的对累犯最有效的项目非常接近。

同样鼓舞人心的是 CBT 的效果对高危累犯比对相对低危累犯更有效,这跟高危罪犯可能更不服从于治疗的推测相反。CBT 对高危罪犯的有效性和 Andrews 等人提出的有效矫正治疗原则一致(e.g.,Andrews & Bonta,2002;Andrews et al.,1990)。他们认为通过认知行为和社会学习方法对高危罪犯进行针对犯罪倾向(如犯罪思维方式)的密集治疗,就会产生最好的效果。

从实践的角度出发,也有必要强调一些变量,当控制其他相关项目特征时这些变量与治疗效果不相关。尤其是 CBT 对青少年和对成人一样有效,其他也是平等的,所以应当在青少年司法和刑事司法中一样有效。治疗情境也和治疗效果无关。在监狱中(往往接近刑期结束)治疗的罪犯比在社区中(如缓刑、假释)治疗的罪犯显示更低的累犯率。

8.2 对研究的意义

在本文符合筛选标准的 58 个研究中,只有 19 个使用了随机分配设计,在这当中只有 13 个在结果测量中维持了足够低的损耗率以产生高内部效度。此外,只有 6 个随机分配研究在 CBT 实践中进行;其他都是研究和展示项目。代表性的矫正实践中高质量的 CBT 研究数量还不足以确定此元分析中发现的对累犯的惊人效果是否能在日常情境实践中获得。

虽然还不能保证在日常实践中的推广，但是至今研究中发现的效果的一致性和强度却没有太多的疑问，在有良好的条件下，CBT甚至能显著地降低高危罪犯的累犯率。然而，最优化的CBT设置和最有效的条件仍需要更多的研究。在这个元分析中，我们尽可能详细地去编码项目特征和研究报告中的情境描述。这些描述是有限的，并且没提供足够的关键项目细节的信息。将来研究的重要方向是更好地区分和记录CBT在不同应用中变化的维度，并且识别获得最优效果的最关键特征。针对罪犯群体的CBT研究的中心问题在此时还不能确定其是否有积极效果，但要确定什么时候和为什么会有最好的效果。

9. 更新计划

本文作者负责本回顾的更新，包括原回顾所添加的新研究以及早期定位到的遗漏的研究。更新周期计划为三年。

10. 利益冲突

无。

11. 参考文献

Andrews, D. A., & Bonta, J. (2002). The psychology of criminal conduct (3rd ed.). Cincinnati, OH: Anderson.

Andrews, D. A., Zinger, I., Hoge, R. D., Bonta, J., Gendreau, P., & Cullen, F. T. (1990). Does correctional treatment work? A clinically-relevant and psychologically informed meta-analysis. Criminology, 28, 369—404.

Bush, J., Glick, B., & Taymans, J. (1997, revised 1998). Thinking for a change: Integrated cognitive behavior change program. National Institute of Corrections. Washington D.

C.：U.S.Department of Justice.

Goldstein,A.P.,& Glick,B.(1987).Aggression Replacement Training：A comprehensive intervention for aggressive youth.Champaign,IL：Research Press.

Goldstein,A.P.,& Glick,B.(1994).The prosocial gang：Implementing Aggression Replacement Training.Thousand Oaks,CA：Sage.

Haddock,C.K.,Rindskopf,D.,Shadish,W.R.(1998).Using odds ratios as effect sizes for meta-analysis of dichotomous data：A primer on methods and issues.Psychological Methods,3(3),339-353.

Landenberger,N.A.,& Lipsey,M.W.(2005).The positive effects of cognitive-behavioral programs for offenders：A meta-analysis of factors associated with effective treatment. Journal of Experimental Criminology,1,451-476.

Lipsey,M.W.(2003).Those confounded moderators in meta-analysis：Good,bad,and ugly.The Annals of the American Academy of Political and Social Science,587,69-81.

Lipsey,M.W.,Chapman,G.,& Landenberger,N.A.(2001).Cognitive-behavioral programs for offenders.The Annals of the American Academy of Political and Social Science, 578,144-157.

Lipsey,M.W.,& Landenberger,N.A.(2006).Cognitive-behavioral interventions.In.B. C.Welsh & D.P.Farrington(Eds.).Preventing crime：What works for children,offenders, victims,and places.Dordrecht,Netherlands：Springer,pp.57-71.

Lipsey,M.W.,& Wilson,D.B.(2001).Practical meta-analysis.Thousand Oaks,CA： Sage.

Little,G.L.,& Robinson,K.D.(1986).How to escape your prison.Memphis,TN： Eagle Wing Books.

NIC(National Institute of Corrections)(1996).Cognitive interventions program： Think.National Institute of Corrections Information Center.Washington D.C.：U.S. Department of Justice.

Pearson,F.S.,Lipton,D.S.,Cleland,C.M.,& Yee,D.S.(2002).The effects of behavioral/cognitive-behavioral programs on recidivism. Crime and Delinquency, 48(3), 476-496.

Raudenbush,S.W.(1994).Random effects models. In H. Cooper & L. V. Hedges (Eds.),The handbook of research synthesis(pp.301-321).New York：Russell Sage Foundation.

Ross,R.R.,& Fabiano,E.A.(1985).Time to think:A cognitive model of delinquency prevention and offender rehabilitation.Johnson City:Institute of Social Sciences and Arts.

Weisburd,D.,Lum,C.M.,& Petrosino,A.(2001).Does research design affect study outcomes in criminal justice? Annals of the American Academy of Political and Social Science,578,50-70.

Wilson,D.B.,Bouffard,L.A.,& MacKenzie,D.L.(2005).A quantitative review of structured,group-oriented,cognitive-behavioral programs for offenders.Journal of Criminal Justice and Behavior.32(2),172-204.

Yochelson,S.,& Samenow,S.E.(1976).The criminal personality:Vol I.A profile for change.New York,NY:Aronson.

纳入本次回顾的文献

Anderson,J.(2002).Overview of the Illinois DOC high-risk parolee re-entry program and 3-year recidivism outcomes of program participants.*Cognitive-Behavioral Treatment Review*,11(1-2),4-6.

Arbuthnot,J.& Gordon,D.A.(1986).Behavioral and cognitive effects of a moral reasoning development intervention for high-risk behavior-disordered adolescents. *Journal of Consulting and Clinical Psychology*,54,208-216.

Armstrong,T.A.(2003).The Effect of Moral Reconation Therapy on the Recidivism of Youthful Offenders: A Randomized Experiment. *Criminal Justice & Behavior*, 30(6), 668-687.

Barnoski, R. (2002). *Washington State's implementation of aggression replacement training for juvenile offenders:Preliminary findings.*Olympia,WA:The Evergreen State College,Washington State Institute for Public Policy.

Barnoski, R. (2002). *Preliminary findings for the Juvenile Rehabilitation Administration's dialectic behavior therapy program* (Research Rep.No.02-07-1203).Olympia,WA:The EvergreenState College,Washington State Institute for Public Policy.

Berry,S.(1998).*An evaluation of the Montgomery House Violence Prevention Program.*Hamilton,NZ:Psychological Service,Department of Corrections.

Bonta,J.,Wallace-Capretta,S.& Rooney,J.(2000).A quasi-experimental evaluation of an intensive rehabilitation supervision program.*Criminal Justice and Behavior*,27(3),

312-329.

Bottcher, J. (1985). *The Athena program: An evaluation of a girl's treatment program at the Fresno County Probation Department's juvenile hall.* Sacramento, CA: California Youth Authority.

Burnett, W. L. (1997). Treating post-incarcerated offenders with moral reconciliation therapy(r): A one-year recidivism study. *Cognitive-Behavioral Treatment Review*, 6, 2.

Bush, J. (1995). Teaching self-risk management to violent offenders. In McGuire, J. (Ed.), *What works: Reducing reoffending* (pp. 139 - 154). New York, NY: John Wiley & Sons.

Cann, J., Falshaw, L., Nugent, F., & Friendship, C. (2003). Understanding what works: accredited cognitive skills programmes for adult men and young offenders. *Research Finding* 226. London, UK: Home Office.

Coughlin. R. A., Cosby, J. & Landenberger, N. A. (2003). *Thinking for a change: Cognitive behavioral treatment with high-risk offenders on intensive supervision probation.* Preliminary Report. Nashville, TN: Public Safety Collaborative, Tennessee Board of Probation and Parole.

Culver, H. E. (1993). *Intentional skill development as an interventional tool* (*interpersonal problem-solving*) (Doctoral dissertation, University of Massachusetts, 1993). Dissertation Abstracts International, A 54 (06), 2053. (University Microfilms No. AAT 9329590).

Curulla, V. L. (1991). *Aggression replacement training in the community for adult learning disabled offenders* (Doctoral dissertation, University of Washington, 1991). Dissertation Abstracts International, 53 (02 - A), 627. (University Microfilms No. AAD92 - 16113).

Deschamps, T. (1998). *MRT: is it effective in decreasing recidivism rates with young offenders?* (Master's thesis, University of Windsor, Ontario, Canada). Master's Abstracts International.

Dowden, C., Blanchette, K., & Serin, R. (1999). *Anger management programming for federal male inmates: An effective intervention* (Research Report R-82). Ottawa, Canada: Research Branch, Correctional Service Canada.

Falshaw, L., Friendship, C., Travers, R. & Nugent, F. (2003). *Searching for "what* works": *an evaluation of cognitive skills programmes* (Research Findings 206). London, UK：Home Office.

Finn, P. (1998). *The Delaware Department of Correction life skills program.* Washington, DC：U.S.Department of Justice, Office of Justice Programs.Effects of CBT for Offenders 26.

Friedman, A.S., Terras, A., & Glassman, K. (2002). Multimodel substance use intervention program for male delinquents.*Journal of Child and Adolescent Substance Abuse*, 11 (4), 43-65.

Friendship, C., Blud, L., Erikson, M., Travers, R., & Thornton, D. (2003). Cognitive-behavioral treatment for imprisoned offenders：An evaluation of HM prison service's cognitive skills programmes.*Legal and Criminological Psychology*, 8(1), 103-114.

Golden, L.S.(2003).*Evaluation of the efficacy of a cognitive behavioral program for offenders on probation：Thinking for a Change* (Doctoral dissertation, The University of Texas Southwestern Medical Center at Dallas, 2002). Dissertation Abstracts International, 63 (10), 4902.(University Microfilms No.(not avail.fr.UMI))

Goldstein, A.P., Glick, B., & Irwin, M.J., Pask-McCartney, C., & Rubama, I.(1989). *Reducing delinquency：Intervention in the community* (1st ed.).New York：Pergamon Press.

Grandberry, G. (1998). *Moral Reconation Therapy evaluation, final report.* Olympia, WA：Washington State Department of Correction.

Greenwood, P.W.& Turner, S.(1993).Evaluation of the Paint Creek Youth Center：A residential program for serious delinquents.*Criminology*, 31(2), 263-279.

Guerra, N.G., & Slaby, R.G.(1990).Cognitive mediators of aggression in adolescent offenders：2.Intervention.*Developmental Psychology*, 26, 269-277.

Hall, E., Prendergast, M.L, Wellisch, J., Patten, M., & Cao, Y. (2004). Treating drug-abusing women prisoners：An outcome evaluation of the Forever Free program.*The Prison Journal*, 84(1), 81-105.

Hanson, G.(2000).*Pine Lodge Intensive Inpatient Treatment Program.*Olympia, WA：Planning and Research Section, WA State Department of Correction.

Henning, K.R., & Frueh, B.C.(1996).Cognitive-behavioral treatment of incarcerated offenders：An evaluation of the Vermont Department of Corrections' cognitive self-change programme.*Criminal Justice and Behavior*, 23, 523-541.

Hughey, R., & Klemke, L.W. (1996). Evaluation of a jail-based substance abuse treatment program. *Federal Probation*, 60(4), 40-44.

Johnson, G. & Hunter, R.M. (1995). Evaluation of the specialized drug offender program. In R.R.Ross, & R.D.Ross (Eds.), *Thinking straight* (pp.215-234). Ottawa, Canada: AIR Publications.

Kirkpatrick, B.L.H. (1996). *Cognitive restructuring: Effects on recidivism* (Doctoral dissertation, Ball State U.). Dissertation Abstracts International, 57(6A), 2680. (University Microfilms No.AAM9632826).

Knott, C. (1995). The STOP Programme: Reasoning and rehabilitation in a British setting. In J.McGuire (Ed.), *What works: Reducing reoffending* (pp.115-126). Chichester, UK: John Wiley and Sons.

Kownacki, R.J. (1995). The effectiveness of a brief cognitive-behavioral program on the reduction of antisocial behavior in high-risk adult probationers in a Texas community. In Ross, R.R. & R.D.Ross (Eds.), *Thinking straight: The reasoning and rehabilitation program for delinquency prevention and offender rehabilitation* (pp.249-257). Ottawa, Canada: Air Training and Publications.

Landenberger (2004). *Evaluation of the Tennessee Bridges Program*. Report to the Reentry Steering Committee. Nashville, TN: Tennessee Department of Correction.

Larson, K.A. (1989). Problem-solving training and parole adjustment in high-risk young adult offenders. In S.Duguid (Ed.), *Yearbook of correctional education: 1989* (pp.279-299). Burnaby, BC, Canada: Simon Fraser University.

Leeman, L.W., Gibbs, J., & Fuller, D. (1993). Evaluation of a multi-component group treatment program for juvenile delinquents. *Aggressive Behavior*, 19, 281-292.

Little, G.L., Robinson, K.D., & Burnette, K.D. (1993). Cognitive behavioral treatment of felony drug offenders: A five-year recidivism report. *Psychological Reports*, 73(3), 1089-1090.

McCracken, L., Hearn, C., & Stuckey, S. (2003). Juvenile DWI/Drug Court Albuquerque, NM *Cognitive-Behavioral Treatment Review*, 12(1), 8-9.

Motiuk, L., Smiley, C., & Blanchette, K. (1996). Intensive programming for violent offenders: A comparative investigation. *Forum on Corrections Research*, 8(3), 10-12.

Myers, W.C., Burton, P.R.S., Sanders, P.D., Donat, K.M., Cheney, J., Fitzpatrick, T.

M.,&Monaco, L. (2000). Project Back-on-Track at 1 year: A delinquency treatment program for early-career juvenile offenders. *Journal of the American Academy of Child and Adolescent Psychiatry*, 39(9),1127-1134.

Pelissier,B.M., Rhodes, W., Saylor, W.G., Gaes, G.G., Camp, S.D., Vanyur, S.D., and Wallace, S. (2001). TRIAD drug treatment evaluation project. *Federal Probation*, 65 (3),3-7.

Porporino, F.J., Fabiano, E.A., & Robinson, D. (1991). *Focusing on successful reintegration: Cognitive skills training for offenders* (Research Rep. No. 19). Ottawa, Canada: Correctional Service of Canada.

Pullen, S. (1996). *Evaluation of the Reasoning and Rehabilitation cognitive skills development program as implemented in juvenile ISP in Colorado*. Boulder, Colorado: Division of Criminal Justice.

Robinson, D. (1995). *The impact of cognitive skills training on post-release recidivism among Canadian federal offenders* (Research Rep. No. R-41). Ottawa, Canada: Correctional Service Canada.

Robinson, D., Grossman, M., & Porporino, F. (1991). *Effectiveness of the cognitive skills training program. From pilot project to national implementation* (Research Report No. B-07). Ottawa: Correctional Services of Canada, Research and Statistics Branch.

Robinson, S.C. (1995). *Implementation of the cognitive model of offender rehabilitation and delinquency prevention* (Doctoral dissertation, University of Utah, 1994). Dissertation Abstracts International, 55(8-A),2582. (University Microfilms No. AAT9502199).

Ross, R.R., Fabiano, E.A., & Ewles, C.D. (1988). Reasoning and rehabilitation. *International Journal of Offender Therapy and Comparative Criminology*, 32,29-35.

Shivrattan, J.L. (1988). Social interactional training and incarcerated juvenile delinquents. *Canadian Journal of Criminology*, 30,145-163.

Spencer, E.G., Jr. (1986). *An outcome study of social-behavioral skill development in male adolescent delinquency* (Doctoral dissertation, The California School of Professional Psychology, San Diego, 1986). Dissertation Abstracts International, 47(5),1891A. (University Microfilms No. 8618153).

State of Washington, Department of Corrections (1998, Jan.). *Evaluation of the Work Ethic Camp*. Report to the Legislature. Olympia, WA: Washington State Department of Corrections.

T3 Associates under contract(1999).*An Outcome Evaluation of CSC Substance Abuse Programs*:*OSAPP*,*ALTO and Choices*. Final Report. Volume 1. Correctional Services Canada.Ottawa,Canada.

Thambidurai,G.A.(1980).*A comparative outcome study of a contract parole program for individuals committed to the youth correctional complex in the state of New Jersey* (Doctoral dissertation, Rutgers University, The State University of New Jersey, 1980). Dissertation Abstracts International,41(01),371B.(University Microfilms No.80-16503).

Van Voorhis,P.,Spruance,L.M.,Ritchey,P.N.,Johnson-Listwan,S.,& Seabrook,R. (2004).The Georgia cognitive skills experiment:A replication of Reasoning and Rehabilitation.*Criminal Justice and Behavior*,31(3),282-305.

Van Voorhis,P.,Spruance,L.M.,Ritchie,P.N.,Johnson-Listwan S.Seabrook,R.,& Pealer,J.(unknown year).*The Georgia cognitive skills experiment.Outcome evaluation phase II.* Atlanta,Georgia:Georgia Board of Pardons and Paroles and National Institute of Justice. (NCJRS Document Reproduction Service No.Grant #98-CE-VX-0013).

Walters,G.D.(1999).Short-term outcome of inmates participating in the lifestyle change program.*Criminal Justice and Behavior*,26(4),322-337.

监禁刑罚与非监禁刑罚对再犯的影响：认知状态的系统回顾

The effects of custodial vs.non-custodial sentences on re-offending：
a systematic review of the state of knowledge

作者：Patrice Villettaz，Martin Killias，Isabel Zoder

译者：贡丽莉　核定：张金武

内容概要

在整个西方社会,社区处遇越来越流行,并广泛取代短期自由刑。已有许多研究比较了监狱执行刑罚与其他形式的社区处遇罪犯之间的再犯率差异。但到目前为止,由于许多无法进行控制的变量,监禁刑罚与非监禁刑罚对于再犯的实际影响仍不确定。

本文的研究目的是评价监禁刑罚(关押)与非监禁刑罚(替代刑罚或社区处遇)对再犯的相对影响。作者通过多种渠道,包括文献摘要、文献目录,与不同国家的专家建立联系等确定了满足合用标准的相关已公开和未公开研究。尽管从所筛选的大量研究中可以看出非监禁刑罚在预防再犯方面比监禁刑罚更为有益,但是基于四个控制实验和一个自然实验的 Meta 分析中,发现监禁刑罚和非监禁刑罚之间并没有显著差异。

前　　言

两个原因,最重要的是会有大量的研究认为再犯是各种刑罚导致的结果。还有一个原因确实是编写这份报告存在争议性,以及因之而导致极其复杂的审查和修改。虽然任何回顾,特别是在对这样具有争议的主题进行的回顾,绝对无法满足所有合理的预期,我们希望除了对数百项研究文献进行回顾之外,给读者在 2003 年下半年开始这项系统回顾时,没有人预料到会需要这么长时间才完成。之所以如此,有提供指南,使其更好地了解监禁刑罚与非监禁刑罚对可能导致再犯的影响方面在当前的认知状态。而如果关于当前研究匮乏的说明,能够证明在将来对新刑罚和矫正程序的评估设计中提供帮助,则更为我们所乐见。

作者首先感谢瑞士国家科学基金会对本项目的慷慨资金支持(批准号 101411—101960)。同时也向康拜尔合作组织犯罪和刑事司法组及其指导委员会表示感谢,委员会主席 David Farrington 教授提出了很多非常有帮助的建议。此外,我们感谢所有促成这次系统回顾的人们,特别是我们的 PA(Ulla Bondeson 教授)、审稿人 David Wilson 和 Hans-Jörg Albrecht 教授以及 CCJG 指导委员会成员,是他们奉献了大量的时间和精力帮助我们改进本次回顾。最后,本回顾还让我们的团队有幸与许多欧洲和美国相同研究领域的同行,进行了富有价值的接触,是他们帮助我们查找文中所涉及的相关材料。特别感谢内政部研究和统计理事会(*Home Office Research and Statistics Directorate*)与弗雷堡(德国)的国际刑法学和犯罪学研究中心(International Criminal Law and Criminology)马克斯普朗克刑法研究所(Max-Planck Institute of Criminal Law)提供的帮助。这两个机构在其各自的图书馆热情接待了我们的研究人员,使得本研究得以进行,否则这份系统回顾无法完成。

1. 内容提要

犯罪预防和犯罪矫治的实验或者准实验介入评估是全面开始系统回顾的一部分,我们的工作是查找所有有用的数据库内监禁刑罚与非监禁刑罚对再犯影响的证据。为此,我们仔细审视了3000多篇摘要,最终找到了23篇满足康拜尔最低回顾标准的研究,其中只有5项研究基于控制和自然实验设计。最终使用这些研究完成了27组对比。相对较少的研究将监狱或看守所服刑罪犯的再犯率与其他接受替代刑罚(主要是缓刑)罪犯的再犯率进行了对比。

研究结果显示,在13项显著性对比中,有11项表明执行非监禁刑罚后罪犯的再犯率低于执行监禁刑罚后罪犯的再犯率。但是在27项对比中,14项表明上述这两种刑罚对再犯影响无显著差异。而27项对比中有2项甚至更支持监禁刑罚。最终,实验评估和自然实验的结果不如使用更温和方式设计的准实验研究更支持非监禁刑罚。这项结论已被包含四项控制变量的实验和一项自然实验的 Meta 分析证实。根据研究结果,除随机效应外,非监禁刑罚不利于降低再犯率。而文献中之所以给出相反结论,可能是因为未充分控制介入前在监狱服刑罪犯和服"替代"刑罚的罪犯之间差异。

2. 摘　要

2.1　审稿人

瑞士洛桑 CH-1015 洛桑大学(University of Lausanne),Ecole des Sciences Criminelles,刑法与犯罪研究所(Institute of Criminology and Criminal Law),Martin Killias,Patrice Villettaz 和 Isabel Zoder。电子邮箱:martin.killias@unil.ch,patrice.villettaz@unil.ch。联系电话:(0041-21)6924640,传真:(0041-21)6924605。

2.2　研究背景

在整个西方社会,社区处遇越来越流行,并广泛取代短期自由刑。已有许多研究比较了监狱执行刑罚与其他形式的社区处遇罪犯之间的再犯率差异。但到目前为止,由于存在诸多无法进行控制的变量,监禁刑罚与非监禁刑罚对于再犯的实际影响仍不确知。

2.3 研究目的

本文的研究目的是评价监禁刑罚(关押)与非监禁刑罚(替代刑罚或社区处遇)对再犯的相对影响。"监禁"(custodial)刑罚指的是所有剥夺罪犯行动自由的刑罚,也就是说将其投入封闭的场所而不是放在家里,无论是否允许平日或周末离开该场所。那么根据这个定义,训练营监狱(boot camps)也可以被看作"监禁"场所。而"非监禁"(noncustodial)刑罚指任何不剥夺罪犯人身自由的刑罚,如从事社区工作、电子监控、科财产刑或缓期执行监禁刑罚。因此,非监禁刑罚包括的众多种类的惩罚均允许罪犯留在生活的社区,即不被监禁。

2.4 研究方法

作者通过多种渠道,包括文献摘要、文献目录,与不同国家的专家建立联系等方式确定了满足合用标准的相关已公开和未公开研究。

2.5 合格标准

无一例外地考虑了所有随机和自然实验。对于准实验研究,即对监狱执行刑罚的罪犯和社区服刑人员进行比较,除正式登记的变量(年龄、性别和前科)外,还控制(例如个人态度、个性和就业情况等)其他变量;在文献回顾过程中,考虑到会对研究中 3 个以上潜在的相关自变量进行控制,就放宽了这项标准。回顾从 1961 年至 2002 年期间,以各种语言从事的研究。

2.6 数据收集和分析

编码方案遵循康拜尔合作组织的指导方针。

2.7 主要结论

尽管从所筛选的大量研究中可以看出非监禁刑罚在预防再犯方面比监禁刑罚更为有益,但是基于四项控制实验和一项自然实验的 Meta 分析中,发现监禁刑罚和非监禁刑罚之间并没有显著差异。

2.8 审稿人意见

通过审稿归纳该项研究中的以下几点不足:

(1)尽管随机的难度远远小于经常提出的那样,实验控制的例外仍然很少。

(2)追踪期限绝少超过两年。后期跟踪研究的控制实验即使可行,也没有将延伸周期作为目标文献的重要构成部分进行考虑。

(3)虽然再犯(例如自我报告)的替代措施(可能更有效),绝大多数研究没有包含除再次被拘捕和再次被定罪之外的其他再犯。

（4）多数研究只考虑了再次被逮捕或再次被定罪这类情况的出现（发生率），而不是犯新罪的频率（发生率）。但是有些研究显示，绝大多数罪犯会在无论哪种类型的干预制裁之后都会减少犯罪率。那么，相关问题可能就应该是不同类型刑罚在改造罪犯方面有多大程度上的不同。因此，将来的研究中，主要做的就是观察改造成功率（或犯罪减少）而不仅仅是"累犯"的问题。

（5）尽管已有世纪之久的认识是，短期监禁刑罚对受处罚者与其他领域的社会整合有害，但受处罚者在医疗、就业、家庭和社交网络领域的康复也很少被考虑到。

（6）没有研究提出安慰剂（或 Hawthorne 效应）可能带来的影响。即使在控制实验中，由于实验对象被分配到非监禁刑罚制裁组可能会感到他们被更公平地对待，而非"替代"刑罚真正起了作用，研究结果在多大程度上赞同"替代"刑罚措施也不清楚。考虑到近期公平感对生物神经影响的研究（Fehr and Rockenbach, 2003），在以后的研究中，这种可能性应当予以更多关注。

2.9　支持研究来源

这篇文献回顾由瑞士国家科学基金会提供资金支持（编号 101411101960）。审稿人的独立性并不因瑞士国家科学基金会提供资金支持而受影响。

3. 回顾方法

3.1　背景

19 世纪后期，主要的刑法学教师（如德国的 Franz von Listz，比利时的 Adolphe Prins，法国的 Bonneville de Marsangy，荷兰的 van Hamel）提出短期监禁刑有害的观点，因为监禁刑期过短以至于不能使任何矫治措施对在拘禁中罪犯发挥作用，刑期太长会使罪犯在与其他犯人接触中受到更严重犯罪倾向的感染。这是基于犯罪是一种疾病的观点，如果犯罪不能够彻底治愈，会日益严重并且最终感染其他人（对 19 世纪刑罚学中该观点起源的回顾，见 Killias, 2002, 486; 2001, 480）。这就带来了短期监禁刑的替代处罚措施，或者用长期监禁刑替代，或者用其他"替代"处罚措施，如罚金、暂缓执行或者缓刑（Franz von Listz, 1882）。后来，更多"现代"替代刑罚措施被"创造"出来，例如社区处遇或者监视居住。

过去十年间，在整个西方世界，社区处遇已经变成了一项广泛使用的监禁刑替代措施。很多研究在比较执行监禁刑罚和任何形式的社区制裁之间再犯率或者再次被定罪的不同,到目前为止,由于存在许多无法控制的变量,这些比率的比较是存在问题的。

3.2　目的

文献回顾的目的是比较执行监禁刑和非监禁刑后的再犯率。换句话说,就是了解是否监禁刑和非监禁刑的执行对再犯率有不同的影响。因为仅有很少的相关研究满足我们的研究标准,所以将成年人和青少年都作为研究的对象。

3.3　回顾相关研究的标准

3.3.1　初步评审

研究第一步应当是界定监禁刑罚与非监禁刑罚。我们认为监禁刑罚是将罪犯限于封闭的机构,如监狱和拘留所。训练营监狱(Boot-camps)和震荡监禁项目(shock incarceration programs)也被认为是监禁刑罚,尽管 Morris 和 Tonry(1990)将这些处罚措施定义为严重性介于监禁刑和缓刑之间的制裁方案。的确,在欧洲训练营监狱(或其他任何有关短期监禁的判决)与短期监禁类似,同时,也常常发展出各种替代刑罚措施。其他所有制裁被界定为非监禁刑罚,特别是罚金或任何形式的"处遇"或无需将罪犯置于任何监禁机构中的制裁。

为使接下来的 Meta 分析可能实现,在我们开始从事研究文献回顾前,我们设立了一些筛选标准。这些标准主要包括:

(1)所有研究应当包括至少 2 个有区别的群组:接受监禁刑罚组和接受非监禁刑罚组。

(2)所有的进行比较刑罚都经由定罪量刑。

(3)至少有一种认定再犯方法(如再次被逮捕、再次被判有罪、再次被监禁或自我报告犯罪)。

(4)研究于 1960 年至 2003 年间完成。

研究结果出版的类型、地域位置、语种、罪行种类、罪犯年龄、性别并无限制。

仅按第一项标准,我们编制了一份西方国家大约超过 3000 项研究的目录,内容是关于被执行监禁刑罚罪犯和被执行其他各种"替代"刑罚或其他非监禁刑罚罪犯之间的再犯(主要是再次被定罪)比较。依 Sherman(1997)等人设置的量表,许多此种类型的研究被归类到 3 级。通常而言,在官方文件中可以看到的控制变量是有限的,如先前的犯罪数量和类型、性别及年龄。换句话说,由于被控制的变量太少以至于在不同的刑罚制裁措施之间无法进行有效的比较。因为接受不同刑罚制裁的罪犯很可能对于法官的有罪判决,以及再犯的风险,即个人态度、工作记录、毒品和酒精滥用情况会有众多不同表现,这样研究中任何监禁刑的"替代"措施的"优越性"(特殊遏制)是被大大质疑的。因为在所有此种类型的研究中,偏差是系统存在的,所以包括偏差和用偏差计算的平均影响是不正确的。

因此,为使回顾得出有效合理的结论,只有满足更高的方法标准(Sherman 等级的 4 级或以上级别)的研究才会被纳入回顾文献。

3.3.2　刑罚种类

我们关注所有满足"替代"刑罚或在社区内完成的制裁与监禁刑罚之间比较的研究。为使文献回顾符合要求,任何一项研究都需要对不同形式限制人身自由或监禁刑罚与不同类型的"替代"刑罚措施进行比较。正相反的是,不包括几种社区制裁措施间(如社区工作 vs.电子监控)的比较以及几种限制人身自由处遇间的比较。通过"监禁刑罚",我们理解将罪犯置于其居住场所完成的各种刑罚,也就是不管是否允许他们白天或在特定时间离开指定场所,但剥夺罪犯的行动自由。因此,训练营监狱被定义为一种监禁刑罚,正如 Silverlake 实验研究(Empey and Steven,1971)或加州青年局社区治疗项目(Californian Youth Authority's Community Treatment Program)(Palmer,1971;1974),这种在居住场所完成的"社区"治疗被认为是"监禁"刑罚。这样的理解导致排除了对青少年(Empey and Steven,1971;Palmer,1971;1974)或成年人(Lamb and Goertzel,1974)在其居住场所实施不同形式的治疗进行比较的几个随机实验。不管是更"开放"执行场所与更封闭执行对青少年罪犯的益处,还是训练营监狱与传统监禁刑罚相比而言,这些实验都不能代替对监禁刑罚与非监禁刑罚比较的回顾。尽管存在这些保留,总结这些研究的议定书将被放到报告中,这篇报告将随时参考这些重要的实验研究。

研究并不考虑监禁刑期的长短。的确,部分研究对在相当长时间羁押以后被假释(及被转移到电子监控项目下)和那些服完他们整个刑期(Finn and Muirhead-Steves,2002;Bonta J.,Wallace-Capretta S.,Rooney J.2000 的研究)的罪犯进行比较。

仅研究刑事制裁(伴随一种正式的定罪)。由于警告这种制裁措施并未经过司法判决,研究中不包含警告这种制裁措施,也不研究审前羁押的"替代"措施。同样的,研究没有比较在任何司法听证(如美国和其他许多国家发生的家庭暴力)前的先行拘留,也没有比较被保释被告人与审前羁押被告人的再犯情况。

3.3.3　罪犯类型

研究初始,由于不同 Campbell 群组的系统回顾(Tammy White & Neil Weiner)涵

盖了施加给青少年刑罚,于是,我们的研究对象仅仅为成年人或 17 岁以上的年轻人。可是,我们发现仅有 2 项随机研究是关于成年人的,尽管存在与其他文献回顾重复的风险,我们仍决定一并研究其他 2 项关于青少年的相关随机研究。最终,将所有类型的罪犯进行研究,并无任何限制。就此,我们注意到,对青少年的审判多于成年人。一些决策者可能不大愿意接受未成年人而非成年人被选入随机分配群组。

3.3.4 结果测量方法

大多数的研究关注再次被定罪情况。再次被定罪确实是一个关键变量,但我们应关注更多其他关于再犯的不同指标,如再次被逮捕情况、接受讯问情况,或自我报告犯罪情况。例如,有些研究结果显示任何种类的干预措施(与定罪前相同期限比较)都会使再次被定罪率降低,并且被逮捕数据可能由于不同群组罪犯接受干预的方式不同而有较大区别。特别是在因犯新罪而再次被监禁(违反假释规定)比再次被定罪更普遍的国家中。有些研究为评估不同介入方式的效果,使用自我报告犯罪数据。

在小规模的实验中,尽管认真按照随机要求分配实验组和控制组,由于实验组与控制组在实验开始时就不相同,实验组和控制组常常显示出不同的结果。因此,我们优先比较再犯的相对减少情况而非再犯的绝对水平。

为了评估再犯改善情况,我们不仅试图观察再次被定罪的广泛性(或者是再犯比例),而且也观察发生率(也就是每单位时间犯新罪的频率)。因此,可以计算再犯相对改善的标准均差。

3.3.5 研究类型

首先,我们采用随机实验方法比较以前在监狱服刑罪犯(从广义上讲)的再犯率和那些接受社区处遇制裁罪犯的再犯率。根据 Sherman 等人的量表(1997),这项研究明显符合 5 级要求。

其次,我们也将自然实验纳入研究范围,例如,将有资格适用"替代"刑罚作为赦免安排的罪犯,与没有使用"替代"刑罚的罪犯(须在监狱服刑的罪犯)相比。此类研究中,有资格适用"替代"刑罚的标准通常是犯罪发生于特定时间(与国家中政府或皇室重要事件一致)。在这种情况下,"替代"刑罚的资格可能不依赖于罪犯的特征。此类研究尽管不是随机,最终有资格作为 Sherman 等的量表(1997)5 级。

最后,我们开始计划包含对通常犯罪记录(如犯罪前科)这些变量以外的其他变量进行控制的研究。尤其是,研究使用(访谈)就业或毒品/酒精滥用史数据,或者根据我们最初计划,包含态度、资格方面的数据。然而,由于几乎没有研究满足这项标准,我们决定关注有四个或者四个以上控制变量的研究,使用多变量方法来评估这些控制变量的影响。此类研究满足 Sherman 等的量表(1997)4 级。然而,区分有资格(A-)和没有资格(B-)研究的界限通过 Sherman 等(1997)的 4 级,最没有说服力的研究(4 级),即只有 3 个或 3 个以下控制变量,或者没有采用多变量方法的研究,被列在文献系统回顾 B 中。3 级研究没有在文献系统回顾 B 中,而在文献系统回顾 C 中。

3.4 识别已完成研究的方法

3.4.1 筛选已完成研究的程序

建立筛选文献标准后,我们开始通过查找研究的摘要、互联网、图书馆目录、研究的参考文献,并通过电子邮件和许多国家的研究机构取得联系。

我们查阅了 3000 余份研究的摘要,根据这些研究的标题确定研究是否包含对执行监禁刑和非监禁刑后罪犯再犯的比较。然而,在大多数的研究中,情况并非都是如此。最后,我们确定了一份差不多包含 300 项相关研究的目录列表。

搜集已经公开发表的研究并非难事,特别是已形成文章的研究。然而,我们的困难在于找到未公开发表的研究。因此,可能的情况是,我们的文献回顾因倾向于带有统计上显著性结果的研究而产生偏差,因为类似研究比那些没有显著性结果的研究更有可能被发表。在目前的情况下,假定我们 Meta 分析没有显示出监禁刑或非监禁刑的任何显著总体影响,可是,这些偏差(也就是一项最终缺乏显著性结果的代表性不足的研究)在最坏的情况下,产生一项保守错误。

满足我们要求标准的相关研究通过多种渠道确认,包括刑事司法摘要(Criminal Justice Abstracts)、犯罪学和刑罚学摘要(Criminology and Penology Abstracts)、参考文献(用几种语言)和数据库(如 Campbell 犯罪和刑事司法网站中所列的)。另外,查阅了国家刑事司法参考服务(NCJRS),C2-SPECTR 包括随机和可能随机研究的超过 10000 个引文,图宾根大学(University of Tübingen)的 KRIMDOK,德国弗雷堡的马克斯普朗克研究所(Max-Planck Institute)的 IUSCRIM,和 www.google.ch。我们还联系了几个国家的专家。特别是来自哥本哈根大学(University of Copenhagen)的 Ulla V. Bondeson 教授帮助介绍两篇重要的斯堪的纳维亚研究。在西方世界以外没有找到符合要求的研究。我们搜集的研究是 1960 年以后的,因为更早年间的研究可能不再与我们的文献回顾相关。

实际上,我们选取的是一项随机实验、一项自然实验、一项配对研究或 3 个以上控制变量的任何非实验研究形式下对监禁刑和非监禁刑的比较研究。我们使用涵盖所有种类刑事制裁的关键词(监狱、拘留所、羁押、替代刑罚措施、电子监控、监视居住、社区服务、缓刑、每日报告、罚金、震荡监禁、训练营监狱等)和最频繁用于界定再犯的概念(再次犯罪、再次被定罪、自我报告犯罪、再犯、再次被逮捕、再次被监禁等)。

3.4.2 回顾已完成研究的方法

运用这样的查找方法找到接近300篇符合要求的研究引文。我们筛选这些引文及每项研究,并对研究方法的质量进行评估。

查找评估报告并非总是很容易。出于这样的原因,学者(Dr.Zoder)花费三周时间在弗雷堡(德国)马克斯普朗克研究所(Max-Planck Institute),另一位学者(V.Maerki)则到伦敦的内政部,试图找回丢失的评估报告。但遗憾的是,有一小部分评估报告未能找到。其中有四篇评估报告属于 B 类(见文献系统回顾)。也就是说,经过细致的审查,并未包含这些研究。我们找到并抽取所有 23 篇完全合格的研究。

审查每项研究方法上的不足:

(1)在随机实验中,记录随机过程中的偏差,或高的消耗率。没有就此原因将研究排除。

(2)在自然实验中,特别关注罪犯特征选择标准的独立性。仅有一项自然实验没有提出这方面的困难。

(3)如果是非随机研究,考虑理论和/或实践相关的控制变量。事实上,仅为了排除少于 4 个控制变量的研究,这项标准是很随意的。基于这样的要求,被排除研究的确切数量并未记录,但数量明显很大。

在文献选择过程的最后,我们发现全世界仅有四项随机实验研究和一项自然实验与我们研究主题有关。在请教了现有研究的审稿人以后,我们将 Meta 分析限定在这 5 项研究上(见表 3a)。研究使用一项匹配任务,研究也运用了相当大量的控制变量,也就是,除去像年龄、性别、先前犯罪记录和犯罪类型这些通常通过犯罪记录能够确定的变量,在表 1 中列出并在表 2 中总结分析。我们发现,包括 Meta 分析中的 5 项研究,不超过 23 项符合要求研究(包括 3 项关于青少年的研究)。

3.5 数据收集和分析

为聚集符合要求研究中所有相关信息,我们遵循 Campbell 合作组织的指导原则来预备编码页面。我们的编码页面包含许多变量,例如所在地、出版年份、样本构成、处罚与罪犯类型、影响大小、统计控制种类等。全部研究在 P.Villettaz 的监督下,由 I.Zoder 完成编码工作。

研究方法、研究设计、罪犯种类、刑事制裁类型和测量结果有很大的区别（其中部分问题将在"讨论"部分做进一步探讨）。关于这个多样性，就像在最初研究议定书中安排的，我们首先预想对满足最终选定标准的23项研究结果进行叙述性说明。然而在向审稿人咨询后，将Meta分析限制在从事的5项控制或自然实验当中。

3.6　比较 Smith，Goggin and Gendreau（2002）的报告

我们承认已经收到来自Gendreau教授及其同事针对罪犯执行监禁刑或者社区处遇制裁（Smith，Goggin and Gendreau，2002）后再犯方面的研究报告，该研究报告是对早期同样主题研究（Gendreau，Goggin，Cullen，1999）的更新。我们完成数据收集后，发现他们Meta分析中的111项研究的49项在我们参考文献[1]中无法找到。经过更加细致的审查，证明有47项研究不符合我们选定的标准，大多是因为这些研究与我们研究主题有所不同，例如因家庭暴力被警察逮捕后的再犯情况，或者罪犯被执行缓刑或接受几项社区处遇制裁却没有在监狱执行刑罚的比较组的再犯情况。这里的两项研究（Walker，Farrington，Tucker，1981；Babst and Mannering，1965），由Smith，Goggin和Gendreau（2002）归入参考文献。另外，23项（最初）完全符合要求的研究中的13项，在我们加拿大同事的报告中并未提及，13项研究中有6项来自美洲大陆以外，并且包含四项随机实验中的三项。除在范围上的这些不同，这两篇回顾文献选取的标准有很大不同。鉴于我们的回顾文献仅仅包含实验、自然实验和至少4个控制变量的准实验，在此方面加拿大选用更为宽松的标准。就像我们以后应当明白的那样，多数依据刑事制裁措施对再犯率的研究，并未充分考虑被判监禁刑组和被判非监禁刑组中罪犯间业已存在的区别，因此，也不符合我们文献回顾的要求。可能对结果造成的影响将在第五章中讨论。

4. 对所选出的已有研究及结果的介绍

4.1　随机控制实验

＊10＊ Barton W.H.，Butts J.A.（1990）：切实可行的选择：青少年罪犯的严密监控项目（*Viable options：intensive supervision programs for juvenile delinquents*）

该项研究调查并比较了在底特律（密歇根州）的韦恩县（Wayne County）少年法

---

① 考虑到在几次出版（或伴随技术报告的文章）中常常出现的相同（或极类似）再版结果，每当包含同样的材料时，我们可以认为两篇报告是相似的。

庭的新式严密监管项目与青少年违法常规监管机构执行对再犯的影响。500 余名青少年或被随机分配到严密监管组(实验组)或被分到由州管理的监管机构的控制组。考虑到被测试对象可以待在社区而不用被放到矫正机构内,研究评估旨在关注项目预防或者减少青少年违法行为的效果。该项研究评估仅针对男性进行。

总的来说,经过 2 年的跟踪,研究结果显示出再犯上的混合错综的区别,既有全部官方指控的罪行,亦有自我报告方面的。尤其是,实验组明显比控制组(每个研究对象是 2.63 vs.1.31)受到更多的犯罪指控。即使排除身份犯和技术性违反法律,尽管差距缩小,但每个研究对象受到刑事犯罪指控的平均数据仍然有利于控制组(1.17 vs.1.85)。但是,控制组中被指控刑事犯罪的平均严重性是明显高于项目(4.19)中的其他青少年(3.44)。最后,一旦所有青少年逍遥法外超过 24 个月,实验组被指控为刑罚犯罪的平均数据总是高于控制组(5.41 vs. 4.05),但是,这时的区别在统计意义上并不显著。

就自我报告犯罪的青少年而言,创新项目中大约 64% 的青少年报告降低了总体青少年犯罪的严重程度,与之相比,在控制组中相应数据为 50%。在相对严重的财产犯罪和暴力行为指标上,实验组中超过 70% 的青少年报告显示出犯罪减少,而控制组中只有 60% 青少年报告显示出犯罪减少。

总之,研究结果显示了实验组在抑制再犯方面不如控制组有效。

91 Bergman G.R.(1976):在二级刑事重罪罪犯中降低再犯的实验项目评估(*The evaluation of an experimental program designed to reduce recidivism among second felony criminal offenders*)

该项研究对密歇根奥克兰县(Oakland County)通常情形下被判入狱的一组二级重罪刑事罪犯进行评估。监狱中的罪犯被随机分配到一项创新缓刑项目(实验组)或一项传统监禁项目(控制组)。两组比较主要集中在再犯率及罪犯接受司法矫正后社会地位的变化。

在经过 12 个月的跟踪以后,研究结果显示出被随机从监狱中挑出接受全面社区矫正的罪犯比在监狱中服刑罪犯的再犯率低(14% vs.33%)。

25 Killias M., Aebi M., Ribeaud D.(2000):社区康复服务优于短期监禁刑吗?:一项控制实验结果(*Does community service rehabilitate better than shorter-term imprisonment?:Results of a controlled experiment*)

该项研究是 1993 年至 1995 年在瑞士的 Canton of Vaud 地区实施的一项比较社区服务和监狱服刑效果的控制实验。社区服务被用作 14 日以内监禁判决的替代措施,在看守所1日相当于工作8小时。矫治组包括84名成年罪犯,控制组(送到看守所)的罪犯数是39人。总共123名罪犯被随机分配,罪犯接受社区服务的可能性为2:1。

研究结果显示出被判入狱罪犯中再次被警察逮捕的普遍性略微但未显著升高(38.5% vs. 33.3%)。在经过24个月的跟踪后,被判入狱的罪犯被警察掌握的犯罪数量也高于被执行社区服务处罚的罪犯(2.18 vs. 0.76)。然而,在两年期间,实验组在再犯(发生率)方面有显著改善,可之前被判入狱服刑的罪犯群组情况反而更糟。此外,观察到的以后就业状况和个人生活情况并无差别。但是,被判入狱的罪犯明显产生对他们的刑事判决和刑事司法系统的反对态度。就像一位读者(蒙特利尔大学的Dr.Frank Vitaro)评述的,被分配到接受社区服务的罪犯在再犯上有明显的改善,这要归结于接受社区服务的罪犯可以选择(或者是机遇),而被判入狱服刑的罪犯却没有选择机会(随后的一项研究,涵括介入矫治后10年中,包括对警方、再次被判有罪和税务部门的记录(收入、负债、福利等)等方面的研究,目前此项研究仍在持续中)。

66 Schneider A.L.(1986):财产赔偿与少年犯的再犯率:四项实验研究结果(*Restitution and recidivism rates of juvenile offenders:results from four experimental studies*)

该研究旨在关注四个社区(爱达荷州的Boise;华盛顿哥伦比亚特区;佐治亚州的Clayton County和俄克拉荷马州的Oklahoma County)。同时执行财产赔偿项目对再犯率的影响。在上述四个地区的矫治项目研究中,青少年罪犯被随机分配到执行财产赔偿刑罚或接受传统的刑罚矫治项目(缓刑或拘留)。结果发现,只有对爱达荷州Boise的实验研究与我们的标准有关。

从整体上讲,再犯分析表明,在接下来的期间财产赔偿组的再犯少于拘禁组,但两组在广泛性和发生率上的差异不具有统计上的显著性。具体而言,在随后的22个月中,财产赔偿组中53%的罪犯有一次或多次被法庭审问,相比较,被判监禁刑组中罪犯数据为59%。研究项目完成后,每100名(每年发生率)财产赔偿组中的年轻罪犯每年有86人会被法庭讯问,而每100名被监禁刑组中的罪犯有100人会被法庭讯问。但是,尽管两组的每年犯罪率在介入治疗后都有所下降,通过前/后犯罪率的交互比较,显示出财产赔偿组的下降略小于拘禁刑组。最后,财产赔偿组中年轻罪犯的再犯率绝不会比控制组高。

4.2 自然实验

124 Van der Werff C.(1979):特殊预防(*Speciale Preventie*)

该项研究比较了被判处一项 14 日以内监禁刑罚并立即执行的不同罪犯的再犯率。由于皇家赦免(在公主和后来的 Beatrix 女王婚宴时),在特定日期(1966 年 1 月 1 日)前犯罪并正在服刑的罪犯,他们的刑罚被暂缓执行,但在那个特定日期以后犯罪的罪犯,必须服刑。因此,这两组罪犯除了犯罪日期不同,应当被认为是相似的。

研究结果显示了在跟踪了 6 年中的交通事故犯罪(N = 1397)和财产犯罪(N = 202)方面,两组的再犯率(分别是 40% vs.40% ,68% vs.65%)相似。在暴力犯罪的罪犯(N = 321)中,由于皇家赦免罪犯,罪犯的监禁刑被暂缓执行,其再犯率明显少于仍在服刑的罪犯(53% vs.63%)。

4.3 配对研究设计

尽管下面研究中的被判监禁刑罚罪犯和非监禁刑罚罪犯样本比较说明,再犯与两种不同刑罚有关,但仍可能有其他因素能够影响量刑以及再犯。此外,无法知道样本在这些因素上有多大区别,并且是否对样本进行了充分的比对。

＊76＊ Kraus J.(1974):男性少年犯缓刑和拘留矫正效果比较(*A comparison of corrective effects of probation and detention on male juvenile offenders*)

该项研究调查了新南威尔士(澳大利亚)男性少年罪犯被执行缓刑和拘留的相对效能。少年犯的年龄从 8 岁到 18 岁,中数为 15.2。在矫正机构的 223 个缓刑犯中,通过七个人口学变量建立比较组,进行比较。

随后五年间,矫正机构组少年犯整体的再犯率明显高于执行缓刑少年犯组(74.9% vs. 67.7%),但是,之间区别并不大。在初次犯罪的少年犯中,缓刑似乎比拘留更有效地降低了财产犯罪数量(再次犯罪罪犯 62.6% vs. 82.4%)。

＊68＊ Muiluvuori M.-L.(2001):芬兰被判处社区服务刑罚罪犯的再犯率(*Recidivism among people sentenced to community service in Finland*)

这项在芬兰进行的研究对被判社区服务刑罚的罪犯或被判最长 8 个月监禁刑罪犯的再犯情况进行比较。监禁刑组被排除在实验研究范畴外。监禁刑组罪犯在性别、年龄、主要罪行、服刑时间和被判刑期分布上与被判社区服务组分布上类似。

研究结果显示出刑期满后五年内,接受社区服务罪犯的再犯率比接受监禁刑罚的罪犯略低(60.5% vs.66.7%)。这两组间区别在统计上并不显著。

＊45＊ Petersilia J.,Turner S.,and Peterson J.(1986):美国加利福尼亚州的监禁刑 vs.缓刑:犯罪和罪犯再犯的联系(*Prison versus probation in California:implications for crime and offender recidivism*)

通过加州执行监禁刑罚罪犯和执行缓刑刑罚罪犯的样本,作者比较了两种刑罚再犯率,并预测当重罪犯被执行监禁而非执行缓刑时,可以阻止犯罪数量的增加。

经过实施统计控制后,结果显示被判监禁刑罚罪犯的再犯率高于被执行缓刑的罪犯。在接下来的两年中,68%的被判监禁刑罚罪犯又被逮捕,与之形成对比的是63%的缓刑犯再次被逮捕,但是,两者区别在统计上不显著。然而,51%的被判监禁刑罚罪犯又被指控犯有新的罪行,与之形成对比的是38%的缓刑犯被指控犯有新罪。47%的被判监禁刑罚的罪犯因再次犯罪入狱,与之形成对比的是35%的缓刑犯再次入狱。上面后两项的区别具有统计显著性。最后,尽管被判监禁刑罚罪犯的再犯率比缓刑犯高,但是他们的新罪行并不是非常严重。

﹡74﹡ Smith L.G.,Akers R.L.(1993):美国佛罗里达州执行社区防控和监狱刑罚的再犯比较:一项对生存者五年的分析(*A comparison of recidivism of Florida's community control and prison:a five-year survival analysis*)

这项研究考察了监视居住与监狱服刑在再犯上的效果。对第一组因重罪被判处社区控制的罪犯几乎五年跟踪,包括他们的再次被逮捕、再次被定罪、再次入狱服刑和再犯生存者,与犯重罪却被监狱释放的部分比照组罪犯的再犯进行比较。

研究结果显示出2个群组的再犯率和生存曲线大体相同。大约5个被判社区控制或监禁刑罚的重罪罪犯,有4个在从事研究的5年间再次犯罪(77.8% vs.78.6%)。

﹡16﹡ Weisburd D.,Waring E.,Chayet E.(1995):白领犯罪罪犯样本的具体震慑(*Specific deterrence in a sample of offenders convicted of white-collar crimes*)

该项研究调查了742名白领犯罪罪犯所受刑事制裁对他们犯罪生涯的影响。使用法庭判决的数据和由FBI身份证明局提供的随后犯罪行为信息,作者评估了监禁刑对这些罪犯官方犯罪记录的影响。

通过对导致监禁刑罚组和非监禁刑罚组的刑罚制裁因素的比较,结果显示在出狱后的10.5年中,监禁刑罚对再次被逮捕可能并未发挥具体的威慑作用。

4.4　四个以上控制变量研究

以下研究关注的是不同的刑罚措施对当事人再犯的影响。多数研究表明接受监禁刑罚和非监禁刑罚的罪犯在再犯问题方面没有统计意义上的显著区别。因而,我们关心的问题是,为什么不同刑罚的执行对罪犯随后的犯罪活动没有影响。一个可能的答案是,事先为进行研究选择的罪犯群组之间的区别未被测量。因此,一项刑罚制裁的细微影响被忽略。另一个没有发现影响存在的原因,可以解释为统计能力的不足,或者由于样本大小或者是再犯测量上的高方差。所以,以后的研究结果必须加以考虑。

＊1002＊ Bondeson U.V.(1994/2002),监禁刑罚的替代措施:设想与现实(*Alternatives to imprisonment:intentions and reality*)

此项研究调查了瑞典以社区为基础的刑罚制裁措施使用。一项准实验设计比较了被分配到普通缓刑(N＝138)群组,在刑罚制裁机构执行缓刑的群组(被认为是监禁制裁)(N＝127),与附条件不执行判决的未被监管群组(N＝148)。对罪犯被判处刑罚时的个人和社会背景进行详尽描述。官方记录的数据搜集始于1969年年底和1970年年初。记录罪犯先前的信息(总共将近40个变量)和随后被定罪情况。再犯的数据从中央刑事立案处(the Central Criminal Register)和全国消费税委员会(National Board of Excise)保存的刑事记录中获取。比较个体所属的风险类别与刑罚之间的区别。

研究结果显示出在刑罚制裁机构执行缓刑的罪犯更容易出现再犯,被判普通监管缓刑不大容易出现再犯,最少出现再犯的是附条件不执行判决的未被监管群组,甚至被排在风险分值控制之后。此外,根据监管者行为中赞成 vs.控制程度和接受监管人员的类型不同,监管的效果也各不相同。总的来说,在再次定罪中,大概40%的变异数可以被解释。再者,监管者视缓刑为提供帮助,而罪犯则认为缓刑为控制措施。

＊32＊ Bonta J.,Wallace-Capretta S.,Rooney J.(2000):电子监控可以带来不同效果吗? 对三个加拿大项目的评估(*Can electronic monitoring make a difference? An evaluation of three Canadian programs*)

这项加拿大的研究比较了三组男性罪犯的再犯情况:一组是被判决执行电子监控(EM)项目的罪犯,一组是将监狱服刑的罪犯执行假释,最后一组是被判处缓刑罪犯。除此之外,对被判决执行电子监控项目的罪犯与被判监禁刑罚罪犯、缓刑犯的犯罪风险进行比较。三种男性罪犯样本包括:262名被判决执行电子监控项目的罪犯;256名被判监禁刑罚罪犯;30名缓刑犯。研究数据来自自我报告的问卷和矫正文件。

最初的研究结果显示出被判决执行电子监控项目罪犯组的再犯率明显低于假释和缓刑组:26.7% vs.37.9%的假释(罪犯)和33.3%的缓刑罪犯。然而,进一步的分析揭示了这种区别完全可以用罪犯的不同风险水平来解释。作者的结论是,并非电子监控项目导致犯罪率的降低,而是由于选择了低风险罪犯参加电子监控项目。换句话说,就再犯而言,电子监控项目相对更多传统的刑罚制裁措施而言,并非具有很大的价值,特别是相对于其他形式的社区控制措施。

＊20＊ Bonta J.，Wallace-Capretta S.，Rooney J.（2000）：一项严密康复监督项目的准实验评估（*A quasi-experimental evaluation of an intensive rehabilitation supervision program*）

这项加拿大的认知行为治疗项目评估研究在严密的康复监督（IRS 项目）环境下通过电子监控（EM）方式进行。实验组由 54 名罪犯组成，他们需要在社区的电子监控（EM）下参加严密的康复监督（IRS 项目）。第一组罪犯是从统计上符合 100 名风险和所需因素的罪犯，他们因为没有可以接受矫治的环境，所以没有接受这样的治疗。最初选择的未治疗罪犯组的标准是经确认参与 IRS 项目的罪犯。研究数据来自监狱和项目记录，以及问卷调查。这项研究是加拿大 EM 项目大规模评估的一部分。严格地讲，这项研究没有比较监禁刑和非监禁刑实施后的再犯情况，但是，比较了在监禁一段时间后，符合非监禁矫治（如 EM）的罪犯和在监狱服完整个刑期的罪犯。我们决定包含这些内容，尽管这两组罪犯拥有某些共同的监禁经历，但是被监禁和某种形式的非监禁监管区别似乎更符合我们的研究主题。

IRS 项目罪犯的再犯率是 31.5%，控制组罪犯的再犯率是 31%。治疗组罪犯和控制组罪犯都有低风险和高风险的群组。在治疗和风险水平之间具有统计意义上的显著影响。接受治疗的低风险的罪犯的再犯率高于未接受治疗的（32.3% vs. 14.5%），然而，接受治疗的高风险罪犯的再犯率比没有接受治疗的罪犯低（31.6% vs. 51.1%）。研究结果表明，使治疗强度符合罪犯的风险水平很重要，并要确保治疗内容包含在严密监控项目中（可见我们讨论章节的评论）。

＊1005＊ Börjeson B.（1966），Om Påföljders Verkningar 关于刑事处罚的影响（On the effects of sanctions）

这样研究是自经验角度对瑞典的刑事处罚体系某些方面的一项尝试性解释。作者比较了附条件不予监禁判决、罚金、定期监禁刑和 18 至 20 周岁年轻违法者的青年培训学校的效果。各种刑罚制裁被分成两个主要类别：监禁刑和非监禁刑。研究对象基于三项标准进行选择：（1）他们出生于 1937 年至 1939 年；（2）他们在 18 周岁以后 21 周岁之前由于严重犯罪被判处刑罚；（3）严厉地刑罚制裁是由法院作出的。刑罚制裁措施之间的比较应考虑执行刑罚后三年的再犯（总共接近 40 个变量）风险。研究样本包括 101 名被判监禁刑罚的被告和 315 名被判非监禁刑罚的被告。

主要研究结果显示，每一风险类别中（大概 40% 被解释方差）赞成非监禁刑罚在统计上的显著区别。

＊23＊ Brennan P.A.，Mednick S.A.（1994）：学习理论对刑事再犯的震慑

（*Learning theory approach to the deterrence of criminal recidivism*）

该项研究检验了学习理论对刑事再犯震慑作用。被检验对象全部来自1944年1月到1947年12月间在哥本哈根（丹麦）出生的男性群组。作者将被逮捕时18周岁或以上罪犯在监狱服刑与罚金、缓刑刑罚效果进行比较。考虑到风险的标准期间适用整个群组,作者在该项研究中仅检验26岁以下的数据。

研究结果显示出刑罚类型（监禁vs.罚金）仅对一到两个犯罪层级的随后被捕率有明显影响,另外,在每隔一个再犯风险层级上（2至3个犯罪,及3个以上犯罪）的随后被捕率没有发现明显区别。以同样方法,当年龄、SES和监禁时间被控制后,刑罚类型（监禁vs.缓刑）对任何再犯风险层级都没有显著的影响。最后,从监狱中彻底释放罪犯比间断性地释放罪犯能更有效地降低以后的犯罪率。如果刑事处罚停止,又恢复刑事再犯。

2 DeYoung,D.J.（1997）:一项关于饮酒治疗、驾照相关诉讼和在看守所期间长短在降低加利福尼亚州醉酒驾驶再犯的效用评估（*An evaluation of the effectiveness of alcohol treatment,driver license actions and jail terms in reducing drunk driving recidivism in California*）

这项研究调查饮酒治疗、驾照相关诉讼和在看守所服刑长短在降低醉酒驾驶人员再犯的效用。这项准实验研究调查比较了因酒后驾驶（DUI）接受处罚驾驶员的刑罚和他们以后因酒后驾驶再次被定罪的关系,同时对接受不同刑罚处罚群组间先前存在的区别进行统计上的控制。数据来自1990年和1991年加利福尼亚州机动车管理局数据记录中因醉酒驾驶被定罪的所有持有驾照的司机。

研究结果显示,第一次因醉酒驾驶的制裁,包括饮酒治疗和驾照限制使用、吊销驾照,在随后的18个月中,醉酒驾驶再犯率明显低于仅仅在看守所执行制裁,或看守所制裁与驾照诉讼或饮酒治疗结合并用。具体地讲,对初次犯罪罪犯的分析显示,接受看守所制裁的罪犯平均因醉酒驾驶再次被定罪的数据,是除驾照限制使用以外接受初次犯罪治疗项目罪犯的两倍。作者认为,饮酒治疗与驾照诉讼结合方法在降低醉酒驾驶再犯上最为有效。

31 MacKenzie D.L.,Shaw J.W.（1993）:震荡监禁对技术性违反和再次犯罪活动的影响（*The impact of shock incarceration on technical violations and new criminal activities*）

这项研究考察了接受震荡监禁刑者被释放后,在2年的社区监管过程中的行为,并且将他们的表现与相似罪犯在执行缓刑和假释过程中比较。作者比较了具有合法被执行震荡监禁刑项目资格但接受监禁刑和缓刑处罚的罪犯,与那些被执行震荡监禁项目的罪犯。

总而言之,接受震荡监禁制裁罪犯的被逮捕率和因犯新罪被定罪率明显低于假释犯和缓刑犯。此外,被执行震荡监禁刑罪犯出狱后刑罚被撤销率低于假释犯。然而,尽管强调假设参与比较的两组样本的确相似,但这样的结果应当解释为被比较两组事先可能存在的不同。

＊56＊ MacKenzie D.L.(1991):震荡监禁(训练营监狱)罪犯被假释后的表现:存继时间分析(*The parole performance of offenders released from shock incarceration(boot camp prisons): a survival time analysis*)

这项研究将男性罪犯在成功地完成一项震荡监禁项目后(N=74)被假释表现,与执行一段时间监禁刑后罪犯(N=74)在缓刑(N=108)或假释期间表现进行比较。研究数据来自路易斯安那州公共安全和司法矫正部(Louisiana Department of Public Safety and Corrections),以及对缓刑和假释主体情况的评估。

研究结果显示出,先前监禁、年龄、初次被逮捕年龄和风险评分与再犯相关,但与刑罚类型没有关系。即使在震荡监禁刑执行完毕后(37.8%)的12个月内被逮捕率比缓刑犯(25.2%)和假释犯(28.2%)高,但与监狱服刑或缓刑相比,没有证据显示震荡监禁可以降低再犯。

＊72＊ MacKenzie D.L.,Brame R.,McDowall D.,Souryal C.(1995):八个州的训练营监狱与再犯(*Boot camp prisons and recidivism in eight states*)

这项研究调查在八个州(佛罗里达州、佐治亚州、伊利诺伊州、路易斯安那州、纽约州、俄克拉荷马州、南卡罗来纳州和德克萨斯州)的训练营中走出的罪犯在社区监管下再犯的情况。根据一个或多个比较组(缓刑或假释)在每个州如何执行刑罚,来对这些再犯形式进行评估。收集4个州的执行刑罚后12个月的研究数据,另外4个州的研究数据是执行刑罚后的24个月。

研究结果认为,那些完成训练营监狱的罪犯没有必然地比比较组(缓刑或假释)表现得更好或者更糟。然而,从训练营监狱释放罪犯的再犯确实高于那些没有任何矫治行为只强调体力劳动和军事训练的训练营中的罪犯。

＊64＊ Roeger L.S.(1994):刑事司法制裁对本地罪犯的效力(*The effectiveness of criminal justice sanctions for Aboriginal offenders*)

这项澳大利亚的研究对被判处监禁刑和接受社区制裁(缓刑或社区服务)的本地罪犯的再犯进行比较。研究数据来自南澳洲惩教署和南澳洲警察局(South Australian Department of Correctional Services and the South Australian Police Department)的罪犯执行刑罚后三年半间的官方记录。

研究结果显示,在控制了与再犯有关的因素后,在监狱中服刑罪犯与那些接受社区制裁罪犯的再犯率并无区别。

＊9＊ Savolainen J.,Nehwadowich W.,Tejaratchi A.,Linen-Reed B.(2002):纽约市重罪等级 ATI 项目参加者的刑事再犯状况(*Criminal Recidivism Among Felony-Level ATI Program Participants in New York City*)

这项研究的目的是评估一项替代监禁刑罚项目对再犯的影响。研究从三个维度对再犯进行分析:发生的普遍程度、发生率和再次被逮捕的时间。研究跟踪的时间从 6 个月到 12 个月不等。

研究结果显示出,关押在看守所罪犯的再犯可能性明显高于缓刑犯。

＊35＊ Spohn C.,Holleran D.(2002):监禁刑对犯重罪罪犯的再犯率的影响:对涉毒罪犯的研究(*The effect of imprisonment on recidivism rates of felony offenders:a focus on drug offenders*)

研究使用 1993 年密苏里州(Missouri)堪萨斯城(Kansas City)的杰克逊县巡回法院(Jackson County Circuit Court)被判处重罪罪犯(毒品犯罪罪犯、涉毒犯罪罪犯和非涉毒犯罪罪犯)的数据,将被判处监禁刑罪犯(N=301)与被执行缓刑罪犯(N=776)的再犯率进行比较。

研究结果显示,被判处监禁刑罪犯的再犯率明显升高。实施毒品犯罪被判监禁刑的罪犯和被执行缓刑罪犯在执行刑罚完毕后 4 年内的再犯率分别为 82%vs.43%,涉毒犯罪被判监禁刑的罪犯和被执行缓刑的罪犯在执行刑罚完毕后的 4 年内的再犯率分别为 62%vs.48%,而非涉毒犯罪被判监禁刑的罪犯和被执行缓刑的罪犯在刑罚执行完毕后的 4 年内的再犯率分别为 57%vs.40%。此外,被判监禁刑罪犯出狱后的再犯时间早于缓刑罪犯。尤其是在执行刑罚后的 4 年内,被判监禁刑的毒品犯罪罪犯再犯时间早于执行缓刑的毒品犯罪罪犯,且这两组的区别随着时间经过逐渐增大。最后,在跟踪阶段的后期,大概 65% 的缓刑犯未受到任何新罪的指控,与之相比,仅有 20% 被判监禁刑的罪犯未受到任何新罪的指控。

＊43＊ Tashima H.N.Marelich W.D.(1989):酒后驾车(DUI)罪犯替代刑罚制裁相对效度的比较(*A comparison of the relative effectiveness of alternative sanctions for DUI offenders*)

这项加利福尼亚的调查研究比较了各种针对酒驾制裁和酒驾制裁以后的驾驶记

录、随后发生事故以及被定罪情况之间的关系。通过驾照使用限制或者吊销驾照并伴随或不伴随饮酒教育，也牵扯罚金、拘禁和血液酒精浓度（BAC），对驾驶行为进行限制。研究并未考虑精神受损的驾驶员是初次还是再次酒驾。

研究结果显示，第一次和第二次受到吊销驾照处罚的酒驾罪犯，不管是否同时接受饮酒教育，处罚后的事故发生率明显小于未受到吊销驾照处罚的酒驾罪犯。此外，未对驾照进行限制的群组随后的事故发生率和被定罪率都最高。与此相反，仅仅被判处短期监禁刑的第一次和第二次酒驾罪犯，在接下来的两年中，事故发生率和被定罪率都高于被判处其他刑罚的罪犯。对第三次酒驾的罪犯，所有类型的制裁效果基本一样。最后，对于第一次和第二次酒驾的罪犯，吊销驾照并辅以饮酒康复项目似乎成为对减少酒后驾驶最为有效的制裁方式。

4.5　小结

为便于文献回顾，在表1中将所有的适格研究予以简单小结。它们依研究方法标准分组（随机控制实验、自然实验、配对研究和包含4个及以上控制变量的准实验评估）。

在表2中，根据不同研究方法产生的结果，将同样的23项研究分组。由于这些研究提供了一个以上再犯的测度结果，有2项研究（#25和#20）被计算2次，且有一项研究（#124）被计算了3次。因此，表2中共有27次比较。有2项研究显示，执行监禁刑罚后再犯率明显降低，而有11次比较显示，非监禁刑罚的效果比其他刑罚措施好。在14项研究中，尽管有4项研究结果略微支持非监禁刑罚，但是并无明显的差别。

研究方法强度与研究结果似乎存在某些联系，就配对研究设计而言，特别是控制多个变量的研究，产生更多支持非监禁刑罚的结果。的确如此，11项研究中的7项显示，监禁刑罚与明显升高的再犯率相联系，属于最差的一类。考虑到监禁刑罚是系统地施加给具有高风险再犯罪犯的刑罚，认为不同群组间业已存在的差别被控制得越少，研究结果越支持"替代"刑罚措施，这似乎是有道理的。哪怕8项比照中只有3项支持非监禁刑罚，只要研究仅仅考虑满足较高研究方法标准，那么研究结果就越平衡。如果三项加州控制实验更多地比较传统刑罚与更"开放"形式的居所治疗（Palmer，1971/1974；Lamb and Goertzel，1974；Empey and Steven，1971），由于4组比较中的2组支持更为传统的场所监禁，一组支持在"开放"的机构进行矫治，还有一组并无确定的结论，这个偏见变得甚至更明显。尽管这些方法遭到质疑，有一点可以肯定的是，即使在5项最强有力的（实验）研究中，进行比较的5组中的3组支持非监禁

表1 23项完全适格研究的指标

编号	研究设计	监禁刑	非监禁刑	罪犯类型	服刑标准限定时间	具体犯罪	追踪时间	监禁刑影响	非监禁刑影响	显著影响(p<.05)	研究名称
	随机控制实验										
1	指定场所	严密监控	青少年	无	无	24个月	0	0	不显著	Barton W. H., Butts J. A. (1990)(#10)
2	监狱	缓刑	成人	无	无	12个月	0	1	显著	Bergman G. R. (1976)(#91)
3	监狱	社区康复	成人	14天	无	24个月	0	0	不显著、发生率、逮捕率和定罪率显著、前/后逮捕率改善	Killias M., Aebi M., Ribeaud D. (2000)(#25)
4	矫治项目	赔偿	青少年	无	无	22个月	0	1	不显著	Schneider A. L. (1986)(#66)
	自然实验										
5	监狱	缓刑	成人	14日	无	6年	0	0	不显著,交通事故罪犯	Van der Werff C. (1979)(#124)
								0	0	不显著,财产犯罪罪犯	
								0	1	显著,暴力犯罪罪犯	
	配对研究设计										
6	拘留	缓刑	青少年	无	无	5年	0	1	显著	Kraus J. (1974)(#76)
7	监狱	社区康复	成人	8个月	无	5年	0	1	不显著(p<.10)	Muiluvuori M.-L. (2001)(#68)

续表

编号	研究设计	监禁刑	非监禁刑	罪犯类型	服刑标准限定时间	具体犯罪	追踪时间	监禁刑影响	非监禁刑影响	显著影响（p<.05）	研究名称
8		监狱	缓刑	成人	无	无	24个月	0	1	不显著（p<.10）	Petersilia J., Turner S., 和 Peterson J.（1986）（#45）
9		监狱	监视居住	成人	无	无	5年	0	0	不显著	Smith L. G., Akers R. L.（1993）（#74）
10		监狱	未监禁	成人	无	无	10年半	0	0	不显著	Weisburd D., Waring E., Chayet E.（1995）（#16）
	包含四个及以上控制变量的研究										
11	矫正机构执行缓刑	缓刑，附条件不执行监禁判决	成人	无	无	24—36个月	0	0	显著	Bondeson U. V.（1994/2002）（#1002）
12		监狱	电子监控与康复	成人	无	无	12个月	0	1	显著	Bonta J., Wallace-Capretta S., Rooney J.（2000）（#32）
13		监狱	电子监控与康复	成人	无	低和高风险犯	12个月	0 1	1 0	显著，高风险犯 显著，低风险犯	Bonta J., Wallace-Capretta S., Rooney J.（2000）（#20）
14		监狱	未监禁	成人	无	无	36个月	0	1	显著	Börjeson B.,（1966）（#1005）
15		监狱	缓刑	成人	无	无	未明确界定	0	0	不显著	Brennan P. A., Mednick S. A.（1994）（#23）

续表

编号	研究设计	监禁刑	非监禁刑	罪犯类型	服刑标准限定时间	具体犯罪	追踪时间	监禁刑影响	非监禁刑影响	显著影响(p<.05)	研究名称
16		监狱	吊销驾照与饮酒治疗	成人	无	醉驾	18个月	0	1	显著	DeYoung,D.J.(1997)(#2)
17		震荡监禁	缓刑	成人	无	无	24个月	1	0	显著	MacKenzie D.L.,Shaw J.W.(1993)(#31)
18		震荡监禁	缓刑	成人	无	无	12个月	0	1	不显著(p<.10)	MacKenzie D. L.(1991)(#56)
19		震荡监禁	缓刑	成人	8个州比较	无	12/24个月	0	0	不显著	MacKenzie D. L.,Brame R.,McDowall D.,Souryal C.(1995)(#72)
20		监狱	社区服务	本地成年人	无	无	3.5年	0	0	不显著	Roger L.S.(1994)(#64)
21		监狱	缓刑	成人	无	无	6—12个月	0	1	显著	Savolainen J., Nehwadowich W., Tejaratchi A., Linen-Reed B.(2002)(#9)
22		监狱	缓刑	成人	无	毒品和其他罪犯	4年	0	1	显著	Spohn C., Holleran D.(2002)(#35)
23		监狱	吊销驾照与饮酒治疗	成人	无	醉驾	24个月	0	1	不显著(p<.10)	Tashima H.N.Marelich W.D.(1989)(#43)

表2 根据研究方法分析研究研究结果（N=27 次比较）

对比的结果	研究设计				总计
	随机控制实验	自然实验	配对研究设计	包含四个及以上控制变量的研究	
支持监禁刑　显著（+sig.）				2	2
支持监禁刑　不显著（+n.s.）(.05<p<.10)					0
无差别	3	2	2	3	10
支持非监禁刑　不显著（+n.s.）(.05<p<.10)			2	2	4
支持非监禁刑　显著（+sig.）	2	1	1	7	11

刑罚。就当前掌握的知识还无法决定,是否严格方法的影响不像我们期望的那么重要,或者是否某些类型的Hawthorn(或者安慰剂)效应在这里发挥了作用。基于这个原因,"投票计数"以外的因素也很重要,像表2中的,将"替代"刑罚措施与监禁刑罚影响相结合成为一种更细致的测量来考虑影响大小。

4.6　Meta分析[①]

Meta分析是一项有效的工具,其可以通过众多的研究来确定某种介入因素的合成效应。然而,它的内部效度永远不会超越最初的研究。因而,用带有系统偏误结果的研究来进行Meta分析只会产生误导性的结论。如果Campbell合作组织的犯罪与刑事司法组的任务就是产生和分配世界范围内关于各种介入治疗的可信赖知识,那么将所有Meta分析限于高质量研究的基本要求是严肃认真的。在现有的情况下,这就表明仅有当研究中的研究对象被随机分配到接受不同制裁的群组,即被执行监禁刑的罪犯和被执行替代刑罚措施的罪犯中的,未被控制的差别可能性降至最小。这也意味着并不能考虑准实验,因为不能排除决策者(通常是法官)决定使用的标准还未被控制的可能性,而这些很可能与再次被定罪有关。基于这样的理由,以下的Meta分析被限定在被确认的4个随机实验和1个自然实验中。根据作者的报告,测量结果是被警察掌握的新罪或以后被再判有罪。

考虑到可以获得数据的局限性,在进行Meta分析之前,我们要对这些数据加以调整。因为多数研究报告二元结果(再犯者的比例),根据文献(Lipsey and Wilson,2001;Wolf,1986;Glass,McGaw and Smith,1981)的要求,我们首先将这些初始结果转换成比数比(OR),接着再将它们换成一个恰当的标准化均值差统计(我们影响大小指数)。只要对比实验组和控制组,正值效果大小意味着非监禁刑罚在预防再犯方面比监禁刑罚更为有效。为实现我们的研究目的,我们同时使用标准化均值差(表3d和3e)和比数比(表3c和3f)。

表3a所列出的5项研究中的3项(Barton,Bergman,Schneider),仅报告一项可行的Meta分析中的一个效应量。有一项研究(Killias et al.),提出2个效应量,在van der Werff实验研究(表3a)中,提出3个效应量。由于Meta分析结果支持无效假设,最强效应量被持续用作一种保守的方式来减少得出不显著结果的机会。为使所有研究结果有一个统一的定义,所有这些效应量均基于被警察所掌握的新罪行。这样,就排除了基于再次被定罪的效应量,正如Killias等人的研究。除表3a表明的以外,Kil-

---

①　作者对David Wilson博士提出Meta分析方法表示深深的感谢。

lias 等人的实验也显示出,被分配到社区工作罪犯的被逮捕率有显著改善。考虑到没有其他研究提出可以比较的结果,这样的效应量不能被使用。在 van der Werff 的研究中,分析所有罪犯(表 3b/3c)和暴力犯罪罪犯(表 3d/3e)被观察到的显著影响的效应量。由于效应量接近或完全为零,没有对财产和交通事故犯罪罪犯进行特别分析。

表 3a Meta 分析(所有类型罪犯)中 5 项研究个人再犯的效应量
(除非另外指出,是根据被警察所掌握的新罪)

实验	n/N 实验	n/N 控制	有偏效应量指数	无偏效应量指数
Bergman	6/42	22/67	0.593	0.589
Killias 等 —重新被定罪 —重新被捕	28/84	15/39	0.129 0.123	0.129 0.122
Schneider	46/86	56/95	0.122	0.122
van der Werff： —全部罪犯 —暴力犯罪罪犯 —财产犯罪罪犯	426/946 87/165 64/94	452/974 98/156 70/108	0.031 0.229 −0.081	0.031 0.228 −0.081
Barton/Butts[1]	3.58(160)	3.69(326)	−0.019	−0.019

根据这五项研究,得到下面的标准化均值差。

表 3b 非监禁刑和监禁刑再犯比较(所有类型罪犯),标准化均值差(standardized mean differences)

obs 数量　　＝5　　　　　　均齐性分析(Homogeneity Analysis)
obs 最小值　＝−.020　　　　Q＝4.65
obs 最大值　＝0.593　　　　df＝4
加权 SD　　＝0.090　　　　p＝0.32541

	Mean	−95%CI	+95%CI	SE	Z	P
固定效应	0.04263	−0.03958	0.12484	0.04195	1.01626	0.30950
随机效应 1	0.05144	−0.05265	0.15554	0.05311	0.96858	0.33275
随机效应 2	0.04263	−0.03958	0.12484	0.04195	1.01626	0.30950

1 随机效应变异数成分(动差法)＝0.00236
2 随机效应变异数成分(ML 充分讯息)＝0.00000

---

① 该项研究仅给出均值。

表 3c　非监禁刑和监禁刑再犯比较(所有类型的罪犯),比数比(odds ratios)

obs 数量　　= 5　　　　　　　　均齐性分析(Homogeneity Analysis)

obs 最小值　= . 96437　　　　　 Q = 4. 65

obs 最大值　= 2. 933　　　　　　df = 4

加权 SD　　 = .　　　　　　　　p = 0. 32541

	Mean	−95%CI	+95%CI	SE	Z	P
固定效应	1. 08039	0. 93072	1. 25412	.	1. 01626	0. 30950
随机效应 1	1. 09780	0. 90892	1. 32594	.	0. 96858	0. 33275
随机效应 2	1. 08039	0. 93072	1. 25412	.	1. 01626	0. 30950

1 随机效应变异数成分(动差法) = 0. 00775
2 随机效应变异数成分(ML 充分讯息) = 0. 00000
结果是计算值的指数(即结果是比数比)

　　表 3b/3c 中的结果是对关注的五项研究中的每一项结果进行的总结,同时也总结全部的研究。研究结果显示出,监禁刑罚和非监禁刑罚在再犯方面除了一个随机效应以外,没有显著的区别。

　　因为,Meta 分析的这五项研究中,van der Werff(#124)研究使用的样本截至目前是最大的,我们在研究过程中也是仅仅使用了她的暴力犯罪罪犯的结果(显著地支持非监禁刑罚)。在表 3a 中出现的个体效应量,研究结果列在表 3d、3e 中。

　　根据这五项研究,得到下面的标准化均值差。

表 3d　非监禁刑与监禁刑的再犯比较(仅有 van der Werff 研究中的暴力犯罪罪犯,全部的罪犯在剩下的实验研究中),标准化均值差(standardized mean differences)

obs 数量　　= 5　　　　　　　　均齐性分析(Homogeneity Analysis)

obs 最小值　= −. 020　　　　　　Q = 5. 65

obs 最大值　= 0. 593　　　　　　df = 4

加权 SD　　 = 0. 153　　　　　　p = 0. 22655

	Mean	−95%CI	+95%CI	SE	Z	P
固定效应	0. 11164	−0. 01482	0. 23810	0. 06452	1. 73026	0. 08358
随机效应 1	0. 13617	−0. 02600	0. 29833	0. 08274	1. 64575	0. 09981
随机效应 2	0. 13032	−0. 02180	0. 28244	0. 07761	1. 67913	0. 09313

1 随机效应变异数成分(动差法) = 0. 00987
2 随机效应变异数成分(ML 充分讯息) = 0. 00667

表 3e　非监禁刑和监禁刑再犯比较（仅有 van der Werff 研究中的暴力犯罪罪犯，全部的罪犯在剩下的实验研究中），比数比（**odds ratios**）

obs 数量　　　= 5　　　　　　　　　均齐性分析（Homogeneity Analysis）

obs 最小值　　= .96437　　　　　　Q = 5.65

obs 最大值　　= 2.933　　　　　　df = 4

加权 SD　　　= .　　　　　　　　p = 0.22655

	Mean	−95%CI	+95%CI	SE	Z	P
固定效应	1.22445	0.97348	1.54013	.	1.73026	0.08358
随机效应 1	1.28016	0.95394	1.71793	.	1.64575	0.09981
随机效应 2	1.26665	0.96124	1.66909	.	1.67913	0.09313

1 随机效应变异数成分（动差法）= 0.03247
2 随机效应变异数成分（ML 充分讯息）= 0.02193
结果是计算值的指数（即结果是比数比）

　　两项效应量均数都是正值（支持非监禁刑罚制裁），但是统计上并不显著。表 3c 的比数比均数将会转换为监禁刑罚组 50% 的再犯和非监禁刑罚组 48% 的再犯的百分比上差异。这样的区别相当于 2 个百分点的提升。由于五项研究中的三项研究的样本很小，Meta 分析水平中的总体统计能力仍然很低。考虑到研究结果总体的均齐性，研究的固定效应和随机效应结果基本上一致。

　　表 3d/3e 中的结果是接近统计上显著，相应的比数比是 1.22，2 组的再犯分别是 50% 和 45%。应当注意的是，交通事故犯罪的罪犯和财产犯罪的罪犯是被排除在研究分析以外的，除非这样的结果在 van der Werff 的研究中被发现。考虑到 van der Werff 研究数据中似乎只有暴力犯罪罪犯的数据存在质疑，所以其他的研究包括几种罪犯的种类（不仅仅是暴力犯罪这一种）。由此，更保险的结论似乎是就随机效应以外的再犯，如表 3b 和 3e 所显示的，监禁刑罚和非监禁刑罚没有区别。

　　当然，基于五项研究的 Meta 分析很容易因"太"有选择性而招致批评。另外，如在表 2 中使用的，Meta 分析的结果也表明"唱票"方法的局限，因为 Meta 分析中"投票"赞成非监禁刑的优势不复存在。尽管稍微地支持非监禁刑，但监禁刑罚和非监禁刑罚在再犯上的区别是不显著的。一旦仅考虑控制和自然实验，Meta 分析的研究结果与表 2 中使用的"唱票"法更为一致。这种对比提供了进一步支持限制 Meta 分析来对较高内部效度研究的结论。

5. 研究评述

一个世纪前,犯罪学就已经开始关注监禁刑罚及非监禁刑罚的效果研究。许许多多研究试图发现减少再犯更为有效的刑罚方法。尽管研究结论并非总是一致,但都发现当被控制的相关自变量越多时,监禁刑罚与非监禁刑罚之间差异带来的不同影响越少。因此,系统回顾全球研究总结的刑罚对再犯影响,会有助于政策的制定者和立法者。特别是在尽可能地检索了这一主题的许多高质量研究后,现有文献综述着眼于提供一个更兼顾全面的综述。但可惜的是,只有四项控制实验和一项自然实验可以确定符合 Meta 分析的要求。然而分析结果却相当令那些长期主张监禁刑罚有害的学者失望。当然,根据应用于几个 Campbell 合作组织网络的当前标准,如果我们包含监禁刑罚和替代刑罚措施早已存在差别未得到充分控制的所有研究,我们或许能够提出更多支持替代性刑罚措施的研究结论。换句话说,我们可能通过许多关系不显著的研究,发现监禁刑罚更多有说服力的负面影响,但是以得到很可能是错误结果为代价。因此,如果彻底执行一项 Meta 分析(我们认为这或许是有争议的,特别是由于相关刑罚措施、研究项目和罪犯群组的巨大差异),解决方法就只能限于那些能提供较高内部效度合理保证的研究。这样一项假定,正如这篇报告中通篇所述的,只可能发生在接近随机标准(如皇家赦免日)的控制(随机)实验和自然实验中。遗憾的是,这样只有五项研究可用于开展 Meta 分析,但我们认为内部效度应当最优先考虑,而非数据带有偏差的统计强度。

就像这篇报告通篇说明的和如 Walker,Farrington 和 Tucker(1981)25 年前的研究观察一样,准实验研究使用的统计控制方法是不能顾及能够影响法官量刑及之后再犯所有的变量的。如果量刑法官(或合议庭)或狱警被要求特别关注住宿处遇的罪犯需求时,情况尤其如此,就像被 Bondeson(#1002)评估的研究项目和更普遍地在大多数大陆的"替代"安排,因为"处遇"或"监狱"群组在这种情形下可能包括,远超过普通人群再犯风险的高比例罪犯。这可能是在多变量分析中仅有一小部分再犯方差被解释的原因之一。在为数不多的提供百分比的研究中,解释方差比例的范围通常保持在 20%。Bondeson(#1002)和 Björeson(#1005)的研究达到 40% 是值得注意的例外,可能是由于他们控制了非常多的自变量(大约 40 个)。因此,再犯方差超过 70%(或者,像刚才提到的 2 个例子,接近 60%)可能是由于存在未知变量或者变量未被控制。

此外,大多数研究样本相当小,也就是说,不到100名罪犯。因此,当研究人员试图控制2个以上变量时,任何统计方法都失去其效力。正是由于这个原因,统计检验几乎总是不显著,并且检验结果区别很大。同样的,大多数研究通过不同的刑罚方式比较罪犯接受刑罚制裁后的再犯率,但是并未比较"改善"的水平。然而,尽管经受不同刑罚处罚罪犯的样本是随机产生的,他们在介入治疗前有不同的再犯率。解决这个问题的最好办法是,比较刑罚处罚后再犯相对改善情况。仅有很少选择这方面问题的研究,如Empey和Steven(1971),还有Killias,Aebi和Ribeaud(2000)。他们的研究都能够揭示出在某种刑罚制裁措施或介入治疗后犯罪降低(甚至大幅度降低)的普遍性。总而言之,刑罚(不管哪种刑罚)可能不会"有害"(在增加被处罚者犯罪倾向性意义上讲),仅是在减少再犯上或多或少有用。

介入治疗前特征的重要性在McKenzie等(1995,#72)的研究数据中得到充分体现,是在她七个州(见表4)的训练营监狱与其他刑罚方式比较的评估中体现。在观察期间,南卡罗来纳州训练营监狱项目经历了人员分组上的变化,但没有项目对变化进行记录。因此,在研究的前三年中,被判处有期限缓刑的罪犯参加训练营监狱(老式)。然而,在研究的最后三年中,只有罪犯(非缓刑犯)参加训练营监狱(新式)。为便于分析,这两组分开接受矫治,再犯率统计上控制那些已知对再犯产生影响的变量。尽管在整个观察期间训练营监狱没有变化,但在经过统计上控制以后,估算的两组再犯率也大大地不同。结果就像强调的再犯中的区别一样,可能由于各组的组成不同和其他尚未控制变量的影响,而非刑罚变化带来的直接影响。

表4 在南卡罗来纳州执行老式训练营监狱(OBC)、新式训练营
监狱(NBC)和缓刑(PROB)三种刑罚方式后的再犯率

刑罚方式对比	再犯	
	系数	显著性
NBC vs.OBC	−.660	显著
PROB vs.OBC	−.387	不显著
PROB vs.NBC	+.273	不显著

表4中第一行显示出,老式训练营监狱参与者的再次被逮捕率显著高于新式训练营监狱参与者。第二行和第三行显示出,缓刑犯的再犯率低于老式训练营监狱参与者,但是缓刑犯的再犯率高于新式训练营监狱参与者。因此,比较组先前干预的差

别越大,效应量偏差越强。罪犯被判刑入狱相对于被判缓刑,可能的确是犯了更严重罪行或者可能是有长期犯罪记录。因此,即使不考虑最后的刑罚效果,前者的再犯可能也高于后者。

最后,我们的报告提供了一个使用某些观察方法可以对"替代性"刑罚措施或研究项目进行未来评估的机会,并且,这些内容可以归结为以下十个方面:

(1)所有研究对象并非为同一种类的罪犯。例如,有些研究交通肇事犯罪的罪犯,有些是财产犯罪的罪犯,另一些则是暴力犯罪的罪犯或使用毒品者。当然,不同群组罪犯的再犯风险不一。

在 McKenzie 的研究中,尤其令人吃惊的是,在训练营服刑的罪犯比缓刑犯再犯率低(前者再犯率为 40.6%,后者为 62.8%)。这说明,这里一定有不同种类罪犯和不同类型刑罚之间的相互作用。

Bonta 等人的研究(2000,#20)证实了,在改造罪犯和严密监控项目中罪犯种类和刑罚类型之间出现的相互作用。就像表5显示的,严密监控(ISP)方案似乎对高度危险的罪犯有效,但对低风险罪犯却有害。

表 5　严密监控项目(ISP)vs.监狱服刑后的再次犯罪率

风险水平	刑罚类型	
	严密监控(ISP)	监狱
低	32.3%	14.5%
高	31.6%	51.1%

(2)研究中对象观察期限长度不同。同时,我们知道再犯率不会以线性方式发展。因此,研究结果是基于观察期长度作出的。在随机研究中,观察期限从 12 个月到 24 个月不等。再犯领域研究专家总是坚持认为,上述观察期限过短,最小的标准观察期限应当至少为 36 个月。仅有 van der Werff 的研究(1979,#124)中使用 6 年的观察期限。

(3)同样的,用于评估再次犯罪的测量结果并不总是有效。例如,有些学者将再犯定义为再次被监禁的普遍程度。大陆法中,再次犯罪这个指标优势在于,再犯仅考虑当一个新罪行达到一定严重程度而有必要被科处监禁刑罚。然而在美国,许多罪犯再次被监禁是由于对假释的技术性违反。在任何情形下,再次入狱主要是依据以前被判处的刑罚及罪犯先前犯罪的情况。在大多数研究中,再犯的测量是通过介入治疗后再次被监禁或者再次被逮捕的普遍程度。更不用提很少被使用的青少年犯罪的自我报告问卷（Barton and Butts，1990，#10，是一个很少发生的例外），在介入治疗后，简单地被逮捕或被定罪的普遍程度（"是/否"）可能掩盖了实施不同制裁措施后的犯罪频率（"发生率"）和相对改善中的重要变动。

（4）监禁刑罚在刑期和刑种上有巨大差异。一方面，监禁刑罚包括在监狱、看守所和训练营监狱项目中服刑，罪犯的刑期长度各不相同。可是在实验方法和大多数的 A-研究中，限于非常短期的监禁刑，这是由于"替代"刑罚多被看作是一种替代相对短期刑罚的措施。由此，我们的报告没有包含长期监禁刑。关于"短期"监禁刑罚不良影响的争论已有一个世纪之久，然而，这与我们报告中的这项局限性可能没有太多关系。从直觉上讲，认为"监禁化"影响往往在执行一段监禁刑期后存在似乎是有道理的。Smith，Goggin 和 Gendreau（2002）通过监禁刑罚长度对再犯进行对比认为，在监狱中服刑时间越长，再犯可能性就越高。鉴于很多令人不解的可能因素在很多回顾的文献中或许未被充分控制，这个结论不是不可置疑的。

（5）非监禁刑罚的多样性同样让人印象深刻。它们包括一个连续的整体，范围从罚金、社区服务、缓刑、严密监控缓刑和监视居住到电子监控。这其中的某些刑罚甚至可能对犯罪有副作用。考虑到这其中的许多非监禁刑罚被发展成为监禁的"替代措施"，来克服监狱服刑的"不良"后果，但非监禁刑罚相对于监禁刑罚而言，不管是否已经产生，不是不可能产生更少不利后果。

（6）几种刑罚项目包括康复服务，如社会疗法、医疗和心理援助或广泛的常见咨询。在短期监禁或者非监禁刑罚情况下，就如我们报告中包括的那些，但是强化治疗组可能是例外。

（7）我们准备的 23 篇研究文献发表期间跨越 45 年。在这整个 45 年间，随着更多可以使用的"替代"刑罚措施产生，执行判决刑罚的方式已有所改变。因此，用早期研究的外部效度来评估最近的研究是令人质疑的。同样的，美国的研究结果不能自动地推广到世界上其他国家，特别是当美国学者不愿意推广其研究结果到美国以外的国家时。当然，欧洲研究的外部效度是无须质疑的。

（8）通常，被判一种"替代"刑罚的罪犯再犯率较低，通过观察发现，是缘于这些接受替代刑罚的罪犯并未脱离他们原有的工作和家庭生活环境，因而有更好的机会与社会整合。然而，这方面证据（Lamb and Goertzel，1974；Killias，Aebi and Ribeaud，2000）极为有限，且没有必要认可这种假设。考虑到通常极短期监禁刑罚与"替代"刑罚相比，认为任何"监禁化"影响即使在最坏情况下也是有限，似乎是合理的。在随机控制实验中,事情将变得简单,然而,从事后面的追踪研究时需包括的内容,除了要测量再犯情况,还有任何通常在个人收入服务文件中可找到的有关社会整合指标,如家庭破裂、失业、精神健康状况、接受社会福利机构援助情况、负债情况、收入和其他生活来源。这些数据在评估监禁刑罚的社会整合与"替代"刑罚相比,出现任何长期负面影响方面,有很强的关联性。考虑到普遍认为的监禁刑罚在这个层面上的"不利影响",但是相当出乎意料的是,显然几乎没有对此结果的研究数据。

(9)在随机控制实验中,就"替代"刑罚措施与监禁刑罚而言,观察到执行"替代"制裁措施后的再犯率比执行监禁刑罚低,这不能排除诸如 Hawthorne 或者"安慰剂"效应①在起作用。的确,被判处监禁刑罚的罪犯有"机会"以"替代"刑罚制裁方式服刑,在某种程度上,这一额外的机会相应地会对他们的态度有积极的影响(Killias, Aebi and Ribeaud, 2000)。如同不相关个体间协同实验(Fehr and Rockenbach, 2003)显示,行为科学中广泛存在的利己主义态度有很严重缺陷,因为它忽视了"利他主义"制裁的副作用。确实,制裁被人们认为是公正的,就不会影响被制裁者接受裁决的意愿,反之,裁决被嫌恶是不公平或不公正,就几乎彻底地摧毁了无私地接受裁决的意愿。裁决被认为是"公正地"(实际上,意思可能是"比期望的好")增加了被制裁者接受处罚的意愿,作为被制裁者态度转变的结果,体现在再犯率降低这样相一致的类似结果上。这些研究结果出现在认知行为治疗对态度的影响(Henning and Frueh, 1996; Vennard, Hedderman and Sugg, 1997)或"公正"程序对态度的影响(Paternoster, Bachman, Brame and Sherman, 1997)。

为应对可能产生的 Hawthorne 效应或者"安慰剂"影响,在医学领域最好的办法是采用双盲实验,但出于显而易见的原因,这种方法在刑事司法领域无法采用。令人不解的是,但至今刑事司法的文献中很少有作者关注这些可能的影响。

(10)显而易见,当前整个相关研究中最严重的缺陷是在实验设计中缺少矫正项目的评估。总体上说,研究者,特别是 Campbell 合作组织犯罪和刑事司法小组应当在未来的研究中,只要在实验基础上可行,应当敦促政府优先考虑使用实验方法研究新型刑罚措施或新研究项目。

---

① 是否我们应对这里的 Hawthorne 或者安慰剂效应采取措施,可能是有争议的。因为控制组中的被测对象没有获得"安慰剂",我们认为讨论 Hawthorne 效应更合适。在当前的情境下,因为这两者的区别似乎并无实际的影响,我们同时使用这两个术语。

6. 研究结论

经过文献回顾，我们就像前面的 Smith，Goggin 和 Gendreau（2002）完成他们的文献回顾一样，无法确定是否非监禁刑罚比监禁刑罚更为有效地预防再犯。是否矫治和康复比仅仅监禁或监控更成功，或者是否应当对罪犯施以一种具体刑罚都是应当考虑的问题（Palmer，1974），这超越了我们文献回顾的范围。

未来研究中，为提高实验质量，建立评估标准对于再犯的研究是极为重要的。无论是研究者，还是政策制定者，只要在条件允许的情形下，都应优先考虑随机控制实验。如果不是随机选出的罪犯参与几种刑罚措施比较，就无法得出不同的刑罚措施带来罪犯以后不同的行为的结果。随机控制实验也应考虑再犯以外的其他后果，并且关注相关变量，如身心健康和社会整合等这些实验开始时没有考虑的情况。

持怀疑态度者会提出随机控制实验执行过程中伦理、实践或是法律方面的障碍。瑞士犯罪矫治领域的实验研究已经开展十余年了，我们可以说，以我们在矫治方面的经验，罪犯参与新的矫治项目，政策制定者随机分配被研究的罪犯有许多好处，不仅对研究者有利，也对矫治工作人员和实际操作领域的决策制定人员有益。随机分配通常比其他任何基于个人特点、荣誉或机构规定等的筛选原则更容易证明。就所关注的法律方面的困难而言，瑞士议会在 1971 年采用刑法典的一节（article 397bis par. 4）允许政府引入实验，即选取有限数量的罪犯并在确定期间内，在刑罚典规定的处罚方式以外革新制裁措施和矫治安排。因此，有资格参加一项"革新"项目制裁的罪犯可以随时拒绝并要求"依法"（在监狱）执行。然而，没有任何人有权要求参加实验，即实验本质上范围有限。因此，在这些符合资格并自愿参与"实验"的罪犯中，没有法律障碍使随机变得复杂。同样的条款在很多国家的法律中也有规定，它们引入新的临时刑罚措施，多多少少是基于"实验"安排。因此，实验评估应该是不可行的。

最后，如果没有证据显示"新"刑罚措施或方案比传统刑罚制裁措施效果好，或者至少没有危害，伦理方面的争论似乎非常难以理解。在通过随机控制实验充分测试以前，没有人鼓励制药公司销售有效新产品。在新矫治措施效果未进行充分测试以前，为什么将新的矫治项目"销售"给罪犯呢？

虽然本文的系统回顾尚无确定的结论，但这未必是坏消息。显然，刑事司法政策制定者不得不考虑多种选择和限制因素，并且，我们很高兴地了解到，就改造罪犯而言,短期限制人身自由通常不会比"替代"刑罚措施效果更差。因此,考虑到成本(包括罪犯的配偶和小孩)、公平(如暴力犯罪受害者的配偶),在对罪犯不会产生重大关联危害风险时,对判决的一致性应给予应有的关注。最后,刑法和司法程序是寻求公平,如果没有有利或不利影响,刑事判决和矫治安排不应当基于处遇方面考虑。我们的报告提出,这样的影响在最好(或最差)情形下是有限的,至少在限制人身自由上是相对短期的。

7. 文献系统回顾

请注意所有数字带＊＃＊的研究使用我们的编码协议摘录。

A.23 项符合我们要求的研究(A-研究)

以下 1 和 2 中的研究达到 Sherman 等(1997)量表的 5 级(level 5)标准。3 和 4 中的研究达到 4 级(level 4)研究中的更高研究方法标准(3 个以上控制变量和更高统计水平)。

1. 随机控制实验

＊10＊　Barton W.H., Butts J.A., "Viable options: intensive supervision programs for juvenile delinquents", *Crime and Delinquency* 36/2(1990),238-256.

＊91＊　Bergman G.R., *The evaluation of an experimental program designed to reduce recidivism among second felony criminal offenders*, Wayne State University, Detroit(Mich.), PhD dissertation(77-9368)1976.

＊25＊　Killias M., Aebi M., Ribeaud D., "Does community service rehabilitate better than shorter-term imprisonment?: Results of a controlled experiment", *Howard Journal of Criminal Justice* 39/1(2000),40-57.

＊66＊　Schneider A.L., "Restitution and recidivism rates of juvenile offenders: results from four experimental studies", *Criminology* 24/3(1986),533-552.

2.自然实验

＊124＊　Van der Werff C., *Speciale Preventie*, Den Haag(NL):WODC,1979.

3.配对研究设计

＊76＊　Kraus J., "A comparison of corrective effects of probation and detention on male juvenile offenders", *International Journal of Offender Therapy and Comparative Crimi-*

nology 25/2(1974),130-138.

  * 68 *　　Muiluvuori M.-L., "Recidivism among people sentenced to community service in Finland", *Journal of Scandinavian Studies in Criminology and Crime Prevention* 2/1(2001),72-82.

  * 45 *　　Petersilia J., Turner S., and Peterson J., *Prison versus probation in California: implications for crime and offender recidivism*,1986.

  * 74 *　　Smith L. G., Akers R. L., "A comparison of recidivism of Florida's community control and prison: a five-year survival analysis", *Journal of Research in Crime and Delinquency* 30/3(1993),267-292.

  * 16 *　　Weisburd D., Waring E., Chayet E., "Specific deterrence in a sample of offenders convicted of white-collar crimes", *Criminology* 33/4(1995),587-607.

4.四个以上控制变量研究

  * 1002 *　　Bondeson U.V., *Alternatives to imprisonment: intentions and reality*, Transaction Publishers / Westview Press, London / Boulder,2002/1994.

  * 32 *　　Bonta J., Wallace-Capretta S., Rooney J., "Can electronic monitoring make a difference? An evaluation of three canadian programs", *Crime and Delinquency* 46/1 (2000),61-75.

  * 20 *　　Bonta J., Wallace-Capretta S., Rooney J., "A quasi-experimental evaluation of an intensive rehabilitation supervision program", *Criminal Justice and Behaviour* 27/3 (2000),312-329.

  * 1005 *　　Börjeson B., *Om Påföljders Verkningar (On the effects of sanctions). En undersökning av prognosen för unga lagöverlrdare efter olika slag av behandling*, Almqvist & Wiksell, Stockholm,1966.

  * 23 *　　Brennan P.A., Mednick S.A., "Learning theory approach to the deterrence of criminal recidivism", *Journal of Abnormal Psychology* 103/3(1994),430-440.

  * 2 *　　DeYoung, D.J., "An evaluation of the effectiveness of alcohol treatment, driver license actions and jail terms in reducing drunk driving recidivism in California", *Addiction* 92/8(1997),989-997.

  * 31 *　　MacKenzie D.L., Shaw J.W., "The impact of shock incarceration on technical violations and new criminal activities", *Justice Quarterly* 10/3(1993),463-487.

  * 56 *　　MacKenzie D.L., "The parole performance of offenders released from shock

incarceration(boot camp prisons):a survival time analysis", *Journal of Quantitative Criminology* 7/3(1991),213-236.

＊72＊　　MacKenzie D.L.,Brame R.,McDowall D.,Souryal C.,"Boot camp prisons and recidivism in eight states", *Criminology* 33/3(1995),327-358.

＊64＊　　Roeger L.S.,"The effectiveness of criminal justice sanctions for Aboriginal offenders", *Australian and New Zealand Journal of Criminology* 27/3(1994),264-281.

＊9＊　　Savolainen J.,Nehwadowich W.,Tejaratchi A.,Linen-Reed B., *Criminal recidivism among felony-level ATI program participants in New York City*, New York City Criminal Justice Agency,New York,2002.

＊35＊　　Spohn C.,Holleran D.,"The effect of imprisonment on recidivism rates of felony offenders:a focus on drug offenders", *Criminology* 40/2(2002),329-357.

＊43＊　　Tashima H.N.Marelich W.D., *A comparison of the relative effectiveness of alternative sanctions for DUI offenders*,Sacramento,CA:California Department of Motor Vehicles,1989.

B.105 项未满足我们要求的研究(B-研究)

以下研究能够满足 Sherman 等(1997)量表中的 4 级(level 4)标准,但是经过进一步检验,并不符合我们研究的要求,通常是由于没有控制除了年龄、性别和先前被定罪情况外的变量。

＊48＊　　Albrecht H.J., *Legalbewaehrung bei zu Geldstrafe und Freiheitsstrafe Verurteilten*,Freiburg i.Br.:MPI 1982.

1009　Babst D.V.,Mannering J.W."Probation vs.Imprisonment for similar types of offenders:A comparison by subsequent violations", *J.of Research on Crime and Delinquency* 2(1965),60-71.

22　Bavon A.,"The effect of the Tarrant County drug court project on recidivism", *Evaluation and Program Planning* 24/1(2001),13-22.

109　　Beless D.W.,Rest E.R., *Probation officer case aide project:final report phase I*, University of Chicago Law School,Chicago,1972.

＊62＊　　Boudouris J., Turnbull B. W., "Shock probation in Iowa", *Journal of Offender Counseling Services and Rehabilitation* 9/4(1985),53-67.

92　　Brandau T.J., *An alternative to incarceration for juvenile delinquents:the Delaware Bay Marine Institute*,1992.

＊51＊ Burns J.C., Vito G.F., "An impact analysis of the Alabama boot camp program", *Federal Probation* 59/1(1995), 63-67.

40 California Youth Authority, *California's probation subsidy program: a progress report to the legislature*, Sacramento: Ca, 1975.

＊77＊ Courtright K.E. et al., "Effects of house arrest with electronic monitoring on DUI offenders", *Journal of Offender Rehabilitation* 24/3&4(1997), 35-37.

15 Deschenes E. P., Greenwood P. W., "Alternative placements for juvenile offenders: results from the evaluation of the Nokomis challenge program", *The Journal of Research in Crime and Delinquency* 35(1998), 267-294.

58 Deschenes E.P., Turner S., Petersilia J., "A dual experiment in intensive community supervision: Minnesota's prison diversion and enhanced supervised release programs", *Prison Journal* 75/3(1995), 330-356.

12 Doelling D., Hartmann A., Trauslen M., "Leg albewaerung nach Taeter-Opferausgleich im Jugendstrafrecht", *Monatsschrift für Kriminologie und Strafrechtsreform* 85/3 (2002), 185-193.

＊46＊ Duffy B.P., *A cost effectiveness analysis of the Maryland State restitution program*, Ann Arbor, MI: University Microfilms International, 1985.

10-2 Egg R., Pearson F.S., Cleland C.M., Lipton D.S, "Evaluations of correctional treatment programs in Germany: a review and meta-analysis", *Substance use & misuse* 35/12-14(2000), 1967-2009.

＊1006＊ Empey L. T., Lubeck St. G., *The Silverlake Experiment*, Aldine, Chicago, 1971.

＊54＊ Erwin B.S., "Turning up the heat on probationers in Georgia", *Federal Probation* 50/2(1986), 17-24.

106 Evans R.R., *A systematic evaluation of the Alabama Fifteenth Circuit Court's pretrial diversion program*, Ann Arbor, MI: University Microfilms International, 1980.

117 Finckenauer J.O., *Scared straight and the panacea phenomenon*, Prentice-Hall, Inc., Englewood Cliffs, N.J., 1982.

39 Gainey R.R., Payne B.K., O'Toole M., "The relationship between time on electronic monitoring and recidivism: an event history analysis of jail-based program", *Justice Quarterly* 17(2000), 733-752.

73　Geerken M.R.,Hays H.D.,"Probation and parole:public risk and the future of incarceration alternatives",*Criminology* 31/4(1993),549-564.

5　Gendreau P.,Goggin C.,Cullen F.T.,*The effects of prison sentences on recidivism*,Ottawa:Solicitor General of Canada,1999.

86　Gillespie R.W.,"Fines as an alternative to incarceration:the German experience",*Federal Probation* 44(1980),20-26.

80　Glaser D.,Gordon M.A.,"Profitable penalties for lower level courts",*Judicature* 73/5(1990),248-252.

36　Glaser D.,Gordon M.A.,"Use and effectiveness of fines,jail and probation in municipal courts",*Journal of Offenders Counselling Service and Rehabilitation* 14/2 (1988),25-40.

37　Gottfredson D.C.,Barton W.H.,"Deinstitutionalization of juvenile offenders",*Criminology* 31/4(1993),591-610.

24　Granfield R.,Eby C.,Brewster T.,"An examination of the Denver drug court:the impact of a treatment-oriented-drug-offender system",*Law and Policy* 20/2 (1998),183-202.

122　Henggeler S.W.,Melton G.B.,Brondino M.J.,Scherer D.G.,Hanley J.H., "Multisystemic therapy with violent and chronic juvenile offenders and their families:the role of treatment in successful dissemination",*Journal of Consulting and Clinical Psychology* 65/5(1997),821-833.

75　Homel R.,"Penalties and drink-driver:a study of one thousand offenders",*Australian and New Zealand Journal of Criminology* 14/4(1981),225-241.

41-2　Hopkins A.P.,*Return to crime:a quasi-experimental study of the effects of imprisonment and its alternatives*,Ann Arbor,MI:University Microfilms International,1974.

Hopkins A.P.,"Imprisonment and recidivism:A quasi-experimental study",*Journal of Research in Crime and Delinquency* 13/1(1976),13-32.

116　Howdeshell W.L.,*A case study of the impact of a volunteer program for misdemeanants on the offenders and the court*,Ann Arbor,MI:University Microfilms International,1983.

8　Johnson Sh.,Latessa E.J.,*The Hamilton County Drug Court:Outcome evaluation findings*,Final Report,Cincinnati,OH:Center for Criminal Justice Research,University of

Cincinnati, 2000.

＊29＊ Jolin A., Stipak B., "Drug treatment and electronically monitored home confinement: an evaluation of community-based sentencing option", *Crime and Delinquency* 38/2(1992), 158-170.

63 Jones M., "Do boot camp graduates make better probationers?", *Journal of Crime and Justice* 19/1(1996), 1-14.

＊88＊ Jones M., Ross D.L., "Electronic house arrest and boot camp in North Carolina: comparing recidivism", *Criminal Justice Policy Review* 8/4(1997), 383-403.

＊65＊ Jones P. R., "The risk of recidivism: evaluating the public-safety implications of a community corrections program", *Journal of Criminal Justice* 19/1 (1991), 49-66.

1007 Karstedt S., "Determinants of patterns of recidivism: Some results of survival analyses based on official crime records of the Swiss Canton Jura, in E. Weitekamp and H.J. Kerner(eds.), *Cross-National Longitudinal Research on Human Development and Criminal Behavior*, Doordrecht(NL): Kluwer 1994, 131-148.

7 Kerr H., Wilson D., "Adult rec onviction in Northern Ireland", *Research & Statistical Bulletin*, Northern Ireland Office, Belfast, 2000.

＊38＊ Kershaw C., Goodman J., White S., *Reconvictions of offenders sentenced or discharged from prison in* 1995, England and Wales, Home Office Statistical Bulletin, Issue 19/99, London, 1999.

30 Kingsnorth R.F., "The Gunther special: deterrence and the DUI offender", *Criminal Justice Behavior* 18/3(1991), 251-266.

120 Kiwull H., *Kurzfristige Freiheitsstrafen und Geldstrafen vor und nach der Strafrechtsreform, einschliesslich der Entziehung der Fahrerlaubnis und des Fahrverbots als Mittel der Spezialprävention*, 1979.

119 Klein-Saffran J., *Electronic monitoring versus halfway houses, A Study of Federal Offenders*, Dissertation, University of Maryland, 1993.

76-2 Kraus J., "The effects of committal to a special school for truants", *International Journal of Offender Therapies and Comparative Criminology* 25/2(1981), 130-138.

112 Kuehlhorn E., *Non-institutional treatment and rehabilitation: an evaluation of a Swedish experiment*, Report-no-7, Sweden National Council for Crime Prevention,

Stockholm,1979.

1004   Lamb R.R.,Goertzel V.,"Ellsworth House:A Community Alternative to Jail",*American Journal of Psychiatry* 131/1(1974),64–68.

79   Lamb R.R.,Goertzel V.,"A community to county jail:the hopes and the realities",*Federal Probation* 39/1(1975),33–39.

84   Land K.C.,McCall P.L.,Williams J.R.,"Something that works in juvenile justice:an evaluation of the North Carolina court counsellors' intensive protective supervision randomized experimental project",*Evaluation Review* 14/6(1990),574–606.

70   Latimer J.,"A meta-analytic examination of youth delinquency,family treatment and recidivism",*Canadian Journal of Criminology and Criminal Justice* 43/2(2001),237–253.

90   Levin M.A.,"Policy evaluation and recidivism",*Law and Society Review Denver* 6/1(1971),17–46.

42   Lloyd C.,Mair G.,Hough M.,"Explaining reconviction rates:a critical analysis",Research Study n° 136,Home Office,London,1994.

81   Locke T.et al.,"An evaluation of a juvenile education program in a state penitentiary",*Evaluation Review* 10/3(1986),281–298.

52   MacKenzie D.L.,"Boot camp prisons:components,evaluation,and empirical issues",*Federal Probation* 54/3(1990),44–52.

59   MacKenzie D.L.,Gould L.A.,Riechers L.M.,Shaw J.W.,"Shock incarceration:rehabilitation or retribution",in D.L.MacK enzie and G.S.Amstrong(eds.),Correctional Boot Camps:Military Basic Training or a Model for Corrections?,Sage Publications,Thousand Oaks,1990.

27   Miethe T.D.,Lu H.,Reese E.,"Reintegrative shaming and recidivism risk in drug court:explanations for some unexpected findings",*Crime and Delinquency* 46/4(2000),522–541.

81-2   Miller L.C.,"Southfields:evaluation of short-term impatient treatment center for delinquents",*Crime and Delinquency* 16/3(1970),305–316.

113   MITRE Corporation,*High impact anti-crime program:assumptions research in probation and parole:initial description of client,worker,and project variables*,1975.

107   Murray C.A.,Cox L.A.,*Beyond probation:juvenile corrections and the chronic*

delinquent, Social Research Vol.94, Sage Publications, Beverly Hills, CA, 1979.

114　Nath S.B., *Intensive supervision project : final report*, Parole and Probation Commission. Research, Statistics, and Planning Section. allahassee, Florida, 1974.

50　Niemeyer M., Shichor D., "A preliminary study of a large victim/offender reconciliation program", *Federal Probation* 60/3(1996), 30-34.

* 57 *　Nirel R. et al., "The effectiveness of service work : an analysis of recidivism", *Journal of Quantitative Criminology* 13/1(1997), 73-92.

6　Office of Legislative Auditor, "Recidivism of adult felons", http://www.auditor. leg.state.mn.us/ped/1997/felon97+F255.htm, 1997.

3　Oregon Department of Corrections, *Recidivism of New Parolees and Probationers*, Salem, 2003.

4　Oregon Department of Corrections, *The effectiveness of community-based sanctions in reducing recidivism*, Salem, 2002.

* 1003 *　Palmer T.B., "California Community Treatment Program for Delinquent Adolescents", *Journal of Research in Crime and Delinquency* 8(1971), 74-92.

* 1003 *　Palmer T.B., "The Youth Authority's Community Treatment Project", *Federal Probation* 38/1(1974), 3-14.

13　Parisi N., "A taste of the bars?", *Journal of Criminal Law and Criminology Chicago* 72/3(1981), 1109-1123.

102　Pease K., Bellingham S., Earnshaw L., "Community service assessed in 1976", Research Study n° 39, Home Office, London, 1977.

28　Peters R.H., Murrin M.R., "Effectiveness of treatment-based drug courts in reducing criminal recidivism", *Criminal Justice and Behavior* 27/1(2000), 72-96.

33　Petersilia J., Turner S., "Intensive probation and parole", *Crime and Justice* 17 (1993), 281-336.

53　Petersilia J., Turner S., Deschenes E.P., "The costs and effects of intensive supervision for drug offenders", *Federal Probation* 56/4(1992), 12-17.

* 41 *　Petersilia J., Turner S., *Diverting prisoners to intensive supervision : results of an experiment in Oregon*, Rand Corporation, Santa Monica, CA, 1990.

101　Petrie C., *The nowhere boys : a comparative study of open and closed residential placement*, Saxon House, Hampshire, England, 1980.

104　Polan S.L., *CSP revisited:an evaluation of juvenile diversion*, Dissertation, Ann Arbor, MI:University Microfilms International, 1994.

108　Robert W.G., *Citizens in corrections:an evaluation of* 13 *correctional volunteer programs*, Youth Authority, Sacramento, California, 1976.

＊85＊　Scarpitti F.R., Stephenson R.M., "A study of probation effectiveness", *Journal of Criminal Law, Criminology and Police Science* 59/3(1968), 361-369.

34　Selke W.L., "Diversion and crime prevention:a time series analysis", *Criminology* 20/3&4(1982), 395-406.

93　Shoham S., Sandberg M., "Suspended sentences in Israel:an evaluation of the preventive efficacy of prospective imprisonment", *Crime and Delinquency* 10 (1963), 74-85.

＊49＊　Smith L.G., *Recidivism, community control and imprisonment*, National Institute of Justice, Washington D.C., 1991.

1000　Smith P., Goggin C., Gendreau P., *Effets de l'incarcération et des sanctions intermédiaires sur la récidive:effets généraux et différences individuelles*, Ottawa:Solicitor General of Canada 2002.

123　Snacken S., "Les courtes peines de prison", *Déviance et Société* 10/4(1986), 363-387.

105　Sontheimer H.G., *The suppression of juvenile recidivism:a methodological inquiry*, Dissertation, The Pennsylvania State University, The Graduate School of Community Systems Planning and Development, Ann Arbor, MI: University Microfilms International, 1990.

＊55＊　Spaans E.C., "Community service in the Netherlands:its effects on recidivism and net-widening", *International Criminal Justice Review* 8(1998), 1-14.

115　Stead D.G., *The effectiveness of criminal mediation:an alternative to court proceedings in a Canadian city*, Dissertation, University of Denver, Ann Arbor, MI: University Microfilms International, 1986.

1001　Stemmer B., Killias M., "Récidive après une peine ferme et après une peine non-ferme:la fin d'une légende", *Revue Internationale de Criminologie et de Police Technique*, 43/1, 1990, 41-58.

100　Stenner D., *Die kurzfristige Freiheitsstrafe und die Möglichkeit zu ihrem Ersatz durch andere Sanktionen*, Kriminalistik Verlag, Hamburg, 1970.

121　Storz R., "Strafrechtliche Sanktionen und Rückfälligkeit: Versuch einer komparativen Analyse verschiedener Sanktionsraten anhand von Daten der Strafurteilsstatistik", in M. Killias (ed), *Rückfall und Bewährung/ récidive et réhabilitation*, Rüegger, Grüsch, 1992.

103　Sweet R.P., *Final evaluation report of the community treatment of recidivist felony offenders project*, Oakland County, Michigan, 1975.

11　Trulson C., Triplett R., Snell C., "Social control in a school setting: evaluating a school-based boot camp", *Crime and Delinquency* 47/4 (2001), 573–609.

14　Van der Werff C., *Recidivism and special deterrence*, Justice Ministry, Netherlands, The Hague, 1978.

87　Vito G., "Developments in shock probation: a review of research findings and policy implications", *Federal Probation* 48 (1984), 22–27.

78　Vito G., Allen H.E., "Shock probation in Ohio: a comparison of outcomes", *International Journal of Offender Therapy and Comparative Criminology* 25/1 (1981), 70–75.

1　Voas R.B, Fisher D.A., "Court procedures for handling intoxicated drivers", *Alcohol Research & Health* 25/1 (2001), 32–42.

18　Voas R.B., Blackman K.O., Tippetts A.S., Marques P.R., "Evaluation of a program to motivate impaired driving offenders to install ignition interlocks", Accident Analysis and Prevention 34/4 (2002), 449–455; also: *Annual proceedings/Association for Advancement of Automotive medicine* 45 (2002), 303–316.

118　Voser B., *Die Eignung der Busse zur Ersetzung der kurzen Freiheitsstrafen*, Dissertation, Universität Basel, 1985.

17　Wagenaar A.C., Zobeck T.S., Williams G.D. et al., "Methods used studies of drink-drive control efforts: a meta-analysis of the literature from 1960–1991", *Accident Analysis and Prevention* 27/3 (1995), 307–316.

1008　Walker N., Farrington D.P., Tucker G., "Reconviction rates of adult males after different sentences", *British Journal of Criminology* 21/4 (1981), 357–360.

110　Washington-(State) Coordination Council for Occupational Education, *A future for correctional rehabilitation?*, Federal Offenders Rehabilitation Program: Final Report, Olympia, 1969.

60　Wells Parker E., Anderson B.J., Landrum J.W., Snow R.W., "Long-term effectiveness of probation, short-term intervention and LAI administration for reducing DUI recidivism", *British Journal of Addiction* 83/4(1988), 415-421.

19　Wells Parker E., Bangert Drowns R., Mc Millen R.et al., "Final results from a meta-analysis of remedial interventions with drink/drive offenders", *Addiction* 90(1995), 907-926.

＊83＊　Wheeler G.R., Hissong R.V., "A survival time analysis of criminal sanctions for misdemeanor offenders: a case for alternatives to incarceration", *Evaluation Review* 12/5(1988), 510-527.

67　Wheeler G.R., Hissong R.V., "Effects of criminal sanctions on drunk drivers: beyond incarceration", *Crime and Delinquency* 34/1(1988), 29-42.

44　Whitbeck J.K. (eds.), *Chronicling an alternative: an evaluation of IUE/The Work Connection*, Brandeis University, Ann Arbor, MI: UMI, 1989.

71　Wilson R.J., Stewart L., Stirpe T., Barrett M., Cripps J.E., "Community-based sexual offender management: combining parole supervision and treatment to reduce recidivism", *Canadian Journal of Criminology and Criminal Justice* 42/2(2000), 177-188.

＊26＊　Wooldredge, J.D., "Differentiating the effects of juvenile court sentences on eliminating recidivism", *Journal of Research in Crime and Delinquency* 25/3(1988), 264-300.

＊61＊　Wright D.T., Mays G.L., "Correctional boot camp, attitudes, and recidivism: the Oklahoma experience", *Journal of Offender Rehabilitation* 28/1&2(1998), 71-87.

89　Yoneda A., "A study of the disposition of criminal cases in which both juveniles and adults were co-offenders", *Bulletin of the Criminological Research Department*(1970), 6-8.

111　Zold P.A., *Evaluating residential probation for drug-involved felony offenders*, Ann Arbor, MI: UMI, 1999.

C.再犯方面的研究文献(C-研究)

这里所列的研究,经过筛查,并未包含在我们的研究中(通常是由于不能满足 Sherman 等(1997)量表中的 4 级(level 4)标准)。

Adkins G., Huff D., Stageberg P.2000.*The Iowa Sex Offender Registry and Recidivism.*

Department of Human Rights, Des Moines, Iowa: Iowa, 2000.

Akers R.L., *Evaluation of post-adjudication felony drug court: graduate research fellowship*, National Institute of Justice, Washington DC, 1998.

Albrecht H.J., "Recidivism after fines, suspended sentences and imprisonment", *International Journal of Comparative and Applied Criminal Justice* 8/2(1984), 199–207.

Amilon C., *The lessons to be learned from Scandinavian experience in penal reform*, 1976.

Anderson J.F.Dyson L., "A tracking investigation to determine boot camp success and offender risk assessment for CRIPP participants", *Journal of Crime and Justice*, 19/1 (1996), 179–190.

Annan S., Martin S.E., Forst B., *Deterring the drunk driver: a feasibility study: technical report*, Washington, DC: Police Foundation, 1986.

Aos S., Phipps, Polly, Barnoski, Robert et al., *The comparative costs and benefits of programs to reduce crime: a review of national research findings with the implications for Washington State*, Olympia, WA: Washington State Institute for Public Policy, 1999.

Arthur L.G., "Punishment doesn't work!", *Juvenile and Family Court Journal* 51/3 (2000), 37–42.

Austin J., Krisberg B., *The impact of juvenile court intervention*, 1987.

Baird C., *Report on intensive supervision programs in probation and parole*, Philadelphia, PA: Prison Overcrowding Project, 1983.

Baird C., Wagner D., Decombo B.et al., *Evaluation of effectiveness of supervision and community rehabilitation programs in Oregon*, San Francisco, CA: National Council on Crime and Delinquency, 1994.

Baird S.C., Wagner D., DeComo R.E., *Evaluation of the impact of Oregon's structured sanctions program*, San Francisco, CA: National Council on Crime and Delinquency, 1995.

Ball R.A., Huff C.R., Lilly J.R., *House arrest and correctional policy: doing time at home*, Newbury Park, CA: Sage, 1988.

Bartell T., Winfree L.T., "Recidivist impacts of differential sentencing practices for burglary offenders", *Criminology Beverly Hills Calif* 15/3(1977), 387–396.

Barton W.H., Butts J.A., *Intensive supervision in Wayne County: an alternative to state commitment for juvenile delinquents. Final report*, University of Michigan, Ann Arbor, MI: Institute for Social Research, 1988.

Barton W.H., Butts J.A., *The evaluation of three in home alternatives to state commitment for juvenile delinquents*, 1989.

Barton W.H., Butts J.A., "Accommodating innovation in a juvenile court", *Criminal Justice Policy Review* 4/2 (1990), 144-158.

Barton W.H., Butts J.A., "Intensive supervision programs for high-risk juveniles: critical issues of program evaluation", in T.L. Amstrong, Monsey (ed), *Intensive interventions with high-risk youth: promising approaches in juvenile probation and parole*, 1991, 317-340.

Basta J., *Evaluation of the intensive probation specialized caseload for graduates of shock incarceration*, Tucson, AZ: Adult Probation Department, Pima County Superior Court, 1995.

Beck J., Hoffman P.B., "Time served and release performance: a research note", *Journal of Research in Crime and Delinquency* 13 (1976), 127-132.

Belenko S., Davis R.C., Dumanovsky T.et al., *Drug felony case processing in New York City's N parts: interim report*, New York City Criminal Justice Agency, New York, 1992.

Belenko S., Fagan J., Dumanovsky T.et al., *Drug felony case processing in New York City's N parts: interim report*, New York City Criminal Justice Agency, New York, 1992.

Belenko S., Fagan J., Dumanovsky T.et al., *New York City's special drug courts: recidivism patterns and processing costs*, New York City Criminal Justice Agency, New York, 1993.

Belenko S., *Impact evaluation of the DTAP diversion program*, 2000.

Bishop N., *Post-prison and post-probation recidivism: two studies*, Swedish Prison and Probation Administration (ed), Norrkoping, Sweden, 1991.

Bleich J.L., "Toward an effective policy for handling dangerous juvenile offenders", in F.X. Hartmann (ed), *From children to citizens-the role of juvenile court*, New York, NY, Springer-Verlag, (Volume II) 1987, 143-175.

Boersema C., Hardenbergh D., "Initial results from the Maryland DWI/DUI sentencing project", *State Court Journal* 14/1 (1990), 4-15.

Bohlander E.W., *Shock probation: the use and effectiveness of an early release program as a sentencing alternative*, University Microfilms, Ann Arbor, Mich., 1973.

Bonta J., Wallace Capretta S., Rooney J., *Restorative justice: an evaluation of the restor-*

ative resolutions project , (www.sgc.gc.ca) : Solicitor General Canada , 1998.

Bonta J. , Wallace Cepretta S. , Rooney J. , *Electronic monitoring in Canada* , *Ottawa* , CAN : Solicitor General Canada , 1999.

Brame R. , MacKenzie D. L. , Waggoner A. R. et al , " Moral recognition therapy and problem behavior in Oklahoma Department of Corrections" , *Journal of the Oklahoma Criminal Justice Research Consortium* 3/ Aug(1996) , 63-84.

Breckenridge J. F. , Winfree L. T. Jr. , Maupin J. R. et al. , " Drunk drivers , DWI" drug court" treatment and recidivism : who fails?" , *Justice Research and Policy* 2/1 (2000) , 87-105.

Broward County(Florida) Board of the Commissioners Commission Auditor's Office , *A study of recidivism rates for boot camp : executive summary* , Fort Lauderdale , FL , 1996.

Brown W.K. , Jenkins R.L. , " The favorable effect of juvenile court adjudication of delinquent youth on the first contact with the juvenile justice system" , *Juvenile and Family Court Journal* 38/3(1987) , 21-26.

Buzawa E. , *Understanding , preventing & controlling domestic violence incidents* , 1998.

Byrne J.M. , Lurigio A.J. , Petersilia J. , *Smart sentencing : the emergence of intermediate sanctions* , Sage Publications , Newbury Park , CA , 1992.

Clarke S. H. , Harrison A. L. , *Recidivism of criminal offenders assigned to community correctional programs or released from prison in North Carolina in* 1989 , Chapel Hill , NC : Institute of Government , University of North Carolina , 1992.

Cohen B.Z. , Eden R. , Lazar A. , " The efficacy of probation versus imprisonment in reducing recidivism of serious offenders in Israel" , *Journal of Criminal Justice* 19/3(1991) , 263-270.

Cook T. J. , Scioli F. P. , " Volunteer program effectiveness : the reduction of recidivism" , *Criminal Justice Review* 1/2(1976) , 73-80.

Covington B.C. , *Follow-up on the Harris County's boot camp program project* , 1996.

Craddock A. , *Day reporting centers as an intermediate sanction : a process & impact project* , National Institute of Justice , Washington DC , 1996.

Davies S. , *A comparison of patients subject to supervised discharge(section* 25 , *MH(PA) A* 1995) *probation orders with conditions of psychiatric treatment(PO) and conditionally discharged restricted patients(Section* 41 , *MHA* 1983(*S* 41*CD*)) , 1999.

Davis R.C., Smith B.E., Nickles L., *Prosecuting domestic violence cases with reluctant victims: assessing two novel approaches in Milwaukee*, Washington, DC: Criminal Justice Section, American Bar Association, 1997.

Delaware Statistical Analysis Center, *Evaluation of the Delaware juvenile drug court diversion program*, Dover, 1999.

Deschenes E.P., Turner S., Grenenwood P., Chiesa J., *An experimental evaluation of drug testing and treatment interventions for probationers in Maricopa County, Arizona*, Santa Monica, CA: Rand, 1996.

Deschenes E.P., Turner S., Petersilia J., "Intensive community supervision in Minnesota: A dual experiment in prison diversion and enhanced supervised release (DRU-777-NIJ)", *CA: RAND, Santa Monica*, 1995.

Dignan J., *Repairing the damage: an evaluation of an experimental adult reparation scheme in Kettering, Northampton shire*, Sheffield, UK: University of Sheffield, Centre for Criminological and Legal Research, 1990.

Drug Strategies, *Cutting crime: drug courts in action*, 2445 M Street, N.W., Washington, DC 20037, 1997.

Eckert M.A. et al, *An evaluation of the court employment project's FY84 alternatives to incarceration program: final report*, New York, NY: New York City Criminal Justice Agency, 1987.

Eilers J.C., *Alternatives to traditional incarceration for serious traffic offenders*, Charlottesville, VA: Virginia Transportation Research Council, 1994.

Eisenberg M., Reed M., *Implementation and cost-effectiveness of the correctional substance abuse treatment initiative*, Criminal Justice Policy Council, Austin, TX, 1997.

Eisenberg M., *Three years recidivism tracking of offenders participating in substance abuse treatment programs*, Austin, TX: Texas Criminal Justice Policy Council, 1999.

English K., Chadwick S.M., Pullen S.K., *Colorado's intensive supervision probation: report of findings*, Colorado Division of Criminal Justice, Boulder, 1994.

Enos R., Holman J.E., Carroll M.E., *Alternative sentencing: electronic monitored correctional supervision*, Bristol, Wyndham Hall Press, 1999.

Entrophy, Limited, *Demonstration project: alternative to incarceration for the woman offenders*, 1975.

Erwin B.S., *Evaluation of intensive probation supervision in Georgia : final report*, Atlanta, GA : Georgia Department of Corrections, Office of Evaluation and Statistics, 1987.

Evje A., Cushman R.C., *A summary of the evaluations of six California's victim offender reconciliation programs*, Sacramento, CA : Judicial Council of California, Center for Families, Children & the Courts, 2000.

Felsteiner, Williams L.F., Williams L.A., *Community mediation in Dorchester, Massachusetts : final report*, 1979.

Finn M.A., Muirhead-Steves S., "The effectiveness of electronic monitoring with violent male parolees", *Justice Quarterly*, 19/2 2002 293-312.

Florida Department of Juvenile Justice Bureau of Data and Research, *Bay County sheriff's office juvenile boot camp : a follow-up study of the first seven platoons*, Tallahassee, FL 1997.

Flowers G.T., Carr T.S., Ruback R.B., *Special alternative incarceration evaluation*, Atlanta, GA : Georgia Department of Corrections, 1991.

Fors S.W., Rojek D.G., "The effect of victim impact panels on DUI/DWI rearrest rates : twelve-month follow-up", *Journal of Studies on Alcohol* 60 /4(1999), 514-520.

Geudens H., "Restorative justice for juveniles : potentialities, risks and problems", in Walgrave, Lode(eds), *Samenleving Criminliteit & Strafrechspleging*, 12, Leuven University Press, Leuven, Belgium, 1998.

Gibbens T., "Treatment in liberty", *International Annals of criminology* 9/1(1970), 9-30.

Gottfredson D.J., *Choosing punishments : crime control effects of sentencing*, Sacramento CA : National Institute of Justice 1998.

Gottfredson D.M., *Effects of judges' sentencing decisions on criminal careers*, Washington, DC : U.S. National Institute of Justice, 1999.

Gottfredson D.C., Coblentz K., Harmon M.A., *A short-term outcome evaluation of the Baltimore city drug treatment court program*, University Park, MD : University of Maryland, 1996.

Greene J.A., *The Maricopa County FARE probation experiment : an effort to introduce a mean-based monetary sanction as a targeted felony-level intermediate sanction*, New York, NY : Vera Institute of Justice, 1996.

Greenwood P.W. et al., *The RAND intermediate-sanction cost estimation model*, Santa Monica, CA: Rand Corporation, 1989.

Greenwood P.W., Turner S., *The vision quest program: an evaluation*, 1987.

Gross A.M., Brigham T.A., "Behavior modification and the treatment of juvenile delinquency: a review and proposal for future research", *Corrective and Social Psychiatry and Journal of Behavior Technology methods and therapy Olathe Kans* 26/3 (1980), 98–106.

Gustavsson J., Krantz L., Engman K., *Post-prison and post-probation recidivism: two studies*, Norrkoping, Sweden: Swedish Pris on and Probation Administration, 1991.

Hart W., "Profile/Michigan", *Corrections Magazine* 2/5 (1976), 55–63; 65–66.

Hepburn J.R., Jonston C.W., Rogers S., *No drugs. Do time: an evaluation of Maricopa County demand restitution program*, Washington, DC: U. S. National Institute of Justice, 1994.

Holley P.D., Wright D.E., "Oklahoma's regimented inmate discipline program for males: its impact on recidivism", *Journal of the Oklahoma Criminal Justice Research Consortium* 2/Aug (1995), 58–70.

Holley P.D., Wright D.E., *Oklahoma's regimented inmates discipline program for males: its impact on recidivism*, Weatherford, OK: Department of Social Sciences, Southwestern Oklahoma State University, 1994.

Home Office, *Statistics of the criminal justice system*, *England and Wales*, 1969–79, Her Majesty's Stationery Office, London, 1980.

Huskey B., Lurgio A.J., "An examination of privately operated sanctions within the U. S.", *Corrections Compendium* 17/12 (1992), 1, 3–8.

Iowa Department of Human Rights, *The Iowa sex offender registry and recidivism*, 2000.

Iowa Legislative Fiscal Bureau, *Iowa Department of Social Services adult community-based corrections*, Des Moines, 1983, 3 vols.

Jolin A., Stipak B., "Drug treatment and electronically monitored home confinement: an evaluation of a community-based sentencing option", *Crime and Delinquency*, 38/2 (1992), 158–170.

Jones M., Ross D.L., "Is less better? Boot camp, regular probation and rearrest in North Carolina", *American Journal of Criminal Justice* 21/2 (1997), 147–161.

Junger Tas J., *Alternatieven voor de vrijheidsstraf: lessen uit buitenland*, Arnhem,

NETH:Gouda Quint,1993.

Justice Education Center Inc. , *Longitudinal study: alternatives to incarceration sentencing evaluation*,Hartford,CT:Connecticut Judicial Branch,1996.

Kentucky Department of Corrections, *Recidivism in Kentucky* 1992, Frankfort, KY: Commonwealth of Kentucky,1995.

Kentucky Mental Health Manpower Commission, *Curriculum development for training of Kentucky Department of Corrections' personnel in areas of community resource management*,1974.

Kershaw C. , "Reconvictions of offenders sentenced or discharged from prison in 1994; England and Wales", *Home Office Statistical Bulletin* 5/99 (1999), http://www.homeoffice.gov.uk./rds/publf.htm.

Knaus J. , *Das Problem der kurzfristigen Freiheitsstrafe*, Dissertation, Universität Zürich,1973.

Konicek P. , *Five year recidivism follow up of* 1989 *sex offender releases*, Columbus, OH:Ohio Department of Rehabilitation and Correction,1996.

Krantz L. , Lindsten K. , "Recidivism statistics for imprisonment and probation", http://www.kvv.se,2002.

Kraus J. , "A comparison of corrective effects of probation and detention on male juvenile offenders", *British Journal of Criminology* 14/1(1974) ,49-62.

Kriminalvarden 1975(The prison and probation system 1975) , *Sweden national prison and probation administration*,Stockholm,1976.

Kunitz J.S. , Woodall W.G. , Zhao H. , Wheeler D.R. , Lillis R. , Rogers E. , "Rearrest rates after incarceration for DWI:a comparative study in an southern US county", *American Journal of Public Health* 92/11(2002) ,1826-1831.

Lamb R.R. ,Goertzel V. , "Ellsworth house:a community alternative to jail", *American Journal of Psychiatry* 131/1(1974) ,64-68.

Lampkin A.C. , *Sante Clara County day care treatment center for delinquents:final evaluation report*,San Jose,CA:American Justice Institute,1974.

Langan P. A. , "Between prison and probation: intermediate sanctions", *Science* 262/May(1994) ,791-793.

Latessa E.F. ,Travia L.F. , "Halfway house or probation:a comparison of alternative disposition", *Journal of Crime and Criminal Justice* 14/1(1991),53-75.

Laurie E. ,Schneider A. ,"Explaining the effects of restitution on offenders:results", in Monsey(ed) ,*Criminal Justice,Restitution and reconciliation*,1990,183-206.

LeBlanc M. ,Beaumont H. ,"The effectiveness of diversion in Montreal in 1981",*Canadian Journal of Criminology* 33/1(1991),61-82.

Leibrich J. ,"Criminal history and reconvictions of two sentence groups:community service and non-residential periodic detention", in J. Leibrich, B. Galaway, Y. Underhill (eds) ,*Community service orders in New Zealand*,Wellington,NZ:Planning and Development Division,Department of Justice,1984,161-204.

Lerner M.J. ,"The effectiveness of a definite sentence parole program",*Criminology* 15(1977-78) ,211-224.

Levin M.A. ,*The impact of criminal court sentencing decisions and structural characteristics*,National Technical Information Service,Springfield,Va. ,1973.

Louisvill K. ,*Comparative analysis of community and institutional treatment*,1971.

Louisville/Jefferson County (KY) Metropolitan Social Services Department, *Aftercare/pre-probation:a review*,Louisville,KY,1975.

Lucker G.W. ,Applegate B.K. ,Courtright K.E.et al. ,"Interventions with DWI,DUI, and drug offenders",*Journal of Offender Rehabilitation* 24/3&4(1997) ,1-100.

Macdonald D.G. ,*Overview of departments follow-up research on return rates of participants in major programs*,Albany,NY: New York State Department of Correctional Services,1995.

MacKenzie D.L. ,Shaw J.W. ,Gowdy V. ,*An evaluation of shock incarceration in Louisiana*,National Institute of Justice,Washington DC,1993.

Mann R.E. ,Vingilia E.R.Gavin D. ,Adalf E. ,Anglin L. ,"Sentence severity and the drinking driver:relationship with traffic safety outcome",*Accident Analysis and Prevention* 23(1991) ,483-491.

Martin S.E. ,Annan S. ,Forst B. ,"The special deterrent effects of a jail sanctions on first time drunk drivers:a quasi experimental study",*Accident Analysis and Prevention* 25/5 (1993) ,561-568.

Martinson R. ,Wilks J.A. ,"A statistic-descriptive model of field supervision",*Criminology Beverly Hills Calif* 13/1(1975) ,3-20.

McCarty D., Argeriou M., "Rearrest following residential treatment for repeat offender drunken drivers", *Journal of Studies on Alcohol* 49/1(1988), 1-6.

McCleary R., Gordon A.C., Maltz M.D., *A reanalysis of UDIS: deinstitutionalizing the chronic juvenile offender*, Chicago: University of Illinois at Chicago Circle, 1978.

McDonald D.C., *Punishment without walls: community service sentences in New York City*, New Brunswick, NJ: Rutgers University Press, 1986.

McIvor G., "Community service and custody in Scotland", *The Howard Journal* 29/2 (1990), 101-113.

McNeece C.A., Byers J.B., *Hillsborough County drug court: two year* (1995) *follow-up study*, Tallahassee, FL: Florida Department of Community Affairs, 1995.

Melder J.F., *Oregon community corrections*, 1977-1984, 1985.

Mielityinen I., *Crime and mediation: selection of cases, the significance and meaning of mediation to the participants and reoffending*, Helsinki, FIN: National Research Institute of Legal Policy, 1999.

Miller M.L., Scocas E.A., O'Connell J.P., *Evaluation of the juvenile drug court diversion Program*, Dover, DE: Delaware Statistical Analysis Center, 1998.

Minnesota Office of the Legislative Auditor, *Recidivism of adult felons. A program evaluation report*, St.Paul, MN, 1997.

National Council on Crime and Delinquency Research Center, *Residential corrections. Alternative to incarceration*, Davis, Calif., 1973.

Natter G., *A follow-up of the case management system*, Columbus, OH: Ohio Department of Rehabilitation and Correction, 1986.

North Carolina Department of Correction Office of Research and Planning, *A preliminary evaluation of North Carolina's IMPACT program*, Raleigh, NC, 1995.

Nuffield J., *Evaluation of adult victim-offender program*, *Saskatoon Community Mediation Services*, Alberta, SASK: Saskatchewan Justice, 1997.

Nugent W.R., Umbreit M.S., Wiinamaki L., "Participation in victim-offender mediation and reoffense: successful replications?", *Research on Social Work Practice* 11/1 (2001), 5-23.

Orchowsky S., Merritt N., Browning K., *Evaluation of Virginia Department of Corrections' intensive supervision*, Richmond, VA: Virginia Department of Criminal Justice

Services, 1994.

Pearson F.S., *Final report of research on New Jersey's intensive supervision program*, New Brunswick, NJ: Institute for Criminological Research, Rutgers University, Prepared for the U.S. National Institute of Justice, 1987.

Pearson F.S., "Evaluation of New Jersey's intensive supervision program", *Crime and Delinquency* 34(1988), 437-448.

Pennsylvania Program for Woman and Girl Offenders Inc., *Report on recidivism of women sentenced to state probation and released from SCI Muncy* 1971-1973, 1976.

Peters M., *Evaluation of the impact of boot camps for juvenile offenders: mobile interim report*, Washington, DC: U.S. Office of Juvenile Justice and Delinquency Prevention, 1996.

Peters M., Albright K., Gimbel C. et al., *Evaluation of the impact of boot camps for juvenile offenders*, Washington, DC: U.S. Office of Juvenile Justice and Delinquency Prevention, 1996.

Peters R.H., Murrin M.R., *Evaluation of treatment-based drug courts in Florida's First Judicial*, Tallahassee, FL: Florida Office of the State Courts Administrator, 1998.

Prairie Research Associates Inc, *Manitoba spouse abuse tracking Project final report: volume* 1, Ottawa, CAN: Department of Justice Canada, 1994.

Priestley P. et al., *Social skills in prison and the community: problem-solving for offenders*, Boston, MA: Routledge and Kegan Paul, 1984.

Rontoul J.W., *Day reporting centers as an intermediate sanction project*, 1995.

Rowley M.S., "Recidivism of juvenile offenders in a diversion restitution", in Monsey (ed), *Criminal Justice, Restitution and reconciliation*, 1990, 217-225.

Sample K., Huie D., *A study of recidivism, violations and supervision*, Arkansas: U.S. Probation Office. Eastern District of Arkansas, 1976.

Sebba L., "Amnesty-A Quasi-Experiment", *British Journal of Criminology* 19/1 (1979), 5-30.

Sechrest D.K., Shichor D., Artist K. et al., *The Riverside County drug court: final research report*, The Riverside County Probation Department, Riverside County, California, 1998.

Sechrest D.K., Shicor D., (Brewster M.P.), "Drug courts as an alternative treatment modality", *Journal of Drug-Issues* 31/1(2001), 1-292.

Shaw M., Robinson K., "Summary and analysis of the first juvenile drug court evaluations", *National Drug Court Institute review* 1/1(1998),73-85.

Shelden R.G., *An assessment of the detention diversion advocacy project：final report*, Las Vegas, NV：Department of Criminal Justice, University of Nevada, 1997.

Skonovd N., Krause W., "The regional youth e ducational facility：a compromising short-term intensive institutional and aftercare program for juvenile court wards", in T.L. Amstrong, Monsey(ed), *Intensive interventions with high-risk youth：promising approaches in juvenile probation and parole*, 1991, 395-422.

Smith B., *Domestic violence cases：effects of a specialized court project*, 1996.

Smith D.R., Smith W.R., Zupko E., *The specific deterrence effects of sentences for robbery：does type of punishment influence recidivism?*, New Brunswick, NJ：Institute for Criminology Research, Rutgers University, 1987.

Social Research Associates, *Intensive services assessment and delivery project：final report*, Philadelphia, PA：Philadelphia Court of Common Pleas, Adult Probation Department, 1981.

Socie E.M., Wagner S.A., Hopkins R.S., "The relative effectiveness of sanctions applied to first-time drunken driving offenders", *American Journal of Preventive Medicine* 10/2(1994),85-90.

Sontheimer H., Goodstein L., "Evaluation of juvenile intensive aftercare probation：aftercare versus system response effects", *Justice Quarterly*, 10/2(1993), 197-227.

South Carolina Departement of Youth Services, *South Carolina delinquent males：a follow-up into adult corrections*, 1989.

Spaans E.C., *Appels en pern：een onderzoek naar de recidive van dienstverleners en kortgestraften*, The Hague, NETH：Gouda Quint, 1994.

Sparks R. F., "Research on the use and effectiveness of probation, parole and measures of after-care", in *Practical organization of measures for supervision and after-care of conditionally sentenced or conditionally released offenders*, Strasbourg, FR：Council of Europe, 1970, 249-273.

Stephenson R.M., Scarpitti F.R., "Essexfields：a non residential experiment in group centered rehabilitation of delinquents", *American Journal of Correction* 31/1 (1969), 12-18.

Sterfelt O., Bagge I., Bishop N., *Aterfall efter ungdomsfanelse-en uppfoljning av 68 ars klientel*, Stockholm: Liber-Tryck, 1975.

Sudipto R., "Perspective on juvenile delinquency", *Journal of Contemporary Criminal Justice* 9/2(1993), 81-157.

Texas Criminal Justice Policy Council, "Two-and three years recidivism rate for offenders released from prison", http://www. courts. state. co. us/dps/annualre port/recidivism2002.pdf, 2002.

Texas Criminal Justice Policy Council, *Recidivism as a performance measure: the record so far*, 1996.

Texas Criminal Justice Policy Council, *Recidivism in the Texas criminal justice system*, National Institute of Justice, 1992.

Texas Department of Criminal Justice, *Shock incarceration in Texas: special incarceration program*, 1991.

True D.A., *Evaluative research in a police juvenile diversion program*, University Microfilms, Ann Arbor, Mich., Dissertation, University of Oregon, 1973.

Turner S., Petersilia J., "Focusing on high-risk parolees: an experiment to reduce commitments to the Texas Department of corrections", *Journal of Research in Crime and Delinquency* 29/1(1992), 34-61.

Ulmer J.T., "Intermediate sanctions: a comparative analysis of the probability and severity of recidivism", *Sociological Inquiry* 71/2(2001), 164-193.

Underdown A.Ellis T., *Strategies for effective offender supervision*, London, UK: U.K. Home Office, 1998.

URSA Institute, *Community involvement in mediation of first and second time juvenile offenders project of the community board program of San Francisco*, San Francisco, CA 1993.

US General Accounting Office, *Intensive probation supervision: mixed effectiveness in controlling crime*, Washington, DC, 1993.

US General Accounting Office, *Intermediate sanctions: their impacts on prison crowding, costs, and recidivism are still unclear*, Washington, DC: Washington, DC, 1990.

Utting D., Vennard J., *What works with young offenders in the community?*, Essex, UK: Barnardo's, 2000.

Van der Laan P.H., "Alternative sanctions for juveniles in the Netherlands", *Dutch*

Penal Law and Policy 8/2(1993),1-8.

Vigilante K.C.,Flynn M.M.,Affleck P.C.et al.,"Reduction in recidivism of incarcerated women through primary care,peer counselling,and discharge planning",*Journal of Women's Health* 8/3(1999),409-415.

Vito G.F.,Teweksbury R.A.,"The impact of treatment:the Jefferson County(Kentucky)drug court program",*Federal Probation* 62/2(1999),46-51.

Washington County(Oregon)Community Corrections Department,*Cost-effectiveness report*,Hillsboro,OR:Applied Social Research,Inc.1980.

Weatherburn D.J.,"Sentencing for what?",in M.Findlay et al.(eds),*Issues in Criminal Justice Administration*,1984.

Weisburd D.,Chayet E.,Waring E.,*White collar crime and criminal careers:a final report submitted to the National Institute of Justice*,1993.

Wiebusch R.G.,*Recidivism in the juvenile diversion project of the young volunteers in action program*,1985.

Wilkinson R.A.,"Restorative justice:a concept whose time has come",*Corrections Management Quarterly* 4/3(2000),85.

Williams L.T.,*Youthful offenders evaluation. Volume III:recidivism analysis*,Boston, MA:Massachusetts Department of Correction,1983.

8. 参考文献

不包括文献系统回顾

Cucherat M.,Boissel J.-P.,Leizorovicz A.,*Manuel pratique de méta-analyse des essais thérapeutiques*,Université de Lyon 1,Lyon,1997.

Fehr E.,Rockenbach B.,"Detrimental effects of sanctions on human altruism", *Nature* 422(13 March 2003),137-140.

Gendreau P.,Goggin C.,Cullen F.T.,*The effects of prison sentences on recidivism*,Ottawa:Solicitor General of Canada,1999.

Glass G.V.,McGaw B.,Smith M.L.,*Meta-analysis in Social Research*,Sage Publications,Beverly Hills,London,1981.

Henning K. R., Frueh B. C. "Cognitive-behavioural treatment of incarcerated offenders", *Criminal Justice and Behavior* 23(1996), 523-541.

Killias M., *Grundriss der Kriminlogie*, Berne: Stämpfli 2002.

Killias M., *Précis de criminologie*, 2nd edition, Berne: Stämpfli 2001.

Lipsey M. W., Wilson D. B., "Practical Meta-analysis", *Applied Social Research Methods Series*, vol.49, Sage Publications, Thousand Oaks, 2001.

Paternoster R., Bachman R., Brame R., Sherman L.W., "Do fair procedures matter? The effect of procedural justice on spouse assault", *Law & Society Review* 31 (1997), 163-204.

Smith P., Goggin C., Gendreau P., *Effets de l'incarcération et des sanctions intermédiaires sur la récidive: effets généraux et différences individuelles*, Ottawa: Solicitor General of Canada 2002.

Vennard D.J., Hedderman C., Sugg D., *Changing offenders' attitudes and behaviour: what works?*, London: Home Office 1997(Research Findings N° 61).

von Liszt F., "Der Zweckgedanke im Strafrecht", *Zeitschrift für die gesamte Strafrechtswissenschaft* 3(1983), 1-47.

Wolf Fr.M.L., "Meta-analysis, Quantitative Methods for Research Synthesis", *Quantitative Applications in the Social Sciences*, Sage Publications, Beverly Hills, London, 1986.

严重(暴力或习惯性的)少年犯：对安全矫正机构的矫治效果的系统回顾

Serious(Violent and Chronic) Juvenile Offenders: A Systematic Review of Treatment Effectiveness in Secure Corrections

作者：Vicente Garrido, Luz Anyela Morales

译者：崔珊　核定：张金武

研究表明,针对安全改造机构中的严重(暴力或习惯性的)少年犯的一些项目,在减少将来的犯罪方面有积极影响。考虑到这一普遍的效果,显然继续对这些人进行矫治是很有必要的。我们发现这些项目减少严重再犯比减少普通再犯更有效。这一结果表示,在所有旨在降低重刑犯的违法行为项目中,将严重累犯加入到功效的结果测量中是很重要的。惯犯和暴力罪犯在总罪犯人数中只占一小部分,却造成了大部分的犯罪。通过安全矫正项目降低这类人的违法行为是非常重要的,而此篇回顾证实了这些项目的有效性。

内容概要

背景

有过暴力犯罪的青少年会有较高的风险变成惯犯,并会犯下多种类型的犯罪。对这些暴力犯或惯犯进行矫正面临这样的挑战:大多数人已进入罪犯生涯的成熟期。因此,需要找出什么样的策略对安全矫正机构中被监禁的严重少年犯的矫正是最有效的。

目的

系统收集和评估一些实证研究结果的质量,这些研究是关于那些在安全矫正机构中实施的,意图降低严重(暴力或习惯性的)罪犯(12—21 岁)的再犯率和犯罪类型的矫正项目的有效性。

检索策略

有好几种策略用来识别那些满足这篇评论具体标准的研究。我们对 14 个相关领域的电子数据库进行了详尽的检索,其中包括 Campbell SPECTR 实验数据库。并且咨询了该领域的专家,相关的引文也会被附上。

选择标准

本篇评论包括了实验研究(随机分配)和准实验研究(无随机分配),都有控制组或对照组。并且,结果中包括再犯率,或者至少有新的犯罪信息。项目的对象都是在安全矫正机构中的青少年,无论男女,年龄为 12 岁到 21 岁,也无论处于成年还是青少年司法管辖之下,都属于严重(暴力或习惯性的)罪犯。

数据的收集与分析

对于两种不同的再犯类型(一般再犯和严重再犯),以及矫治完成者和意向矫治者(指定)的数据,我们都实施了不同的元分析。我们选择是基于效应量指数、优势比及其换算后的自然对数。元分析计算基于假设的一个随机效应模型。当异质性 Q 检验具有统计上的显著性时,再应用混合效应分析来找寻可以解释效益估计中的变异性的调节变量。对于质性调节变量,加权方差分析被应用于效应估计,而连续性调节变量和效应估计之间的关系使用加权回归模型来进行评估。

主要结果

最终的跟进调查的整体结果表明,矫治作用对完成矫治者有统计学意义上显著的积极作用。对于意向矫治数据,固定和随机效应模型都是统计上显著的。这个结果表明,即使在更为保守的意向矫治模式下,干预仍然是全部都有效的。调节变量没有显示在解释有关矫治有效性的异质性上有统计上显著的结果。另外我们证实,认知疗法、认知行为疗法和多聚焦方案都有积极的效果。

回顾者的结论

总的来说,这些项目"确实"能够有效地减少严重的制度化的少年犯的一般再犯和严重再犯。这一结果尤其适用于那些对青少年改造中心里的男性群体开展的强调认知疗法和认知行为疗法的干预措施的案例。另外,教育的非结构性项目不能减少再犯。

本篇回顾的引用格式:

Garrido,V.and Morales,L.A.(2007).Serious(violent and chronic)juvenile offenders:a Systematic Review of treatment effectiveness in secure corrections.In:The Campbell Collaboration Reviews of Intervention and Policy Evaluations(C2-RIPE),July 2007.Philadelphia,Pennsylvania:Campbell Collaboration.

1. 背　景

对严重少年犯进行干预是非常重要的,这些人对刑事司法机构构成了巨大挑战,不论是考虑到他们犯罪的高频率性严重性,还是他们成年以后的犯罪行为。当局越来越多地关押这样的年轻人,但是,对这一措施的有效性存在很多质疑。

在这篇回顾中,"严重"包括暴力的(violent)或者习惯性的(chronic)、持久的(persistent)罪犯,"青少年(juvenile)"或者"罪犯(delinquent)"指 12 岁到 21 岁的年轻人。尽管需要用不同的模型来解释犯罪行为的发展,进而解释男性和女性犯罪者的不同的矫治特征,但是那些少有的包括女性犯罪者的研究在他们的分析中排除了将性别作为一个调节变量。因此,此篇回顾主要针对男性罪犯。

这篇回顾不包括基于社区的干预措施,因为它们被包含在非安全矫治的干预项目的回顾中——"Community-based alternatives to prison"(Martin Killias),"Juvenile aftercare programmes"(Ken Adams),以及 "Re-entry programmes for offenders"(Christy Visher)。

1.1 回顾此种亚类罪犯的相关研究

很多调查表明,犯有暴力犯罪的少年犯有极大的可能发展为惯犯,并且同时犯下多种类型的罪行,并最终极有可能受到审判。比如 Thornberry, Huizinga 和 Loeber (1995)对"不良行为的原因与相关因素研究项目"所做的报告,该报告由三个相互协调的纵向研究项目组成:"丹佛青年调查"、"匹兹堡青年研究"和"罗彻斯特青年发展研究"。这三个调查总共涉及约 4500 个城市青少年,在最开始收集数据时,他们的年龄跨度是 7 岁到 15 岁。

习惯性暴力罪犯只占罗彻斯特样本总数的 15%,占丹佛研究中的青少年样本的14%,然而,他们所犯下的暴力犯罪,在罗彻斯特占所报告暴力犯罪总数的 14%,在丹佛则占了 82%。罗彻斯特和丹佛的调查表明,青少年犯罪正走向一个多元化的趋势(他们犯下多种罪行:包括财产侵权、扰乱公共秩序、乱用他人身份及贩卖毒品)。在报告的最后,作者指出"如果我们不能成功地改造这一小部分人,那么我们将对大多数的暴力犯罪无能为力"(p.220)。

类似的结果也出现在剑桥纵向研究中(Farrington,2003),研究指出,73% 的 10 岁到 16 岁之间被判决过的男性青少年,会在 17 岁到 24 岁之间由于再次触犯法律而受到判决。相比之下,青少年时期没有因罪被判决的人,这一比例只有 16%(Farrington,2003;Krohn et al.,2001;Stattin & Magnusson,1991)。剑桥关于青少年犯罪的研究也表明了犯罪的多样性:在 65 个犯有暴力罪的男性中,有 55 个还同时被指控犯有非暴力罪。所以从很大程度上讲,惯犯的罪行种类是多样的,并且迟早会发展成暴力犯罪。所以在少年时期的有效干预会对成人期的犯罪率有很大的影响。

最后,这种犯有多种罪行的青少年更有可能在未来被监禁。青少年司法与犯罪预防办公室赞助了一项涵盖 20 个州的研究项目:"置于监护之下的青少年",将 18 岁作为少年司法权的上限年龄,并允许在一个合理的时间范围内计算其再犯率。1992年释放的 8057 名青少年中,在一年之内因犯罪再次被逮捕的占总人数的 27%。男性青少年再犯率明显高于女性青少年(分别是 28% 和 16%),并且之前参与矫正的次数与再犯率之间有很强的关系(Krisberg & Howell,1998)。

1.2 目前对暴力少年犯干预效果的疑问

暴力罪犯的矫正中所面临的挑战已被广泛报告。如 Thornberry, Huizinga 和 Loeber(1995)所指出的,等到大多数严重的少年犯被发现并接受青少年司法系统的强化矫治时,他们已经很好地进入了犯罪生涯。例如,美国国家青年调查(Elliot,1994;Elliot, Huizinga and Morse,1986,引用自 Thornberry, Huizinga and Loeber,1995)发现,参与严重暴力犯罪的年龄高峰期与青少年司法系统所矫治的青少年的年龄高峰期存在巨大差距。此外,参与矫正项目的罪犯所拥有的消极特性降低了干预措施成功的可能性。"这些罪犯的年纪较大,犯罪活动在他们的生涯中所占的比重和影响较大,并且有强烈发展下去的趋势。他们也许还会涉及一些其他的犯罪,比如使用毒品,或具有其他相应的'行为问题'。他们一般具有很多危险因素及社会缺陷。在这些局限下,我们对矫正项目的期望是很低的"(Thornberry,Huizinga and Loeber,1995,p.233)。

Lipsey 和 Wilson(1998)强调了对不同类型的罪犯进行干预的系统回顾的缺乏,尤其对那些最严重的罪犯,他们也可能被认为是最难被矫正的。而在这中间也包括少年犯。

一个潜在的问题是,现在缺乏专门针对严重青少年罪犯的基础干预研究。大部分样本都是混合的,包括非严重性的少年犯,并且没有区分开进行分析。为了使严重少年犯的问题明朗,Lipsey 与 Wilson(1998)对两个基本问题进行了元分析(并非在系统回顾的背景下)。

干预项目是否能够普遍地降低严重罪犯的再犯率? 如果真是,那么什么类型的干预项目是最有效的?

Lipsey 与 Wilson 囊括了两百多个实验或准实验的研究(在 1950 年到 1955 年间发表的),这些研究在一定程度上包含了严重的少年犯(采用更严格的标准的话,只能纳入更少的研究)。最后是"被报告为已定罪"的青少年被选中。样本大多数为男性,平均年龄为 14 岁到 17 岁。他们将研究归类为非制度化的(N=117)和制度化的(N=83)。

对非制度化的青少年而言,多重罪行(即有一定比例的人身侵害)的青少年的矫正效果,要好于罪行主要为财产犯罪的青少年。最有效的干预是多个措施的组合,包括人际交往能力的训练、个人辅导以及行为项目,而荒野或挑战项目,通过缓刑或假释提前释放、威慑项目(震慑性监禁)以及职业项目(与就业相关的项目不同)等干预措施是收效甚微的。

制度化的青少年与非制度化的青少年的结果显著不同:对制度化的罪犯,不管样本的特征(例如年龄、性别、种族和先前犯罪经历)如何,对于一个给定的项目,其矫正效果基本是一致的。同样的,最成功的干预是人际交往能力的训练,其次是家庭教学项目("成就之所计划")。效果最不显著的干预是荒野/挑战项目、毒品禁戒、就业有关的项目和环境疗法。

非制度性干预(r=0.07)和制度性干预(r=0.05)的平均效应值接近,其差异无统计学意义上的显著性。具体而言,对制度化的青少年的最有效的矫正干预措施的平均效应值为0.17到0.19。根据相同的再犯率的差异,这些技术对再犯的影响等同于,将0.5的控制组基线减少到约为0.15—0.17,考虑到这种罪犯类型带来的挑战,这其实是一个很大的实质性的降低。

虽然Lipsey和Wilson将干预分为制度的和非制度的,但是他们包括在制度化类别中的很多项目实际上是住宅性的以社区为基础的干预,例如"成就之所"。

根据Andrews等人(1990)的报告,当青少年的实际再犯有较大风险时,对他们的不良行为的矫治是最有效的("风险原则")。然而,经常有相反的观点:最严重的个案是最难被矫正的。作者的元分析支持风险原则:对于所有两组的罪犯,平均干预项目产生了积极的效果,等同于减少了12%的后续再犯率。

不考虑这些结果,在改造被监禁的少年犯及作为子类别的严重少年犯时,哪种具体的策略是有希望的尚待证明。目前,我们有一些初步的成果表明,针对未成年人的努力比那些针对成人的更有前途。Redondo等人(1997)在欧洲评估的第一次元分析中报告,在犯罪类型学方面,最有效的干预(标准:普遍提高)发生在针对人身的罪犯身上(r=.419),而最无效的是性犯罪者(r=.085);少年中心(r=0.257)和少年监狱(r=.193),比成人监狱(r=0.119)更有效。在第二次系统回顾中,Redondo,Sánchez-Meca和Garrido(1999)分析了32个欧洲矫正项目(实施于80年代)对再犯的具体影响。重要的发现包括:(1)行为和认知行为的项目是最有效的;(2)对少年犯的矫治更成功,其原因可能反映了对青少年最成功技术(行为和认知行为)的使用;及(3)针对暴力罪犯(非性罪犯)的效果达到最大,这似乎也证实了风险原则(Andrews et al., 1990)。

在欧洲的元分析的一项修正中,Redondo,Sánchez-Meca和Garrido(2002)发现,在青少年身上获得了最大的效应量(r=0.35),尽管所有的年龄类别都取得了显著的积极的结果。

"暴力犯罪"这方面的结果测量也对审查者构成了一个挑战,因此在本次回顾中必须被考虑进来。如Serin和Preston(2001)所强调的,"暴力罪犯"的定义及再犯的测量问题还有待澄清。有必要将参加矫治项目的罪犯的特点和再犯的品质更加具体化,并将新的暴力犯罪和一般的再犯率区别开来。

就如Lipsey和Wilson,以及欧洲元分析所描述的那样,要对不同的调节变量(如先前的犯罪史、长期性暴力犯罪、干预年龄、助力计划和性别等)所扮演的角色进行更多的探究。

总之,我们仍缺乏矫治严重罪犯所需的很多知识。

Lipsey 和 Wilson(1998)的元分析将针对严重罪犯的制度化的与非制度化的矫治进行了比较,但是他们在制度化这一类囊括了很多实际上是住宅性的基于社区的干涉措施的项目,如"成就之所"。与传统少年监狱、训练学校及现代针对某些类型罪犯的小型单位(在项目干预中进行个人化的矫治)相比,我们仍然不知道安全矫正结构本身的矫治效果。

如我们之前在 Lipsey 和 Wilson 的例子和欧洲元分析中呈现的一样,不同的调节变量(例如是否有犯罪史、习惯性或非习惯性的暴力犯、干预的年龄早晚、是否计算释放后强化矫治的项目、不同性别的罪犯等)所扮演的角色需要继续更多的探究。

暴力罪犯与累犯的定义和测量方法一直没有明确下来。有必要弄清楚谁是被矫治的对象以及再犯的品质,并将新的暴力罪行和普遍的再犯率区别开来。

鉴于这个问题的性质,将所有符合条件的不同语言的研究都包括在这篇系统回顾中是非常重要的。

2. 目　标

2.1　总体目标

以系统化的方式,收集和评估实证研究结果的质量,这些实证研究是关于在安全矫正机构中实施的,旨在降低严重(暴力或习惯性的)罪犯(12—21 岁)的再犯率和特性(即犯罪类型)的矫治项目的有效性。

2.2　具体目标

找出发表的和未发表的、不同语言的、有关针对制度化的严重少年犯的矫治性干预项目的评估的定量研究。

分析对严重(暴力或习惯性的)少年犯矫治性干预的效果。

我们将暴力犯以及惯犯包括在严重罪犯的范畴内。如前所述,暴力的或习惯性的青少年有很多共同特征。此外,大多数的暴力少年以前有过犯罪记录,据悉,几乎一半的惯犯曾犯下暴力犯罪。

这篇回顾对调节变量造成的变异性尤为重视。这些变量包括矫治的类型(矫治的理论框架、焦点)、对象或项目的参加者(年龄、犯罪类型、性别)、进行干预的背景

(项目实施的阶段、参加者及国家的政权制度)、方法(不同组别参与者的分配类型、组减员、后续期),及外在的变量(出版年份和来源)(Lipsey,1994;Sánchez-Meca,1997)。

3. 方法论

3.1 研究的纳入和排除标准

3.1.1 研究类型

这项回顾包括实验(随机分配)和准实验研究(非随机分配),有控制组或对照组。此外,研究呈现的结果必须包括再犯率,或者至少有新的犯罪的信息。将非随机的控制组纳入进来是必要的,因为在矫治性干预领域,良好控制的研究是很缺乏的。Lipsey 和 Wilson(1998,p.314)认识到这一点,并且在他们的元分析中指出:"这些是被实验和准实验研究所令人信服地回答了的问题,这些研究将给予矫治的青少年的再犯率与没有给予矫治的对照组进行比较。这样的研究能得出统计上的结果,代表每个研究中观察到的矫治效果的大小。"

没有控制或对照组的研究被排除在外,因为他们的方法论质量太差,同样还有 N=1 的研究也被排除了,因为从这些研究中得出与有对照组的研究相同度量标准的效应值指标是不可能的。

3.1.2 参与者类型

项目参与者是青少年,无论男女,在安全矫治机构中,年龄介于 12 岁至 21 岁之间,无论处于成人的或青少年的司法管辖下,特征为严重(暴力或习惯性的)罪犯。

一般来说,少年犯被视为 12 岁至 21 岁的年轻人(Fuhrman,1986;Tolan & Guerra,1994;Rutter,Giller & Hagell,1998)。根据对犯罪生涯的纵向研究的结果,在这个年龄段更多的人会涉及违法犯罪;我们也知道,惯犯的多数罪行一般都在这个阶段发生。此外,考虑到法律背景,世界各国的法律责任年龄从 12 岁到 21 岁不等(Garrido,Stangeland & Redondo,2001)。

依据他们所犯的罪和他们前科的类型,我们将选定的研究中的参与者归为严重罪犯。

暴力罪犯。我们也界定了这个类型,及谁犯了暴力犯罪。这些包括"有人受伤,并导致严重伤害(需要医疗、出血、昏迷等),或使用武器的行为"(Thornberry et al.,

1995,p.224 in reference to Denver Youth Survey)。此外,我们也包含涉及武力威胁的罪行。

超过一半的样本有过如谋杀(和谋杀未遂)、杀人、绑架、袭击(包括加重攻击行为)、抢劫(包括持械抢劫)、故意杀人、危害、纵火等罪行的研究将被包含在内。也包括其他的使用武力或枪支铁器等武器,严重威胁人身生命及健康的罪行(Wiebush et al.,1995,about the category of "serious and violent" offenses on which the Annual Survey of the Office of Juvenile Justice and Delinquency Prevention is based(OJJDP),p.176)。

习惯性罪犯。对先前有三个或更多的法律判决的未成年人,我们定义为"惯犯"(如美国青少年司法局等司法机构,1998,或如 Capaldy & Paterson,1996;Hagell and Newburn,1994 等研究中所定义的那样)。

超过一半的样本符合曾有过三个或更多的法律判决青少年的研究被包含在内,也同样包含样本的犯罪历史的均值是三个或更多的先前法律判决的研究,其中犯罪类型是除暴力犯罪外的所有罪行。

暴力且习惯性的罪犯。少于一半的样本是暴力罪犯,但习惯性罪犯及暴力罪犯数组合起来高于50%的研究被纳入进来。

最后,我们排除了超过一半的样本是性犯罪的研究,因为这是另一个康拜尔系统回顾项目的关注点(首席作者为 Friedrich Lösel)。包含未成年人轻微罪行的研究也被排除在外,如店铺行窃、轻微扰乱公共秩序、交通肇事和首次身份犯罪(Wiebush et al.,1995,pp.176,210)。

在本篇回顾中,"安全矫正机构"的意思是,具有以上锁的门、墙壁、栏杆、栅栏等约束为特征的环境或安全机构。包括未成年改造中心、监狱、少年管教所、培训学校、营地和牧场,都是因未成年人的不良行为而拘留他们,并提供结构化的矫治环境。我们排除了社区项目、看护、寄养家庭、团体家庭、定期拘留等项目,以及罪犯每天与社区接触的项目(如"成就之所")。

由于有后期是在社区中进行的制度化的项目存在,我们将超过50%的矫治是在该机构内进行的项目包含在内。在这些情况下,在社区上的矫治被视为一个调节变量。

3.1.3 干预类型

我们所包含的干预,旨在减少青少年返回社会后的再犯。这些措施包括心理、社会和教育的过程和方法,以及用于支持学习亲社会的行为和态度的环境条件。干预措施的分类有两种标准:第一个是关于支持项目的理论模型,第二个是项目的关注点。为了分析所有可能的跨文化研究的种类,我们将以下干预的类别归入我们的回顾中(Redondo et al.,1997;Redondo et al.,1999)。

行为:这个模式基于学习理论(在犯罪学中由 Edwin Sutherland,Albert Bandura 和 Ronald Akers 等发展而来),即任何犯罪行为,及其他的人类行为都是学习来的。行为类项目的目的是引入学习机制,颠倒其学习过程,这样参与者可以学习抑制他们的犯罪行为,并将新的可被社会接受的行为付诸实践。

这些模型的两个范例式的应用是代币制项目和环境意外事故项目。在这些项目中,机构或单位全体的工作人员都必须参与到这个项目中去。工作人员一般是由一小组负责该项目的设计、监督和评估的专家来领导。

认知行为:这个模式强调需要向罪犯们传授易于与他人沟通的能力。这些能力着眼于亲社会的价值观念,无论是在家庭中、工作中,还是其他任何的社会环境下。最完整的认知行为项目之一,是遵循了“推理与复原”模型的那个项目(Ross and Fabiano,1985;Ross and Ross,1995)。主要因素包括:

A)对研究对象的认知及互动能力的缺乏进行评估;

B)为数个每周会议进行小群体范围内的矫治;

C)最常用的策略包括:解决人际认知问题、社交技巧培训、愤怒控制、批判性推理、价值观发展、谈判能力和创造性思想。

目前,认知行为项目对所有类型的罪犯都是最常用的。

基于这种认知行为模式的项目包括认知、社会及情感技能的综合,对青少年重返社会非常重要。

认知:认知项目强调认知行为模型的“认知方面”,强调通过控制认知扭曲、自动化思维和自我指示的认知重构。

教育:许多罪犯,尤其是那些在边缘化的社会中长大的,没有完成学业,因此,有很大的教育上的不足。该理论认为,通过强化教育项目增加教育成就,再犯将减少。

这些项目包括课程、学校活动、发放阅读材料等。在这些教育项目中,课程将集中于核心学术技能(如语法、数学等)而不是教授生活技能(认知行为的项目所包含的社交技能)。

非行为/认知:罪犯们之所以会犯罪,是情感危机的结果,这一思想在矫正机构中有很久的传统。根据这一概念,对罪犯的矫治应该着眼于矫治他们潜在的心理变化。因此,成功的心理治疗能减少或消灭犯罪行为。在这一模型下,使用了基于精神动力学、犯罪的医学或病理模型,或者以病人为本的咨询疗法的一系列多样化的技术。

在这一类型中,其他的没有被很好定义,但既不属于行为也不属于认知的方法也被包含在内。例如,Friedman 和 Friedman(1976)的项目使用一个折中的家庭方法。我们的回顾中呈现的唯一的治疗性社区干预也被编为此类。

回顾中使用的另一个项目的分类标准是干预的焦点或目标。

家庭:着眼于改变家庭关系动力的项目。结果是,青少年违法行为的改变是可以被期待的。

团体:针对作为一个团体的青少年的项目,通常由相同特征的罪犯组成。

同辈人:使用对等的方法,促进青少年的亲社会建构的项目。

个人:项目旨在通过个人帮助关系(指导、建议等)来改变个人行为。

多焦点:有几个关注焦点的项目。

本篇回顾排除了符合其他的康拜尔犯罪与司法组织的系统回顾研究,例如军事训练营和威慑项目。

3.1.4 结果测量的类型

研究至少要包括一种后续的犯罪行为的结果,如从警察或成人/少年法院获得的官方记录,包括任何类型的新犯罪及任何类型的法院处理措施(假释、监禁等)。在这里,我们将这个结果测量称为"一般再犯"。

我们也考虑了其他的结果测量:严重再犯的测量被定义为任何新的严重的官方登记的罪行,并导致再次进入安全机构。严重再犯是指再次被监禁或再制度化。

我们试图分析其他的结果测量,例如心理变量或者行为上的进步。遗憾的是,因为几乎没有可获得的包含这种信息的研究,想要实现是不可能的。

3.2 辨识相关研究的搜索策略

有几个策略用以辨识符合标准的研究。为了减少可能的偏差,我们搜索了:(1)发表和未发表的研究;(2)1970 年和 2003 年间的;(3)犯罪学、心理学、社会学、社会服务、教育和精神病学领域的研究;(4)任何国家的以下语言书写的:英语、西班牙语、法语、葡萄牙语、德语和意大利语。

首先,我们对我们的大学所拥有的专门相关期刊内容进行了手动搜索。我们手动搜索了 7 个非英语期刊和 21 个英语期刊。

其次,我们对与主题领域相关的 13 个可获得的电子数据库,进行了一个特定的搜索。搜索在网上完成,利用可获得的马德里自治大学和瓦伦西亚大学(西班牙)的资源。在这些数据库中用于搜索的关键词有:

Delinquen(cy,ts),criminal(s),convicted,offender(s),inmates.

Delincuencia, delincuentes, criminales, encarcelados.

Institution(alized, al, alization), detention, facility(ies), prison(s, ers), incarceration(ed), hospital(s), borstal(s), correctional(s), reformatories.

Institución, institucionalizados, detención, detenidos, prisión(es, eros), encarcelamiento, hospitales, correccionales, reformatories.

Boy(s), girls(s), adolescent(ce, s), juvenile(es), youth, young.

Jóvenes, juvenil, adolescentes.

Treatment(s), program(s), therapy(ies), rehabilitation, intervention(s).

Tratamiento, programa, terapia, rehabilitación, intervención.

Aggression(ive), anger, violence, violent, serious, chronic, persistent.

Agresión, ira, violencia, violento, serio, crónico, persistente.

我们还使用了其他方法来搜索相关研究,包括:(1)广泛搜索"Campbell Collaboration Social",及由英国科克伦中心发展,宾夕法尼亚大学教育研究生院监督的"Psychological, Educational & Criminological Trials Register(C2-SPECTR)"等数据库(Petrosino et al.,2000);(2)我们检索了 Lipsey(1999)和 Lipsey & Wilson(1998)进行的关于严重少年犯的元分析中的所有文献(这项元分析引用了74篇针对制度化的罪犯的干预文献),以及其他一些欧洲的元分析(Redondo, Garrido & Sánchez-Meca, 1997;Redondo, Sánchez-Meca, and Garrido, 1999),其中15篇研究是针对青少年的;(3)我们使用邮件和电邮,同几个国家中进行与犯罪有关的研究机构保持联系;(4)我们向2002年芝加哥美国犯罪学年会的参加者和演讲者派发了邮件,来索取相关资料。最后,我们使用以下两个主流搜索引擎:Altavista 和 Google 进行了互联网搜索。

3.3 搜索结果和研究的选择

搜索到的文献总数是1299(不包括互联网搜索,那里得到了数以千计的网站)。他们中的大多数包括摘要。虽然这些引用中的大多数包含了我们的搜索关键词,但总体来说,这些研究并不是评估研究。

所有找到的研究中,许多是对特定方法质量的理论评估。几个其他研究描述少年犯释放后向自由生活的转变过程。一些其他研究集中在对被关押少年犯或暴力青少年进行的心理测验的有效性或应用上。其他的研究讨论社区和转移项目,再犯预测,或者严重罪犯的概况描述等方面的主题。一小部分研究涉及对少年犯管理人员的培训。

1299篇研究中,包括 Lipsey 进行元分析中的74篇文献(Lipsey,1999;Lipsey &

Wilson,1998），以及来自欧洲的元分析中的 14 篇（Redondo, Sánchez-Meca and Garrido,2002,1999a）。

Lipsey 的元分析中的 74 篇文章,38 篇被排除在我们的回顾以外。19 篇因为是在 1970 年以前完成的研究而被排除在外;1 篇有关性罪犯;3 篇研究是关于军事训练营;15 篇是关于在社区中进行的项目,而不是在某个机构中。

从最初的 1299 篇确定的文献中,我们选取了 122 篇符合资格的备选文章。使用资格清单对这 122 个研究进行评估。这 122 个研究中,包括 Lipsey 的元分析中的 36 个,欧洲元分析中的 14 个,以及在其他数据库检索获得的 72 个。

经过选择,Lipsey 的 36 个研究中的 11 篇被纳入我们的回顾中,其他的 25 个被排除在外。

被排除的 25 个研究中,10 个研究中的青少年不是严重罪犯（依据我们的标准）;5 个研究缺乏再犯结果的可用信息;3 项研究结果缺乏足够严谨的方法;2 项研究没有对罪犯的类型描述（没办法知道他们是不是严重罪犯）,而且这些研究并没有遵循我们关于制度化的标准;在 2 个研究中,没有关于再犯的测量,参与者也不是严重罪犯;一个研究没有再犯结果,方法也较落后;另一项研究中缺乏严谨的方法,未成年人并不是严重罪犯,并且参与者是在社区中的;最后有一个研究并没有一个具体项目的应用,实际上,它评估的是不同的设置对未成年人的影响。

在欧洲元分析的 14 个关于青少年的研究中,没有一个符合此篇回顾的标准。

剩下的 72 个从数据库中搜索确定的文献中,10 个被此篇回顾选入,1 个无法获得,61 个被排除。在选定的 10 个研究中,2 个是关于同一项研究（Fagan,1990a;Fagan,1990b）,所以它们被视为 1 个研究（一组实验组和一组控制组之间的比较）。另外 2 个研究用同样的数据:Lukin（1981）和 Jessnes（1975）,它们都被作为 1 个研究列入进来。另一篇被包含在 Lipsey 的元分析中的文献（Gordon,1997）,与 Greenwood 和 Turner（1993）的研究是部分相同的项目和参与者。在这种情况下,Gordon 的研究被采用了,因为其包含了 Greenwood 和 Turner 的数据。

最终,我们发现有 17 份报告符合我们回顾的标准。这 17 个文献可以让我们分析 30 个不同的研究（控制组和实验组之间的比较）。

3.4　数据管理和提取

本篇回顾选择了 17 份研究报告,其中共发现有 30 个实验组和控制组的比较。我们使用编码协议来记录每个对比中提取的数据。这个编码协议是依据针对严重制度化罪犯的矫正干预项目的文献回顾所构建的。我们还参考了以往系统回顾的经验,例如军事训练营回顾(MacKenzie,Wilson & Kider,2001)和之前的元分析(Marín-Martínez,Hidalgo,López,López,Moreno,Redondo,Rosa and Sánchez-Meca,2002)。

在 Lipsey(1994)和 Sánchez-Meca(1997)的工作基础上,编码工具分为以下三个变量组:

实质性变量:此类别包括此篇回顾客体的特点,如研究参与者、矫治和环境的特性。

方法变量:这组变量指所选择的研究的设计质量。

外在变量:这组变量包括没有直接与此次回顾客体相关的研究特性,如使用的语言,公布/未公布的文件,等等,这些可能会影响结果。

两名受过训练的心理学家完成每项研究的编码协议,差异需经相互同意来解决。

3.5　统计程序和惯例

这些研究中关于项目的有效性,最常用的再犯测量是将样本主体分为惯犯和非惯犯。在我们的元分析中,只有两个研究报道了再犯的连续性测量。鉴于我们的单元分析是实验组和控制组(或对照组)的对比,我们选择效应量指数的优势比,并将其换算为自然对数。为了计算每个研究中的优势比,我们组成一个 2×2 的列联表,表中每个格子中的频数表示各组(实验组和对照组)的惯犯和非惯犯的数量。大于 1 的优势比(取对数的优势比大于 0)意味着实验组的再犯可能性比控制组低。相反的,小于 1 的优势比(对数的优势比小于 0)说明实验组的再犯率比控制组高。如果该研究分别报告了一般的和严重的累犯(如我们在第 3.1.4 节所定义的那样)的数据,那么我们会计算每种再犯测量的优势比,并对它们的每一个都进行单独的元分析。如果一项研究报告了几个后续阶段的再犯数据,那么只计算最后阶段的优势比,因为包含同一样本不同的阶段的效应量的评估,违反了元分析计算中的独立性假设。因此,为每一个研究中受试者最后一次随访的数据计算优势比。尽管仅计算最后阶段的优势比的策略,避免了效果评估的依赖性,但是它会造成用来计算的效应量的数据的损耗,并因此,效果估计可能会有失偏颇。为了评估损耗是否影响效果估计,也进行了意向性矫治分析(基于条件分配,即使未成年人没有完成或接收所指定的矫治)。带着这个目的,假设在"最糟糕的情形"下,对每一个研究计算了另一个优势比,这个情形就是假设所有研究对象都在最后阶段迷失了,无论是在控制组还是实验组都发生了再犯。因此,为两种不同的再犯测量(一般和严重的再犯)以及完成者和意向矫治的数据都实施了元分析。

仅有两项研究没有报告二分的再犯测量(Friedman & Friedman,1970 年的研究中都有报告），但是有连续性再犯测量（例如，犯罪的数量）的均值和标准差。在这种情况下，我们计算了标准平均差 d，然后把它转换成 log 的优势比 Lor，Lor＝1.65d，这样可以将所有的效果估计都置入相同的度量标准中（Haddock，Rindskopf，& Shadish，1998；Sánchez-Meca，Marín-Martínez，& Chacón-Moscoso，2003）。

　　元分析计算是基于随机效应模型的假设的。根据这一统计模型，每个效果估计依据其逆方差进行加权，即其方差等于组内研究的方差和组间研究方差的总和。在这个权重方案下，计算不同再犯测量的平均效应值及其 95% 的置信区间。效果估计的异质性通过组间研究方差、Q 检验和 I^2 指数进行估计（Higgins & Thompson，2002；Huedo-Medina，Sánchez-Meca，Marín-Martínez，& Botella，2006）。虽然我们分析运用的模型是随机效果模型，我们还计算出了固定效果模型中的平均效应估计，以考察我们的研究结果在统计模型改变时的稳健性。

　　当异质性 Q 检验有统计学意义时，我们进行混合效应分析，来搜索可以解释效果估计变异性的调节变量。对于定性的调节变量，采用加权方差分析估计效应，而连续性的调节变量和效果估计之间的关系使用加权回归模型进行分析。这些分析对评价我们元分析结果的效度非常关键。

　　为了评估发表偏倚是否会威胁我们的研究结果的有效性：（a）比较发表和未发表的研究的平均效应值，及（b）我们采用了艾格测试（Rothstein，Sutton，& Borenstein，2005）。

　　在我们的元分析中检查损耗是否影响效果估计：（a）假设混合效应模型下回归分析来测试是否实验组损耗、对照组的损耗和差别磨损，及（b）对完成者和意向矫治者的数据分别进行元分析，比较其平均效应值。

　　由于我们包括了随机和非随机分配受试者的研究，我们比较了这两种设计类型的平均效应值，以评估其余的分析是否可以在所有效果估计不受受试者分配规则的影响的情况下做出来。

　　虽然所有的元分析计算都是以 log 优势比的形式进行，这个效应值指标很难在实践意义上给出解释。为了使结果更容易作出实践上的解释，平均 log 优势比被转换为优势比和相关系数，然后，相关系数转换成 BESD（二项式效应值 Binomial Effect Size Display）来获取一个实验组和对照组成功的差别百分比指标（Rosenthal，1991）。要做到这一点，首先每个平均 log 优势比 Lor，以 d＝Lor/1.65 的形式转换成 d 指数，然后 d 指数被转换为相关系数 r：r＝d/d^2 I（Haddock et al.，1998；Rosenthal，Rosnow，& Rubin，2000；Sánchez-Meca et al.，2003）。因此，平均的 log 优势比，例如，Lor＝

0.211,成为 r= $e^{0.211}$ =1.235 的优势比,相关系数为 r=0.064,这意味着,平均而言,在实验组中接受矫治的受试者比控制组少大约 6.4% 的再犯。另外,这个转换还使我们能够与之前采用相关系数的元分析进行比较。所有的元分析计算都在 Comprehensive Meta-analysis 2.0, 及 CMA2.0 这个项目中开展(Borenstein, Hedges, Higgins, & Rothstein,2005)。

3.6 独立结果的测定标准

所选择的研究在同一个样本中报告了多种结果,以及不同时间点上的几个结果测量。为了避免这些情况中数据的统计依赖,我们为每一项结果测量都计算了一个效应值(ES),也就是普遍的和严重的再犯,并对它们分别做了元分析。另外,当研究报告有多个随访期的数据时,只为最后一个阶段计算效果估计。因此,每一个研究只为元分析计算贡献一个效果估计。

4. 结　论

在这部分的研究回顾中,我们描述了所选的研究特点。然后,我们解释了对一般再犯或严重再犯的效应值总体结果,然后我们也分析了一些中介变量和预测变量之间的关系。

4.1 对所选研究的描述

本次元分析回顾了 18 份文件(其中包括 8 项学术期刊,2 本书,1 项已发表的政府报告,2 份未发表的政府报告,3 份未发表的学位论文,1 份未发表的研究报告和 1 份未发表的示范项目报告)。在这 18 份研究中,我们识别出了对实验组和控制组之间的 30 个比较,我们将这些比较命名为"研究"。

对这 30 项"研究"而言,我们的研究仅仅涵盖了组数为"n"(各组的年轻人数量)大于、等于 5 的那些。当这些"研究"有超过一个控制组或比较组时,我们仅选择一个以避免对数据的依赖。

一般而言,这些研究有如下特征:我们筛选出的研究均是在美国发表,且拥有一定数量的男性暴力罪犯,平均年龄为 16 岁;大多数的"研究"使用的是非行为干预措施,紧接着辅以认知行为和认知治疗,这些"研究"很少使用行为和教育疗法;大多数针对个体,仅有一项"研究"针对家庭,两项为多焦点服务,其中三项针对犯罪的群体,五项针对的是同伴;这些"研究"的参与者位于少年监狱内,同时也有在特别训练学校和青少年矫治中心的;这 30 项"研究"中,13 项为实验研究,17 项为准实验研究。

这 30 项"研究"总共包含了 7509 名青少年(其中实验组 3685,比较组 3824)。然而,当我们仅研究样本中最严重的暴力犯罪时,研究的个体数就会减小(6658)。样本数从 5 到 660 不等。这些"研究"最后一次跟进的时间的中位数是 18 个月,但平均数为 31.6 个月(SD = 36.1)。对一般再犯而言,总体损耗为 17%,对严重再犯而言为 30%。

4.2 元分析结果

该回顾中的 30 篇研究报告了一般再犯的测量,但只有 15 个分析了严重再犯。下面将分别呈现再犯测量和基于完成者与意向矫治的数据的效应值所做的元分析。

4.2.1 一般再犯的效应值

完成者最后的跟踪数据总体结果

在该综述中,我们对一般再犯进行了广义解释,包括任何从警察或成人、青少年法院获得的官方数据,既有各种新型犯罪也有法院的各种处理结果(假释、有期徒刑等)。在以优势比为度量标准的效应值分布中,大于 1 表示实验组相对于控制组具有最低的一般再犯率。假设存在随机效果的模型,其平均优势比为 or+ = 1.235,即证实了实验组的积极效果并且具有统计显著性(p = .006)。它转化的相关系数为 r = .064,意味着接受任何干预措施项目的主体在一般意义上比控制组的再犯率要低 6.4%。随机效应模型的平均效应值与修正的效应模型的效应值十分相似(r = .069),其异质性 Q 检验在统计上是显著的(p = .037;I^2 = 34.10%)。这些结果显示了应用的矫治在效力上是异质的,由此,我们可以通过混合效应模型的平均数对中间变量的效果进行估计。由于元分析中所含的研究数量较小,只能检验很少的概念上相关的中间变量。

意向性矫治数据的整体结果

基于进行敏感性分析的目的,每个单独研究的优势比都在考虑矫治组和控制组的最初样本大小后,被重新计算。因我们的结果是两分的(再犯和没有再犯),我们假设所有的主体在最后的随访阶段丢失了数据,并假设他们都有再犯(一个"意向性矫治数据")。基于此策略,我们重新创造了效力最弱的情形。如果在这种情形下的结果与在完成者数据中获得的结果类似,我们就得到了足够强大的支持,来反驳损耗带来的偏误。意向性矫治数据的分析结果显示,不论是固定模型还是随机效果模型都在平均优势比上显著,而且随机效果模型的平均相关系数甚至比完成者数据显示的还要高(or+ = 1.307; r = .081)。这个结果表明,即使假设最差的情形下(也就是说,实验组和控制组中的所有人都有再犯),干预仍然是有效的。因此,我们可以得出结论说,我们的结果不会受到损耗的影响。因此,后面的分析仅用完成者的数据来进行。

4.2.2　一般再犯的效应值:搜索调节变量

设计类型和效应值

第一个调节变量是要分析实验类型、区分实验(随机分配)和准实验(非随机分配)研究。组内同质性检验(QB)表明,实验和准实验研究的平均效应值没有显著不同(p = .0391),尽管实验研究的平均优势比的信度区间包含了虚无效应(or+ = 1.098; r = .028),而准实验研究没有包括(or+ = 1.271; r = .072)。尽管两种设计类型并非显著不同,表明整合所有的研究来分析剩余的调节变量的可行性,但在解释结果的时候一定要非常谨慎,因为两个平均效应值不同。

损耗和效应值

为了在展示之前完成意向性矫治分析,我们还进行了简单线性回归,来评估综合效应模型、检验效应值和涉及损耗的三个调节变量之间的关系:(a)实验组的损耗(AT),(b)控制组的消耗(AC),(c)实验组和控制组在损耗上的差异,定义为 ADif = AT−AC。所以,正的 ADif 表明实验组比控制组的损耗要高,反之亦然。

结果显示,实验组的损耗(p = .875),控制组的损耗(p = .686),以及实验组与控制组之间的差异损耗(p = .748),都与效应估计没有显著相关。因此,损耗对这些结果来说不是有意义的偏差来源。

矫治类型和效应值

能解释效应估计一致性的概念上最相关的一个调节变量是实验组的矫治类型。这一调节变量对效应估计的分析结果显示,比较这五个矫治类型,没有统计上的显著性[$Q(4) = 4.598, p = .331; I^2 = 0.00$]。因此,我们不能说某些矫治比其他的要好,尽管缺乏统计显著性是因为各自研究的缺乏。另外,除了认知疗法的例外,其余的四种治疗的置信区间接近于平均效应大小,并包含了虚无效应。因此我们一定要得出这样的结论:没有证据证明这些干预对一般再犯是有效的。

一个明显的违反直觉的结果是,认知疗法的平均优势比 or+ = 1.213(r = .058),是显著的,而认知行为疗法有更高的 or+ = 1.629(r = .146),却没有得到显著的平均效应值。这个发现的原因是这些类别之间存在极大的异质性,并主要由两个最极端的效应估计导致:Fagan(1990)的研究 2 的优势比是 0.218,以及 Caldwell & Rybroek

(2001)的研究的优势比是 21.010。实际上,将这两个数据排除于我们的分析后,这一类别的平均优势比仍然很接近于没有排除之前的结果(or+=1.621),但是其置信区间就不包括 0 了(优势比的置信区间:1.062 and 2.474;r=.145)。因此,排除这两个研究后,我们可以说包含认知要素的疗法都有积极的显著效果。

Fagan 的研究中,有两项研究是在四个不同城市,使用了相同的方法和项目,并且在其获得自由后的 12 个月、24 个月和 36 个月这三个时间点进行了随访调查。这四项研究中唯一的参与者人数大于 5,并且获得了有关 36 个月之后的再犯信息的是研究 2。除了底特律的研究(Fagan 研究 2)在第 36 个月的随访期以外,四项研究在释放后 12 到 24 个月期间实验组都是积极的结果。事实上,研究 2 和研究 4 的效应值是包括在回顾里的所有文献中最高的(分别为 r=.37 与 r=.28)。并且,值得一提的是,研究 2 在 24 个月的跟踪调查中显示的积极结果也同样支持了实验组(相比控制组的 14 个青少年中少于 42.9% 的再犯率,实验组中 13 个青年的再犯率为 23.1%)。该研究在 12 个月的跟踪调查中,实验组只有 4 个有风险的青少年,控制组只有 5 个有风险的青少年,这些人都没有再犯。考虑到 24 个月的跟踪调查期间(非 36 个月),该研究的效应值为 r=.27。我们最终选择 36 个月的作为结论依据而非 24 个月,在于我们的标准是考虑每个研究最后的随访阶段。

这里,必须指出的是,之前 Caldwell 和 Van Rybrock 的行为认知研究在该分类上的样本量(N)极小,这样就很容易导致极端结果。

这样一来,我们就很难说不同的矫治方法会引起不同的效果。

因此,尽管我们的结果在严格意义上来说并不能表明治疗方法间存在不同效果,但是我们确定发现了认知和认知行为矫治的积极效应的有力证据。

在控制组或者比较组中,并没有关于研究条件的详尽描述。大多数比较组(30 个文献中的 17 个)没有提供矫治项目特点的具体信息(比如它是否是教育性的、职业性的或者仅仅是机构体制的强化)。但是可以看出的是,这些项目都并非是高度有结构的。在 5 个个案中,可以发现对比组在严格的机构体制中。另外 5 个研究接受了学术或教育的项目。2 个研究比较组接受了社区矫治。最后,只有一组研究在控制组中涵盖了行为干预措施。

关注的类型和效应值

与矫治种类相关的一个中间变量是该项目的关注焦点。在从属于不同选择的关注点的干预措施种类间,平均效应值有显著的不同(p=.010),并且可以解释 15.9% 的变异性。然而,在 4 个研究类型中,只有多焦点项目显示了显著的平均效应值

(or+=1.829,置信区间:1.432 到 2.335,r=.180)。由于该结果只是基于两项研究,所以需慎重使用。

犯罪类型和效应值

对三种类型的罪犯(惯犯、暴力犯和二者混合型)的效力没有显著的不同,且其模型对变异性的解释力几近于无(r^2=.025)。此外,混合型罪犯是唯一平均效应值显著的类型(or+=1.352,置信区间为 1.164 到 1.573,r=.091)。

随访期和效应值

为了检测随访期是否和效应大小有关,这里使用了加权混合效应的回归模型。未标准化的回归系数为负值(B=-.0056),但是没有达到统计的显著性(QR(1)=1.831,p=.176),且只有微不足道的变异性解释力(R^2_{adj}=.017)。因此,随访期和矫治效果没有关系。

4.2.3 最后随访阶段的一般再犯:发表偏倚

为了测试发表偏倚是否对我们的分析结果的效度构成威胁,我们比较了发表的和未发表的研究的平均效应值。发表状态并没有统计上的显著不同。实际上,未发表研究的平均效应大小(or+=1.423;r=.106)甚至比发表的还要略高一点(or+=1.166;r=.047)。

为了完成这个结果,我们使用了艾格测试。艾格测试是非加权的回归,由每个研究的自变量和效应值组成,除以因变量的标准误差。对截距等于 0 的假设的 t 检验可以决定发表偏倚是否对我们的总体效应值的效度构成威胁(Sterne & Egger,2005)。在我们的研究中,通过应用艾格测试,我们对线性回归模型的截距获得了一个不显著的结果[Intercept=-.244;T(28)=-.792,p=.435]。因此,我们可以否认发表偏倚会影响我们研究。

4.2.4 严重再犯及效应值

对严重再犯,这 15 个研究的分析表明了显著的平均 log 优势比,支持了矫治的效果(or+=1.354,置信区间:1.074 和 1.708,r=.091)。另外 ES 在平均优势比上是同质的[Q(14)=10.585,p=.718],研究的组间方差是0(I^2 的指标也是0);结果是,这里假设的统计模型是固定效应模型。因此,我们确认干预能减少罪犯的严重再犯。

4.2.5 是否严重再犯的结果比一般再犯的好

同时考虑到一般再犯和严重再犯所示的结果,严重再犯的相关系数的平均效应值(or+=1.354,r=.091)是一般再犯的两倍(or=1.136,r=0.039),且有统计学意义。然而,这 15 项研究一般再犯的置信区间包括虚无效应,表明严重再犯的效果并没有比一般再犯得好。

4.2.6 严重再犯和发表偏倚

再一次的,QB 测试的结果拒绝了发表偏倚的存在,因为我们没有发现显著性差异。此外,艾格测试无统计学意义[Intercept =.488;T(13)= 1.104,p= 0.290]。

4.2.7 寻找调节变量

因为很少有研究对严重再犯进行报告,我们没有对调节变量进行任何其他的分析。另外,异质性检测 Q 的结果是不显著的,I^2 等于 0。

4.2.8 其他结果

不考虑我们最初的目的,由于这些研究提供的信息的缺乏,我们不能进行任何其他的分析。

5. 讨 论

这篇回顾的主要目的之一,是采用严格的方法,鉴定对制度化的严重(暴力或习惯性的)少年犯的矫治干预项目的经验性研究,均包括发表的和未发表的(不同语言)。考虑到这一目的,我们发现很少的研究充分符合我们关于严重罪犯的定义。只有 17 个研究符合我们回顾的标准。考虑到这些标准是灵活的(因为我们既包含实验研究,也包含准实验研究),我们找到的研究很少。在一些研究中,很大一部分主体(一般不超过综述的 50%)不是暴力或习惯性罪犯。然而,考虑到最后收集到的研究数目太少,我们不相信将这一因素作为调节变量的补充分析会有效果,或者能在任何程度上阐明最终结果。

另外,尽管我们努力了,我们仍不能在英语以外的其他研究中找到这些特性。几乎这篇回顾涉及的所有研究都在美国进行。这一条件限制了我们对其他国家和文化区域的结论,并支持了在其他国家进行这类研究的必要性。

我们的主要问题是,根据这些可得的最好的证据,能否证明矫正项目可以有效降低严重机构的少年犯的再犯。这篇系统回顾解决了以下问题:矫正措施对减少制度化的严重少年犯的再犯是否有效?

我们的研究确认了其他元分析中针对少年犯(暴力或习惯性的)矫治项目有效性的总体发现(Andrews et al., 1990;Garret, 1985;Gensheimer, Mayer, Gottschalk and Davidson, 1986;Redondo, Garrido and Sánchez-Meca, 1997, 1999, 2002),尤其是针对严

重罪犯项目的有限效果的评估结果(Lipsey,1999;Lipsey and Wilson,1998)。

5.1 一般再犯

一般来讲,实验组在一般再犯上的平均效应值都是正的。因此,这些证据建议我们实施这些项目。然后,考虑到研究可用的信息以及这篇回顾分析的研究的数目,我们很难去区别与有效项目有关的主要特性。

Lipsey 与 Wilson(1998)和 Lipsey(1999)之前对针对制度化的严重少年犯进行的制度性干预进行了元分析,并报告了 r=.05 的效应值。这篇回顾得到了 r=.06 的效应值,结果与 Lipsey 的很相似。现在对严重罪犯干预的有效性的结论要更小一些。

对于参加者这一变量,与 Lipsey 及其他人做的元分析一样,大部分的研究都针对男性青少年。尽管有几个针对女性的评估显示出负的结果,但这些结果在统计上是不稳定的。这一现象可能是由于研究女性样本的研究数目太少。参与者的性别这一变量似乎对效应值的大小没有影响。另外,这一变量能解释的变异值也很小。

尽管我们的主要目的之一是评估矫治项目对不同罪犯(暴力的,习惯性的,或者混合的)的不同影响,这一变量对矫治效果并没有显著影响。比较过暴力、习惯性和混合的样本之后,数据表明,这对项目效果并没有显著的影响。这一现象可能是因为主要的研究都提供了太少的样本信息。尽管这篇回顾包含的所有研究都设计了严重罪犯这一标准,其中有些将样本分为暴力、习惯性的和混合类型的罪犯,但是,其他的研究中,只有大约50%的样本由这些罪犯组成。这个条件可能影响了这个变量的结果。

干预的类型从理论上讲是最重要的一个变量。数据显示,总体上来讲,干预对实验组是有效的。然后,由于数据的可得性问题,我们不能断言哪种干预的类型对效应值有影响。不考虑这一事实,我们仍要指出,有两种类型的干预具有显著的效应值,而这些干预包括一些认知要素(认知行为项目和认知项目)。这些结果与其他元分析的结果一致。

另一个主要的结果是关于干预项目的关注点。多关注点的干预具有显著的效应值。尽管只有两个研究被归类到多关注点这一类别中,但以后的研究仍要考虑这一要素,并在研究中对其分别进行完整的描述。干预的关注点的结果可以作为矫治成功的有效要素的初步证明。

总体上来说,对暴力青少年的矫治,没有一个单独的方法被证实是有效的(Lipsey and Wilson,1998)。Tate,Reppucci 和 Mulvey(1995)说过:"服务提供要被重新定义,作为一个正在进行的护理模式,强调对青少年生活的全面干涉。最有希望的是一个全面的、长期的保证,而不是仅仅发展某一单一方面。"(p.780)回顾的结果在这个意义上建议给予更多的关注。

一定要指出的是,很多研究中没有关于干预的强度和量级的信息。如果我们考虑严重罪犯违法行为的早期开始年龄和他们学习非法行为的长期历史,干预的量级是非常重要的。因此,很有必要对短期和长期干预项目的效果进行讨论。因为只有很少的研究报告了项目的强度和量级,对这些问题的结论都很受限。

文献中与成功项目相关的其他特点没有在我们的回顾中研究,例如风险、需求或响应率的原则(Andrews,1995;Lösel,1995;McGuire & Priestley,1995)。很多研究中没有这些原则的信息。

有个很重要的方法论要点:很难找到没有矫治项目的控制组。这可以作为我们为什么取得不了较高效应值的一个原因。例如,在 Cornish 和 Clarke(1975)的研究中,控制组和实验组都接受了矫治性社区干预,只是这些干预在结构上有些不同。另一个例子是,在 Friedman 和 Friedman(1979)的研究中,控制组接受教育干预。在其他的研究中,如 Guerra 和 Slaby(1990)的研究中,控制组的青少年不进行认知干预,但是无法知道他们之前是否接受过任何类似的干预。因此,如果给予控制组任何干预,都会影响效应值的结果。

在这篇回顾涉及的 17 篇文章或文档中,有 6 篇是实验研究,11 篇是准实验研究。在 30 个研究中有 13 个是实验研究,17 个是准实验研究。如这个研究的结果显示的那样,实验研究显示出不显著的较小的效应值,而准实验研究具有显著的小的效应值。不论实验研究与准实验研究的平均效应值的差异是否具有统计显著性,我们仍要谨慎解释我们的结果,因为实验性研究不具有统计上显著的平均效应值。同样,这些数据显示获得更多的实验研究的重要性,用来获得对严重制度化的少年犯(暴力或习惯性的)的干预有效性的较强结论。

Tate,Reppucci 和 Mulvey(1995)的意见仍然是有效的:"有必要对矫治效果进行方法论上更精确的研究,在定义暴力上要更精确,针对唯一性的目标,或者分别对暴力青少年进行分析"(p.780)。

对于计算效应值时的可能偏误而言,损耗偏差和发表偏倚都没有对结果产生影响。

5.2 严重累犯

尽管这篇回顾中的研究,不是所有的都涉及严重累犯的数据,但通过分析 15 篇涉及此类结果的研究,我们发现了有趣的数据。严重再犯的总体效应值在实验组上是顺利的,具有统计上显著的平均效应值。这些结果表明,与减少普通再犯相比,这些对严重罪犯的矫治项目在减少严重再犯上的效果更好。这个发现很重要,因为对严重罪犯的矫治一般都以降低再犯和减少严重罪犯的危险性为目的,而数据显示出对所有这些目的都有重要影响。

6. 对实践和研究的启示

尽管数据显示出对严重罪犯实验组的积极结果,但很少有研究对这类罪犯的矫正干预的效果进行过评估。为增加这类知识,很有必要增加这类研究的数量和质量(对调节变量进行完整描述)。

考虑到一些项目具有较高的效应值,并且总体的效应值对于矫治青少年是积极的,继续对这些人群进行这类矫治是很合理的。

另外,对女性进行干预也是不可缺少的。由于针对女性的研究太少,结果不具有决定性。有必要准备更多的研究,来探究违法少女是否需要在针对她们的项目中采取一些特殊措施。

也许,我们这篇回顾的最主要的发现是,与普通再犯相比,这些项目对严重再犯的效果更好。这一发现表明,对减少严重罪犯违法行为的项目,有必要将对严重再犯的影响作为测量其有效性的指标。仅仅评估对普通再犯的影响是不够的,因为这些项目似乎对其他与违法相关的行为也有影响(例如再犯的最少时间)。

7. 对刑事政策的启示

有一小部分的罪犯被归类为习惯性的且暴力的,并且这些人在总体的罪行中占了很大比例。因此,很明显的,我们很有必要鉴别出这种罪犯,并对他们进行矫正干预项目,以减少他们的非法行为。

结果显示,这些项目在减少普通再犯上有积极的效果,而在减少严重再犯上的效果更好。我们的数据表明,继续进行安全改造来提升对罪犯干预的质量是非常重要的。另外,尽管认知疗法似乎是最有效的,在排除掉认知行为类别中的两个最极端的效应值后,这种干预还是取得了统计上显著的效应值,并具有最大的总体平均效应值。

8. 结　论

根据此篇回顾得到的结论,总体上来说,这些项目确实是有效的,尤其是在减少严重制度化的少年犯的严重再犯行为上特别有效。那些针对青少年改造中心的男性样本进行的认知干预或认知行为的干预来说,效果尤其显著。结果同时表明,教育性的非结构化项目对减少再犯无效。

我们还不知道干预项目在干预结束后的影响,同样也不清楚针对女性的项目的效果,以及为减少严重罪犯的再犯的干预的强度和适合的量级。而且,干预项目对其他结果的影响(例如再犯需要的最少时间)也是未知数,尽管初始数据是很有希望的。

很明显,对严重制度化的少年犯的矫治干预项目的有效性需要进行更多的实验研究。另外,数据显示,我们必须探索多焦点项目在增加干预效果上的可能性。

9. 感　谢

我们要感谢 Mark W.Lipsey 博士的热情支持,他给我们提供了一些他做严重罪犯的元分析时使用的原始文章。

10. 利益冲突

没有利益冲突。

11. 参考文献

Andrews, D. A., Zinger, I., Hoge, R. D., Bonta, J., Gendreau, P., & Cullen, F. T. (1990). Does correctional treatment work? A clinically relevant and psychologically informed meta-analysis.*Criminology*,28,369-404.

Arduini,S.(2000).*Evaluation of an experimental program designed to have a positive effect on adjudicated*,*violent*,*incarcerated male juveniles age 12-25 in the state of Oregon.* Pages:165 Source:DAI-A 61/11,p.4271,May 2001.

Borenstein,M.J.,Hedges, L.V., Higgins,J., & Rothstein, H.(2005).*Comprehensive Metaanalysis* (Vers.2).Englewood,NJ:Biostat.

Capaldi,D.M.& Patterson,G.R.(1996).Can violent offenders be distinguished from frequent offenders? Prediction from childhood to adolescence.*Journal of Research in Crime and Delinquency*,33,206-231.

Cooper,H.& Hedges,L.V.(Eds.)(1994).*Handbook of research synthesis.*New York: Sage.

Department of Juvenile Justice.Bureau of Data and Research.(1998).*Chronic Offenders*:*FY*1996-97.Research Digest,9.[On line] http://www.djj.state.fl.us/RnD.

Empey,L.& Lubeck,S.(1971).*The Silverlake Experiment.*Chicago:Aldine.

Farrington,D.P.(2002).Multiple risk factors for multiple problem violent boys.In R. R.Corrado,R.Roesch,S.D.Hart & J.K.Gierowski(Eds.),*Multi-problem violent youth*:*A foundation for comparative research on needs*,*interventions and outcomes.*Amsterdam:IOS press.

Farrington,D.P.(2003).Key results from the first forty years of the Cambridge Study in delinquent development. In T.P.Thornberry and M.D.Krohn(Eds.),*Longitudinal research in the social and behavioural science*:*An interdisciplinary Series.*Taking Stock of Delinquency. An Overview of Finding from Contemporary Longitudinal Studies. N.Y.: Kluwer/Plenum.

Fuhrman,B.S.(1986).*Adolescence*,*Adolescents.*Boston:Little Brown.

Garret,P.(1985).Effects of residential treatment of adjudicated delinquents:A meta-analysis.*Journal of Research in Crime and delinquency*,22,287-308.

Garrido,V.,Stangeland,P.,& Redondo,S.(2001).*Principios de Criminología* (Principles of Criminology).Valencia:Tirant Lo Blanch.

Gensheimer,L.,Mayer,J.Gottschalk,R.and Davidson,W.(1986).Diverting youth from the juvenile justice system:A meta-analysis of intervention efficacy.In S.Apter y A. Goldstei(Eds.),*Youth violence*:*Programs and prospects.*Elmsford,NY.:Pergamon Press.

Haddock, C. K., Rindskopf, D. & Shadish, W. R. (1998). Using odds ratios as effect sizes for meta-analysis of dichotomous data: A primer on methods and issues. *Psychological Methods*, 3, 339-353.

Hagell, A. & Newburn, T. (1994). *Persistent young offenders*. London: Policy Sudies Institute. Hawkins, D. F., Laub, J. H., & Lauritsen, J. L. (1998). Race, ethnicity, and serious juvenile offending. In R. Loeber and D. P. Farrington (Eds.), *Serious and violent juvenile offenders. Risk factors and successful interventions*. (pp. 30-46). Thousand Oaks, CA: Sage.

Hedges, L. V. & Olkin, I. (1985). *Statistical methods for meta-analysis*. Orlando, FL: Academic Press.

Henggeler, S. W. (1999). Multisystemic Therapy: An overview of Clinical Procedures Outcomes, and Policy Implications. *Child Psychology and Psychiatry*, 4, 1, 2-10.

Higgins, J. P. T. & Thompson, S. G. (2002). Quantifying heterogeneity in a meta-analysis. *Statistics in Medicine*, 21, 1539-1558.

Huedo-Medina, T. B., Sanchez-Meca, J., Marin-Martinez, F., & Botella, J. (2006). Assessing heterogeneity in meta-analysis: Q statistic or I2 index? *Psychological Methods*, 11, 193-206.

Krisberg, B., Currie, E., Onek, D., & Wiebush, R. G. (1995). Graduated sanctions for serious, violent and chronic juvenile offenders.. In J. C. Howell, B. Krisberg, J. D. Hawkins and J. J. Wilson (Eds.), *Serious, Violent & Chronic juvenile offenders* (pp. 142-161). Thousand Oaks, CA: Sage.

Krisberg, B. & Howell, J.C. (1998). The impact of the juvenile justice system and prospects for graduated sanctions in a comprehensive strategy. In R. Loeber and D. P. Farrington (Eds.), *Serious and violent juvenile offenders. Risk factors and successful interventions* (pp. 346-366). Thousand Oaks, CA: Sage.

Krohn, M. D., Thornberry, T. P., Rivera, C. & LeBlanc, M. (2001). Later delinquency careers. In R. Loeber and D. P. Farrington (Eds.), *Child delinquentes: Development, intervention and service needs* (pp. 67-93). Thousand Oaks, CA: Sage.

Leschied, A. W., Bernfeld, G. A. and Farrington, D. P. (2001). Implementation issues. In G. A. Bernfeld, D. P. Farrington and A. W. Leschied (Eds.), *Offender rehabilitation in practice* (pp. 3-19). Chichester: Wiley.

Lipsey, M. W. (1994). Identifying potentially interesting variables and analysis opportunities.In H.Cooper, & L.V.Hedges (Eds.) , *The Handbook of Research Synthesis* (pp. 111-123).New York:Sage.

Lipsey, M.W.(1999).Can Intervention Rehabilitate Serious Delinquents? *The Annals of the American Academy of Political and Social Science.Vol.*564.pp.142-166.

Lipsey, M. W.& Wilson, D.PB.(1998).Effective intervention for serious juvenileoffenders.In R.Loeber and D.P.Farrington(Eds.) , *Serious and violent juvenile offenders.Risk factors andsuccessful intervention* (pp.313-345).Thousand Oaks,CA:Sage.

Loeber, R., Farrington, D.P., & Waschbusch, D.A.(1998).Serious and violent juvenileoffenders.In R.Loeber and D.P.Farrington(Eds.) , *Serious and violent juvenile offenders. Risk factors and successful intervention* (pp.313-345).Thousand Oaks,CA:Sage.

MacKenzie, D.L., Wilson, D.B., & Kider, S.B. (2001).Effects of correctional boot camps on offending.*The Annals of The American Academy of Political and Social Science. Vol.*,578, November,126-143.

Marin-Martínez, F., Garrido, V., Hidalgo, M. D., López, J. A., López, C., López, C., Moreno, P., Redondo, S., Rosa, A. I. and Sánchez-Meca, J. (2002). *Eficacia de los programas de rehabilitación de delincuentes en Europa : Un estudio meta-analítico.*Reporte de investigación Fundación Séneca.Centro de coordinación de la investigación.Proyecto de investigación No.PB/34/FS/99.29.

McGuire, J.(2001).What works in correctional intervention? Evidence and practical implications.In G.A.Bernfeld, D.P.Farrington & A.W.Leschied(Eds.) , *Offender rehabilitation in practice* (pp.25-43).Chichester:Wiley.

Petrosino, A., Boruch, R.F., Rounding, C., McDonald, S.& Chalmers, I. (2000).Assembing a social, psychological, educational and criminological trials register(SPECTR). *Evaluation Research in Education.*

Redondo, S.(1993).*Evaluar e intervenir en las prisiones.* (Evaluating and intervening at the prisons).Barcelona:Promociones y Publicaciones Universitarias.

Redondo, S., Garrido, V., & Sánchez-Meca, J. (1997).What works in correctional rehabilitation in Europe:A meta-analytic review.In S.Redondo, V.Garrido, J.Pérez, & R.Barberet(Eds.) , *Advances in psychology and law : International contributions* (pp.499-523). Berlin:De Gruyter.

Redondo, S., Sánchez-Meca, J., & Garrido, V. (1999).The influence of treatmentprogrammes on the recidivism of juvenile and adult offenders:An European meta-analytic review.*Psychology*,*Crime*,*& Law*,5,251-278.

Redondo,S.,Sánchez-Meca J.& Garrido, V.(2002).Crime Treatment In Europe:A Final View Of The Century And Future Perspectives.In:McGuire,J.(Ed.),*Offender rehabilitation and treatment:Effective programmes and policies to reduce re-offending.*Sussex,England:Wiley.

Rosenberg,M.S.,Admas,D.C.& Gurevitch,J.(2000).*MetaWin:Statistical software for metaanalysis with resampling tests.*Sunderland,MA:Sinauer Assoc.

Rosenthal,R.(1991).*Meta-analytic procedures for social research(ed.rev.).*Newbury Park,CA:Sage.

Rosenthal,R.,Rosnow,R.L.& Rubin,D.B.(2000).*Contrasts and Effect Sizes in Behavioral Research:A Correlational Approach.*Cambridge,UK:Cambridge University Press.

Ross,R.,& Fabiano,E.A.(1985).*Time to think:A cognitive model of delinquency prevention and offender rehabilitation.*Johnson City,TN:Institute of Social Sciences and Arts.

Ross,R.,& Ross,R.(1995).*Thinking Straight.*Ottawa:Air Training & Publications. Rothstein,H.R.,Sutton,A.J.,& Borenstein,M.(Eds.)(2005).*Publication bias in meta-analysis:Prevention,assessment,and adjustments.*Chichester,UK:Wiley.

Rutter,M.,Giller,H.& Hagell,A.(1998).*Antisocial behavior by young people.*New York:Cambridge University.

Sánchez-Meca,J.(1997).Methodological issues in the meta-evaluation of correctional treatment.In S.Redondo,V.Garrido,J.Pérez,& R.Barberet(Eds.),*Advances in psychology and law:International contributions*(pp.486-498).Berlin:De Gruyter.

Sánchez-Meca,J.,Marín-Martínez,F.& Chacón-Moscoso,S.(2003).Effect Size Indicesfor Dichotomized Outcomes in Meta-analysis.*Psychological Methods*,8,4,448-467.

Serin,R.C.& Preston,D.L.(2001).Designing,implementing and managing treatment programs for violent offenders.In G.A.Bernfeld,D.P.Farrington and A.W.Leschied(Eds.),*Offender rehabilitation in practice*(pp.205-221).Chichester:Wiley.

Sterne,J.A.C.& Egger,M.(2005).*Regression methods to detect publication and other bias in meta-analyss:Prevention,assessment and adjustments.*Chichester,UK:Wiley.

Thornberry,T.P.,Huizinga,D.& Loeber,R.(1995).The prevention of serious delinquency and violence. In J.C. Howell, B. Krisberg, J. D. Hawkins & J. J. Wilson(Eds.),

Serious, *Violent & Chronic juvenile offenders* (pp.213-237).Thousand Oaks,CA:Sage.

Tate, D.C., Reppucci, N.D.& Mulvey, E.P. (1995). Violent Juvenile Delinquents: Treatment Effectiveness and Implications for Future Action.*American Psychologist*,50,9, 777-781.

Tolan,P.& Guerra,N.(1994).*What Works in Reducing Adolescent Violence:An Empirical Review of the Field.*Center for the Study and Prevention of Violence Institute for Behavioral Sciences.University of Colorado.

Welsh,B.C.& Farrington,D.P.(2001).Evaluating the economic efficiency of correctional intervention programs.In Bernfeld,G.A.,Farrington,D.P.& Leschied,A.W.(Eds.), *Offender Rehabilitation in practice* (pp.45-65).Chichester:Wiley.

Wiebush,R.G.,Baird,C.,Krisberg,B.& Onek,D.(1995).Risk Assessment and Classification for Serious,Violent,and Chronic Juvenile Offenders.In J.C.,Howell et al(Eds.), *Serious, Violent and Chronic Juvenile Offenders* (pp.171-212).Thousand Oaks,CA:Sage.

Wilson,J.J.,& Howell,J.C. (1995).Comprehensive strategy for serious,violent and chronic juvenile offenders.In J.C.Howell,B.Krisberg,J.D.Hawkins and J.J.Wilson(Eds.), *Serious, Violent & Chronic juvenile offenders* (pp.36-46).Thousand Oaks,CA:Sage.

被选入此次回顾的研究文献

Bottcher,J.(1985).The Athena program:*An evaluation of a girl's treatment program at the Fresno County Probation Department's Juvenile hall.*Sacramento:California Youth Authority.

Bottoms, A.E.& McClintock,F.N.(1973).*Criminals coming of age:A study of institutional adaptation in the treatment of adolescent offenders.*London:Heinemann.

Caldwell,M.& Van-Rybroek,G.(2001).Efficacy of a decompression treatment model in the clinical management of violent juvenile offenders.*International Journal of Offender Therapy and Comparative Criminology*,45,469-477.

Cann,J.,Falshaw, L.,Nugent, F. and Friendship, C. (2003). *Understanding What Works:accredited cognitive skills programmes for adult men and young offenders.*Home Office:Building a safe,just and tolerant society.Findings 226.pp.1-6.

Cornish,D.B.& Clarke,R.V.G.(1975).*Residential treatment and its effects on delinquency* (Research Rep. No. 32). London:Home Office Research Study, HMSO. (NCJRS Document No.034165).

Fagan, J. (1990). Treatment and Reintegration of violent juvenile offenders: *Experimental results. Justice Quarterly*, 7, No.2.pp.233-263.

Fagan, J. (1990). Social and Legal Policy Dimensions of Violent Juvenile Crime. *Criminal Justice and Behavior*, . 17, No.1.pp.93-133.

Friedman, A.S.& Friedman, C.J. (1970). *Comparison of three treatment models in delinquency: Research and demonstration project, July* 1, 1966 *to October* 31, 1970 (Final report). Washington, DC: Department of Health, Education and Welfare.

Gordon, J. (1997). *An evaluation of Paint Creek Youth Center.* Dissertation Abstracts International Section A. Humanities and Social Sciences. Vol.57(10-A).

Greenwood, P.W.& Turner, S. (1993). Evaluation of the Paint Creek Youth Center: A residential program for serious delinquens. *Criminology*, 31, 263-279.

Guerra, N.G.& Slaby, R.G. (1990). Cognitive mediators of aggression in adolescent offenders: 2 intervention. *Developmental Psychology*, 26, 269-277.

Jesness, C.F. (1971). The Preston Typology Study: An experiment with differential treatment in an institution. *Journal of Research in Crime and Delinquency*, 8, 38-52.

Jesness, C.F. (1975). Comparative Effectiveness of Behavior Modification and Transactional Analysis Programs for Delinquents. *Journal of Consulting and Clinical Psychology*, 43, No.6.pp.758-779.

Kawaguchi, R.M. (1975). *Camp Fenner Canyon evaluation: Final report.* Los Angeles: Los Angeles County Probation Department. (NCJRS Document No.NCJ036121).

Larkin, P.R. (1981). Recidivism and changes made by delinquents during residential treatment. *Journal of research in crime and delinquency*, 18, 101-112.

Moody, E.E. (1997). Lessons From Pair Counseling With Incarcerated Juvenile Delinquents. *Journal of addictions and Offender Counseling*, 18, (1): 10-25.

Randall, L.E. (1973). *The effects of a vocational education program in rehabilitating youthful public offenders* (Doctoral dissertation, University of Connecticut, 1973). Dissertation Abstracts International, 34(04), 1786A. (University Microfilms No.73-24428).

Robinson, S.C. (1994). *Implementation of the cognitive model of offender rehabilitation and delinquency prevention (cognitive skills training)* Doctoral dissertation. University of Utah). Dissertation abstracts international, 55 (08), 2582A. (University Microfilms No. 95-02199).

Ross, R.R., & McKay, B. (1976). A study of institutional treatment programs. *International Journal of Offender Therapy and Comparative Criminology: An interdisciplinary Journal*, 20 (2), 167-173.

Sowles, R. C. & Gill, J. H. (1970). Institutional and community adjustment of delinquents following counseling. *Journal of consulting and clinical psychology*, 34, 3. 398-402.

刑罚的收益成本分析

Benefit-Cost Analyses of Sentencings

作者:C.McDougall,M.Cohen,R.Swaray,A.Perry

译者:汪晓翔　核定:张金武

内容概要

　　刑罚政策多数是由政策制定者设计,由法院实施的,目的是为了惩罚、威慑和矫正罪犯以减少其未来的再犯。然而,许多刑罚决策是在不知道实现目标时刑罚的有效性,或不同刑罚替代品的成本和收益等相关知识的情况下作出的。下面的系统回顾是为了解决这些问题,并回顾现有的不同的刑罚方案的成本和效益的证据。成本收益性研究的结果被保留下来提供有用的信息。

研究目的

回顾的目的是识别和评估关于不同刑罚选择的成本和收益性研究的质量。

搜索策略

两个审核者独立完成了对于已发表的和未发表的文献的预筛选和手动检索。结构化的检索在发表于1980—2001年间的研究中进行,使用了9个电子数据库并且咨询了该领域的专家。

选择标准

如果研究中包含关于刑罚选择的成本和收益的信息,它们将被纳入该篇回顾中。由于找到的收益成本研究数量不多,所以成本有效性研究的成果也被保留。

数据收集和分析

此研究结论来源于9个收益成本研究和11个成本效益研究,研究结果使用叙述和表格的形式来呈现。收益成本比率和收益成本结果的测量一同呈现。使用马里兰科学量表(Sherman,Farrington,Welsh & Mackenzie,2002)和收益成本效度量表—修订版来展示研究的质量。

主要结果

回顾发现只有9个研究提供成本和收益信息。这些研究中的6个被评估为"有效"或"全面"的收益成本分析,涵盖了一系列不同的刑罚。根据已修订的收益成本效度量表,这6个研究都是可以接受的。两项对于"在监性犯罪者矫治"项目的研究被认为其成本是有效益的,另外还有一个"强化监管项目"和一个"青少年荒野项目"也是如此,尽管后两种干预措施并非更好地被更广泛的研究证据所支持。从收益和成本的对比来看,从监禁到药物治疗的转变被其作者评估为是有效益的,另外虽然对于非惯犯或吸毒者,监禁并非有效益,但是对于高风险的罪犯,监禁被认为是有效益的。另外三个提供部分收益成本分析的研究则调查了缓刑相对于监禁的有效性,包括提前释放的罪犯与服满刑期的罪犯和带有电子监视的软禁的罪犯的对比。

评审员意见

由于本篇回顾找到的研究数量较少,并且有时候碍于方法的局限性,从个体性的研究中还无法得出严格的结论,以便我们能够将关于特殊刑罚选择的收益成本的研究作出对比。但是作者们得出了暂时性的结论,这些结论有证据支持。他们还推荐了用更高质量的研究设计和标准化方法论来评估刑事司法干预的成本和收益。

1. 介　绍

在世界各地的司法系统中,审判者经常在没有被提供有关刑罚减少犯罪的有效性的研究证据的情况下就实施判决。作出判决决定时将刑罚选择的成本和收益的信息考虑进去就更不大可能了。该篇回顾旨在探讨与刑罚有关的经济研究的证据,以比较不同的刑罚替代的成本和收益。

直到最近,仍然只有很少的关于刑罚有效性的研究在它们的评估中包含了收益成本分析。然而决策者和资助机构需要越来越多的关于干预措施成本和收益的信息,并且实质上这个研究是在英国司法部(以前是英国内务部)的要求下实施的,在那个时候,他们正在考虑改变刑罚立法的提议(Halliday,2001)。

刑罚研究中的经济信息倾向于以三种不同的方式来呈现,无论是作为替代性刑罚成本的研究、成本效益研究或者收益成本研究。这些方法中的每一个都可以应用,视情况来处理与犯罪有关的具体的研究问题。成本研究简单地比较替代措施的成本,而没有提及哪一个在减少犯罪方面是更有效的,例如在监狱服刑的成本与社区惩罚成本的比较。成本效益分析则更进一步,能告诉我们在实施刑罚中使用的资源的成本,以及资源使用的非货币性收益或无收益。因此,例如成本效益研究在比较社区强化监督与监禁刑罚时,可能得出这样的结论,即与监禁相比强化监督是划算的,因为强化监督的花费更少而同时其效果(如减少再犯)在两种情况中是相当的。换句话说,成本效益的研究追求技术效率,例如,保持非货币的产出不变,计算出哪一种方法是较划算的。通过比较,收益成本分析既包括干预措施的货币成本,也包括对收益的货币价值的评估,这样考虑到收益成本比率的计算,其提供了一种跨越不同种类的干预措施和不同类型的政策结果的比较手段。这种分析方法能够测量诸如在降低再犯方面的有效性,但基于对警察、法院和受害人的花费,可以另外考虑所阻止罪行的严重性。这样的受害者的成本可能包括受害者的痛苦和折磨的货币性的计算。因此,收益成本分析追求配置效率,并允许研究人员能够比较各种项目和成果。Cohen(2008)在刑事司法方面对收益成本和成本效益的研究有深入的讨论。

为了考虑在刑罚方面发展中的政策里为国家和受害者所花的全部费用,目前的系统回顾被委托来回顾收益成本研究作为刑罚的主要信息来源。由于认识到收益成本在数量上可能极少,成本效益研究的结论也将保留来检查这样的研究可能会提供的证据。

人们认识到这样的"以钱衡量价值"的做法可能会在读者心目中引发原则和伦理方面的疑问。但是我们同样可以说,通过尝试获取实施一个特殊的措施或刑罚选择时对社会的总收益和总成本,以及充分考虑犯罪对于受害者的影响,好的收益成本分析比非经济的评估更加全面地考虑到了原则和伦理(Cohen,2000)。收益成本分析以研究证据为基础,可以证明什么能有效改变犯罪行为;但是包含了犯罪的性质和严重程度,及其对受害人和社会的影响,它超越了一个简单的对再判决的数值计数。收益成本分析强调的,不仅是一个特定的刑罚在哪里减少了许多再判决,而且是重新犯罪的严重性是否减弱以及犯罪的类型是否改变。通过纳入受害人和社会的角度,收益成本分析因而给出了一个更完整的对干预措施影响的评估。

然而,在试图为犯罪以及引发的刑事司法的总体财政图景做一个适当的评估时,会存在固有的问题。通过计算从避免犯罪中节省的花费,除去关押的费用和其他相关的刑事司法支出,评估监禁的成本和收益是相当简单的一个事情。然而,关于如何计算与威慑和报偿相关的成本和收益却相对了解得很少,因此这些估计经常被忽略,即使所有三个因素(惩罚、威慑和报偿)都被视为监禁的社会收益(Piehl and DiIulio,1995)。鉴于这些困难,多年来对各种刑罚选择的效力和效率都有相互冲突的观点,这并不奇怪。例如在美国,一些研究者(Marvell,1994)指出由于其高成本监禁是不太可能划算的,而其他研究人员认为监禁是一种有效的策略(Zedlewski,1989)。正如 Sherman,Farrington,Welsh 和 Mackenzie(2002)所强调的,在刑事司法领域严谨科学研究的缺乏又使这个问题更加严重,即试图达到最终有关替代性刑罚的成本和收益的明确结论。在一个对矫正措施的回顾中,Welsh 和 Farrington(2000)发现只有 7项研究(均在美国开展)呈现了货币性的成本和收益的信息。所有 7 项研究都省略了间接的或无形的受害者方面的成本(Cohen,1998),其中的 3 项利用了并不让人满意的一个不太严格的调查方法。这些研究使矫正措施得出一些确切的结论成为可能,主要是收益大于成本,但有几个重要的问题仍然没有答案。例如,社区矫治是否比机构矫治更划算还是相反,或矫治本身是否比惩罚在经济上更加有效率等都没有确切的答案。

Welsh 和 Farrington(2000)的研究结论强调需要继续努力以评估针对罪犯的刑罚和矫正措施,这样政策发展和决策才能尽可能有效。

2. 系统回顾的目标

回顾的主要目标是鉴定和评估与阻止犯罪相关的不同刑罚选择的收益成本。辅助信息来自对成本效益研究的一个附属的检查。

本回顾的一个更深远的目标是为那些在刑事司法领域工作的人提供基于证据的研究信息,并确定未来研究需求。

3. 方 法

3.1 检索策略

所有在 1980 年和 2001 年之间发表的和未发表的,其中包括"灰色"文献,符合回顾资格的作品。1980 年之前的研究不被囊括进来,因为我们认为早些的刑罚框架和惩罚的施行无法与较新的刑罚流程和惩罚相比较。基于互联网搜索和研究人员的经验,我们进行了诸多尝试来鉴定未发表的材料和英语以外的其他语言的出版物。检索在下列数据库和出版物中展开:

1. 刑事司法期刊指数(Criminal Justice Periodicals Index)

2. 刑事司法文摘(Criminal Justice Abstracts)

3. 社会科学引文索引(Social Science Citation Index)(Social SciSearch)

4. 应用社会科学索引和摘要(Applied Social Science Indexes and Abstracts)(ASSIA)

5. 国际公共管理信息服务(Public Administration Information Service International)(PAISI)

6. 心理学文摘(Psychological Abstracts)(PsycINFO)

7. 教育资源信息中心(Educational Resources Information Clearinghouse)(ERIC)

8. 社会、心理、教育和犯罪学试验(SPECTR,目前正由英国科克伦中心和宾夕法尼亚大学开发)

9. HMSO 出版物(特别是"内政部调查研究")

下面的检索项单独或者以适当的组合来使用:刑罚(Sentencing)、犯罪(Crime)、矫正(Corrections)、罚款(Penalty)、惩罚(Punishment)、冒犯(Offending)、监护(Custodial)、刑事的(Penal)、处罚(Sanction)、赔偿(Reparation)、预防(Prevention)、减少(Reduction)、法院(Court)、监狱(Prison)、项目(Program)、处置(Disposal)、缓刑(Probation);转移(Diversion)、社区(Community)、替代(Alternative)、公共安全(Public Safety)、评估(Evaluation)、成本(Cost)、收益(Benefit)、效率(Efficiency)、估计(Estimate)、模型(Model)、有效的(Effective)、经济的(Economic)、分析(Analysis)、元分析(Meta-analysis)。

检索也同样由参考书目组成,为法院判决的收益成本和犯罪干预研究的主要回顾提供参考,包括但不限于:提交美国国会的报告(Sherman et al.,1997),"在减少犯罪中,什么起作用,什么不起作用,什么是有希望的"和"基于证据的预防犯罪"(Sherman et al.,2002)。

两个独立的审查者对从数据库检索中识别的标题和摘要进行了预筛选,其中一位审查者是经济学家,另一位是心理学家。在评定时如有不同,两个审查员会对研究进行讨论,如果没有达成共识,第三方审查者会被邀请来评定此研究。最终选择的任何成稿获得之前对所选文章进行第二轮筛选。没有进行审查者选择的可靠性分析。

3.2 本回顾中所包含文章的选择标准

3.2.1 研究类型

回顾中包含详细说明刑罚收益成本的研究。理想的情况下,收益成本研究有一个实验或准实验设计,在马里兰科学方法量表里得 3 分或以上(Sherman,Farrington,Welsh & Mackenzie,2002),尽管由于缺乏可用的成本和收益的研究,有必要包括不那么严谨的研究(即在那个量表中得 1 分或 2 分)。再次,由于收益成本研究数量少,成本效益研究被保留了,其中的支持性证据已被总结出来。被排除的研究连同它们排除在外的原因一起被列出。主要关注私营与公立机构的比较的研究没有被包括进来,因为它就是本次回顾关注的刑罚选择本身,尽管私营或公立机构与其他刑罚选择,相比较的研究被纳入进来了,如社区惩治。

3.2.2 参与者的类型

无论男女,犯有任何类型或数量的罪行的少年或成人罪犯都包含在本回顾中。

3.2.3 刑罚的类型

本回顾包含的刑罚选择包括预审转移、社区命令、罚款、缓刑、参与药物治疗项目、受害者意识和愤怒管理项目、军事训练营、关押和监禁。这些多种选择意在使罪犯失能、矫治、控制或惩罚罪犯,或威慑他们和其他潜在的罪犯的未来犯罪行为。不同刑罚选择旨在达成这些目标之间的一个结合。没有特定的刑罚选择被排除在外。

3.2.4 成本和收益的类型

本回顾中包含的成本类型包括但不限于:警察和法院的时间,监督的成本,监禁和治疗,私人和社会成本如对罪犯家属的福利支出,间接成本,如受害者遭受的痛苦,以及任何其他相关成本。相关的收益包括阻止或震慑犯罪所节省的财政收益,减少再犯所节省的公共卫生和福利及刑事司法制度方面的支出,以及任何其他额外的收益。犯罪与司法的成本的详细清单可以在 Cohen(2008)的研究中找到。

3.2.5 结果测量的类型

结果的测量是刑罚选择的经济成本和收益,以成本有效性的信息为支撑。

3.2.6 方法论质量评估

以所呈现的经济信息为基础,每项研究都首先做一个方法论质量评估。如果某个刑罚选择的成本和收益并不包含在所选的文章中,那么这篇文章会从主要回顾中剔除出去。如果成本和效益信息可以得到,这项研究就被保留作为主要回顾的支持信息。当经济标准在收益成本研究群组和成本效益研究群组都得以满足时,那么就由所采用的科学方法组成一个评估。两套标准将在下文进行描述。

3.2.7 收益成本研究

对于一个特定的法院判决,如果其货币化的收益超过其货币化的成本,则其在经济上是有效的。经济效率的最简洁的测量是收益成本比,它衡量单一货币单位(1 美元,1 英镑)的投入所得到的收益。本回顾所选择的研究要么报告了这个比例,要么能够计算这个比例。

3.2.8 成本有效性研究

成本有效性研究提供选择的成本信息,以及非货币性方面的结果。在成本有效性研究中最常见的成果的测量是再犯的减少,或者某种特定类型犯罪的预防。在当前的系统性回顾中,这些研究被用来为收益成本研究提供信息支持。

3.2.9 经济信息评估

当下的回顾已力图找出包含全面的收益成本分析的研究,这种分析试图获取实施具体的刑罚选择时对社会的所有收益和成本。

事实上,很少有刑事司法政策的研究超越了简单的成本分析,这种分析试图回答诸如"惩罚、处理或矫正罪犯的成本是什么"这样的问题。这里我们建议:除了刑事司法成本,收益成本研究应该在这些方面来测量刑罚选择的成果,如避免的犯罪、减少的福利性支出、产生的就业机会、增加的所得税收入,以及减少的有形和无形的受害者成本。我们的兴趣是在评估刑罚的经济成本和收益的研究中。

文章入选系统回顾是基于收益成本信息的内容,以这个收益成本信息的完整性来评定,如下:

收益成本效度量表—修订版(Cohen & McDougall,2008)

1."部分"收益成本分析

货币形式的成本+收益,但一些重要的成本或收益缺失,因此在比率的方向上缺乏可信度。

2."有效"成本效益分析

货币形式的成本+收益+一些甚至没有全部的成本或收益信息的指示,现有的数据足以在比率的方向上给出足够的可信。

3."综合"收益成本分析

货币形式的成本+收益+对成本和收益充足的核算,在比率的大小和方向上都提供一定的可信度。

3.2.10 科学方法评估

由于收益成本分析最适用于采用了实验或准实验设计的研究(Weimer and Friedman,1979;Welsh and Farrington,2000),本回顾评估各研究所采用的调查方法。马里兰科学方法量表(Sherman et al.,2002),同样也被 Welsh and Farrington(2000)采用,用于对研究设计进行分类。尺度为得分 1—低,到 5—高,其核心标准如下:

马里兰科学方法量表

1.报告的相关系数表示关系的强度,例如,在给定的一个时间点、一个特定的干预措施及其防止再犯的有效性之间的关系。

2.报告了对照组的存在,但缺乏与目标组的可比性,或者没有对照组存在,只是报告目标组的前测和后测。

3.报告了控制的实验设计,有对照组和控制组存在,例如,一组罪犯被判处监禁,并有一个特定的矫正干预措施,而对照组只是被判处监禁,带有前后测的比较,以及特定变量的实验性控制的比较。

4.报告了如上面第三条的控制的实验设计,但是对威胁到结果的解释的变量有额外的控制。控制无关变量的例子包括但不限于使用统计程序,或个体的匹配。

5.报告了完全随机的实验设计,其中目标组和控制组包括随机分配的个体和合适的测量来测试干预措施的效果。

3.2.11　研究的编码

两个独立的审查员使用一个特别设计的数据提取表单从所选择的文章的复印文本中提取信息,并且评估和编码数据。如果审查者们在文章的评定和提取数据的编码上达成共识,数据就被输入 Microsoft Access 进行编辑和分析。任何审查员之间的分歧通过会议和讨论得到解决。当决议不能达成,一个第三方合资格的独立审查员被要求来进行裁决。最终的报告包括选入本回顾中的研究的细节,以及全部结果的叙述性总结。审查员之间的共识的历史记录没有提供。

3.3　研究说明

从 1980 年到 2001 年期间的文章检索得到了 1608 篇。两个独立的审查员,一个经济学家和另一位心理学家,获得复印件之前先对这些文章进行了预筛选。从原来的 1608 篇文章中选择了 339 篇作最终的审查回顾。紧接着是第二次严格的筛选,又有 110 篇被淘汰,其中相当大一部分为一页或两页的评论,而不是完整的调查研究。所回顾的文章的最终数目为 112。

找到了 9 个收益成本研究,这些研究在美国或者澳大利亚开展。一组研究人员进行了 2 项研究(Pearson,1988;Pearson & Harper,1990)。8 项研究在学术刊物中找到;有一项研究呈现了澳大利亚犯罪学研究所正在进行中的一项大型研究的关键方面。9 个收益成本研究和 11 个用于辅助讨论的成本有效性研究,总结如下。

3.3.1　收益成本研究

以下的研究包含收益成本数据。

提前释放以缓解监狱的人满为患,美国(Austin,1986)。本文研究了以提前释放作为一种机制,来缓解监狱的人满为患。作者比较了被提前释放的犯人样本与服满全部刑期的犯罪样本。通过刑事司法体系处理累犯的成本是这个个案中所检查的成本的主要部分,也包括对受害者的现款支付的损失。预估的收益是监禁所减少的开支。作者总结提前释放的确减少监狱的拥挤,并有超过成本的收益。然而,重大的受害者成本,如罪犯本应该在监狱的这段时期受害者所遭受的疼痛和折磨,并没有包含在收益成本比率里。因此,收益成本比没有考虑全部的经济成本,这就对收益成本比的方向带来了疑问。

对酒驾司机带有电子监控的软禁,美国(Courtright,Berg,& Mutchnick,1997)。本文介绍了在宾夕法尼亚州的一个县里的带有电子监控的一个软禁项目,该项目被发展用来缓解监狱的过度拥挤。这种特殊的中间刑罚要求罪犯参加酒精或药物治疗,并支付电子监控的每日费用(8 美元)和常规监督的每月费用(25 美元)。在这项研究中,被判处这个项目的罪犯样本没有与控制组进行比较。可以注意到 57 名被判处的罪犯中只有 2 个在受刑期间犯有技术性的违规,但是后续再犯的数据并未报告。作者总结到从这个项目带来的大幅节省主要是由于严格的选择标准。该项目是监禁的一种替代,而不是一种更省钱的刑罚,软禁的天数与本应该在监狱里服刑的天数是相同的。然而,应该注意的是,包含在计算收益成本比中的成本和收益是有限的,例如,后续的再犯的费用并不包括在内。因此,收益成本比的方向是有疑问的。

强化的狱中性犯罪者的矫治项目,澳大利亚(Donato & Shanahan,1999)。本文提供了一个大型研究的关键方面的综述,这个研究调查实施对儿童的男性性犯罪者的狱中性犯罪者的矫治项目的经济成本和收益。这项研究是基于澳大利亚犯罪学研究所正在进行的在刑事司法中的收益成本分析的研究。虽然科学方法量表对这项研究的评分很低,但是对于现有研究的回顾,这是一个经典的经济评估。Donato 和 Shanahan 对进行过收益成本分析的项目并没有一个综合的项目评估。相反,他们基本上把不同的研究拼凑在一起,得出对狱中认知行为的性犯罪者的矫治项目的平均成本和收益的一个估计。这个研究中的收益成本分析包括有形和无形的收益,以及社会和健康成本,在类别上是一个全面的收益成本分析。从这项研究中,Donato 和 Shanahan 总结狱中性犯罪者矫治项目是划算的——由于从更少的再犯中所减少的受害者成本的收益超过矫治项目的成本。因为收益既包括有形的和无形的对受害者的花费,也包括与惯犯相关的刑事司法的花费。由于成本似乎得到全面估计,Donato 和 Shanahan 的研究被评定为“全面的”收益成本研究。

对入室盗窃者的刑罚决定,美国(Gray & Olson,1989)。通过计算判决入室盗窃者监禁或缓刑的社会收益和社会成本,这项研究提供了开展一个刑罚选择的收益成本分析的步骤的详细说明。作者使用自我报告的数据和由 Haynes 和 Larsen(1984)于先前发表的研究中的官方拘捕数据来估计入室盗窃者在被判监禁、拘留或缓刑后所犯罪行的数量和类型,并总结出缓刑相对于监禁更划算。然而,罪犯并没有被随机判处缓刑、拘留或监禁,而 Gray 和 Olson 也的确注意到不太严重的罪犯会被判处缓刑。收益被估计为每个刑罚替代减少再犯的货币性价值,然而,除了谋杀案,这些收益排除了对受害者造成的疼痛和痛苦的无形成本。如果犯罪的无形成本都包括在内,收益成本比可能确实会变换符号,监禁的替代品可能被认为是有益的。因此,我们评定这是一个“部分”收益成本研究。

药物治疗(审前转移),美国(Mauser, Van Stelle, & Moberg,1994)。这项研究通过检查将罪犯从刑事司法体系转移到药物滥用治疗上的收益成本,来评估矫治替代项目(TAP)的经济影响。在为期一年的时间内,共有 259 名罪犯被许可送往 TAP 项目。在这些人中,成功从 76 人中收集了 TAP 数据。计算运行这个项目的收益和成本,以评估为治疗而分配的资源是否产出了高于成本的收益。研究结论指出,审前转移到药物治疗上的成本是有效益的,但主要结果的测量是以避免了监狱开支对刑事司法系统的花费节省的形式呈现的。由于 Mauser 等人(1994)发现该项目实际上导致更少的犯罪,所以没有额外的受害者成本进行估计。然而,由于受害者成本没有估计,该项目的收益被低估了。因此,虽然可以得出结论,这个审前的药物治疗转移项目的收益超过其成本,但是该研究低估了收益成本比。所以,我们评价这是一个"有效",但不是"全面"的收益成本研究(但是请注意,该研究本身在科学方法量表上只获得 1 分)。

强化监督项目,美国(Pearson,1988;Pearson & Harper,1990)。本文考察了新泽西州的一个强化监督项目(ISP)的成本和收益。这个中间刑罚纳入了一个短暂的震慑性的监禁期,紧接着是强化监督,包括频繁的面对面接触、宵禁检查和药物测试。该项目排除暴力罪犯,并要求其参与者实现就业(如果适合被雇用的话),并提供至少每个月 16 小时的社区服务。实验组和对照组基于社会人口因素和之前的犯罪记录来进行匹配。他们发现,ISP 的成本低于监狱,并且相对于被判入狱的控制组,产生了水平较低的再犯。因此,即使我们将减少犯罪的无形收益纳入方程式中,其基本结果——强化监督项目的收益超过它的成本——仍然成立(甚至更是如此)。所以,这是一个"有效"(但不"全面")的收益成本研究。除了 Pearson 和 Harper(1990)的收益成本比的有效性之外,这项研究也是较好的研究设计之一。

监禁,美国(Piehl & DiIulio,1995)。该文评估了使犯人丧失能力的成本和收益。它基于一个囚犯自我报告的罪行调查的结果,该调查于 1993 年在美国新泽西州进行,随机调查了 4% 的最近进入州立监狱的男性人口。Piehl 和 DiIulio 研究使罪犯失能的成本和收益,并将额外一年监禁的成本与减少犯罪的价值相比较。他们发现,监狱对大多数罪犯来说其花费是有效益的,毒品罪犯除外,将他们监禁的成本比收益多。然而,他们也指出,使罪犯丧失能力遵循收益递减规律,在犯罪数较少的情况下这是很清楚的,又或者例如毒品罪犯,监狱的成本并不是有效益的。虽然这项研究在科学方法量表中没有得到很高的评定,但它是一个经典的经济评估。Piehl 和 DiIulio 使用已知的监禁成本,从 711000 名成年人的囚犯自我报告调查得来的再犯率的评估,以及使罪犯失能避免犯罪而带来的开支节省(包括有形和无形的受害者成本)。因此,这项研究被评定为"全面"的收益成本分析。

儿童性犯罪者矫治,美国(Prentky & Burgess,1990)。这项研究呈现了针对在一个最大安全寄宿机构中儿童性侵者矫治的一个"有效"的收益成本分析。科学方法量表的评分很低,因为没有控制组,再犯率仅基于释放的矫治过的成员。未矫治的罪犯的数据从1988年Marshall和Barbaree所做的一项研究中得来。该项目评估监禁的成本及相对应的收益,包括所避免的刑事司法花费和有形的受害者成本,因此提供了一个"有效"的收益成本分析。作者的结论是狱中性犯罪者矫治项目成本是有效益的。因为无形的受害者成本不包括在收益中,因而这不是一个"全面"的收益成本研究,因此收益很可能比估计得还要高。

家庭及少年犯矫治项目,美国(Roberts & Camasso,1991)。作者首先给出了一个关于收益成本分析的全面讨论及其对公共服务评估的应用。然后执行了一个详细的收益成本分析来评估两个针对少年犯的矫治项目。在第一个家庭矫治项目的研究中,没有呈现控制组。在第二个青少年荒野项目的研究中,从60个完成矫治和60个被假释的少年那里获取后续的数据。青少年荒野项目组的青少年的再犯比假释组的少得多。运行家庭矫治项目和青少年荒野项目的成本与其收益进行了比较,收益包括避免的刑事司法、受害人及福利性的成本,以及增加的收入。家庭矫治项目和青少年荒野项目都被作者认为是划算的,虽然只有青少年荒野项目在科学方法量表上有一个可接受的评级。两个项目都被评定为提供了一个"有效"的收益成本分析,由于没有包括无形的受害者成本,收益很可能会更高。

3.3.2 成本有效性研究

带有电子监控的软禁,美国(Glaser,& Watts,1992)。本文探究针对非暴力毒品犯的电子监控设备的成本有效性。它将洛杉矶被判缓刑进行带有电子监控的软禁的126名毒品犯的被释放后的记录与200名被判缓刑但是没有电子监控的毒品犯的记录做对比。作者的结论是软禁和电子监控比仅仅缓刑要更加划算。

强化监督,美国(Latessa,1986)。本文回顾了为原本应判处监禁的罪犯提供强化监督的成本有效性。包含在这项研究中的是一个文章的回顾(Fallen et al.,1981),这篇文章将提早释放的低风险的假释犯与没有被提早释放的囚犯做对比,对强化监督进行了评估。作者总结强化监督的成本是有效的,但是他们并没有包括监禁和撤销强化监督后重新假释的成本。

少年犯强化监督,美国(Wiebush,1993)。本文从成本有效性和减少再犯方面考察了青少年强化监督项目(ISP)。作者使用了准实验设计,包含三个对照组:强化监督项目中的未成年犯,青年服务部(DYS)机构中的青少年重刑犯+假释(DYS),缓刑的未成年犯。在后续 18 个月中,对再犯采用了几种不同的测量方法。作者得出的结论是当大规模转移时,ISP 可能是划算的,但数量较少时就不是,这是由于无论数量多少,都要持续花费成本来维持 ISP 构造。

强化监督项目,美国(美国总审计局,1993)。本文概述了一个美国亚利桑那州强化监督项目(ISP)效果评价报告的主要结果,涉及其犯罪控制和其作为节省开支的监禁替代的价值。作者将一个在 ISP 中的罪犯样本与那些被囚禁的和接受缓刑的样本进行比较。结果无法得出强化监督的成本是有效益的结论,也因此无法认为 ISP 项目能在矫治政策中扮演什么角色。

强化监督项目,美国(Turner & Petersilia,1992)。本文呈现了在美国德克萨斯州的强化监督假释项目的成本有效性中的一项随机的控制实验的结果。强化监督与假释作对比。作者的结论是 ISP 不比假释更划算。

少年法庭干预措施,澳大利亚(Coumarelos,1994)。本报告研究了青少年犯罪的持久性和预防青少年再犯的干预措施的成本有效性。该研究分为两部分进行:首先调查是否有可能提前识别那些重新多次出现在法庭的罪犯;其次,确定一个青少年的犯罪生涯中最有成本效益的点来引进设计的策略以减少再犯的可能性。干预措施的有效性是以青少年罪犯减少的再犯来测量的。作者认为早期青少年干预措施是有成本效益的,但是在干预措施发生的法院出庭环节,成本有效性增长减缓。

狱中治疗性社区矫治,美国(Griffith,Hiller,Knight,& Simpson,1999)。本文评估了基于监狱的治疗性社区(TC)的成本有效性,它使用了德克萨斯州凯尔的 291 名治疗的和 103 名未治疗的假释犯为期三年的数据结果。同样可以得到从一般监狱人口中抽取的 103 名匹配的未治疗的对照组缓刑犯的数据。作者计算了每日 TC 成本、设施成本、假释和安置成本。得出的结论是狱中治疗性社区矫治比单纯监禁更具成本效益。

狱中治疗性药物社区,美国(Fabelo,1997)。本文考察了一个狱中治疗性社区(IPTC)项目和德克萨斯州一个由缓刑犯参加的药物滥用重罪转移项目(SAFP)。IPTC 并没有被发现比传统的监禁更具成本效益,而 SAFP 被认为更具成本效益。

矫正性教育项目,美国(Taylor,1992)。本文回顾了与单独监禁相比的专门矫治性教育(PSCE)项目的成本有效性,考察了释放后所犯罪行的成本。可以注意到,各种资金结构都意味着院校可以用极少或者不用直接的花费来支持一个 PSCE。笔者总结,PSCE 项目是有成本效益的。

军事训练营,美国(Burns & Vito,1995)。本文就其再犯的和成本有效性的关键结果评估了阿拉巴马州的军事训练营（ABC）项目。该项目针对初犯的未成年犯，将他们置入一个为期90天的严酷的军事风格的训诫体制里。军事训练营相对于监禁更具成本效益，因为军事训练营的实施成本更低，尽管在两个群体中后续的再犯并没有差别。

毒品矫治（审前转移）美国（Van Stelle，Mauser，& Moberg，1994）。本文描述了针对重复性毒品罪犯从监狱转移的基于社区的矫治替代项目（TAP）。作者的结论是向TAP的转向比监禁更划算。这个评价也在一个独立的先前描述过的收益成本报告（Mauser et al.，1994）中提到过。

3.4 方法论的质量

3.4.1 收益成本研究

总体而言，在研究中所用设计的科学质量欠佳。只有三项研究（Austin，1986；Pearson & Harper，1990；Roberts & Camasso，1991）带有前测和后测的控制组，其中Pearson和Harper（1990）及Roberts和Camasso（1991）的研究有"有效"的收益成本比。有六个研究被评定为"有效"或"全面"的收益成本比（收益成本效度评定量表修订版中为2级或3级），但是较差的研究设计会让可信度减弱。

收益成本研究中报告的收益和成本的范围变化很大。成本的范围包括假释监督、性别和药物治疗、财产损失、损失的经济收入和社会成本，而收益包括避免的监狱成本、刑事司法成本、恢复和节省的监禁费用。所有9个研究报告了刑罚选择的有形收益和成本。仅有两项研究（Donato and Shanahan，1999；Piehl and DiIulio，1995）试图在痛苦和折磨的无形成本上置入货币价值。

收益成本比有众多不同的来源。例如，9篇文章中有2篇（Mauser et al.，1994；Piehl & DiIulio，1995），其比例只是如文章中所述那样来报告。有4篇文章（Austin，1986；Gray & Olson，1989；Pearson & Harper，1990；Prentky & Burgess，1990）的收益成本比率如Welsh和Farrington（2000）的研究所述的那样来报告。剩下的3篇文章（Courtwright et al.，1997；Donato & Shanahan，1999；Roberts & Camasso，1991）的收益成本比率由Swaray（合著者）计算，基于研究者提供的总体或平均测量用收益除以成本。关于他们估计值的方差的比较数据是缺乏的，虽然对于这些差异是"大"还是"小"不能得出任何结论，但是我们注意到，9个研究中呈现的收益成本率相差很大（范围从0.16到4.02），这表明在刑罚选择上每花1美元就能省下0.16至4.02美元。

3.4.2 成本有效性研究

很多成本有效性研究的科学严谨性和使用的方法也都比较差。只有 1 个研究进行了随机对照试验(RCT),5 个是对照试验,1 个是准实验设计,1 个是队列研究,3 个是文献综述。对于这个部分的很多研究来说比较普遍的是缺乏对适当的结果衡量的强调,包括犯罪或再犯的减少这些结果的衡量是大部分干预措施的最终目标。在诸如项目的完成及其效果等刑罚干预的结果之间常常会有混乱,这使得我们很难评估刑罚干预措施对犯罪和再犯水平的全部影响。

所产生的费用往往是刑罚的直接成本的形式,包括但不限于监控设备、监督、监护、法院的成本,以及执行一个特定的刑罚替代所节省的花费。

所有 11 个研究中的 8 个中声称目标刑罚选择比另外的刑罚选择更具有成本有效性,有 2 项研究是不确定的,而在最后 1 项研究中(还是最严格的设计——RCT)目标刑罚被发现并不划算。虽然在这次回顾中大部分研究都由作者总结为有比较高的成本效益,但其结果仍应谨慎解释。所有刑罚选择类别都包含少数研究,它们在不同的样本组和不同的严格程度下比较了稍有不同的刑罚选择(例如集中监督和假释,以及集中监督和监禁)。因此对不同的刑罚选择的整体成本有效性只能得出有限的结论。

4. 结　果

以下结果是根据其作者关于刑罚的收益成本的结论作出的,但是在阅读时应考虑前面所描述过的方法论缺点。

4.1　收益成本研究

系统回顾中包含"全面的"或"有效的"收益成本分析的研究为:

4.1.1　"全面的"的收益成本分析

狱中性罪犯矫治项目。Donato 和 Shanahan(1999)的结论是,单与监禁相比,狱中性罪犯矫治项目的成本更加有效。在一个累犯只袭击了一个受害者后被抓获并且又被判刑的假设下,估计该项目的收益成本比的范围在 0.60∶1 至 3.98∶1 之间,取决于项目的成本水平。作者的结论是,性罪犯项目很可能具有比成本更高的收益。当然,这是作者的判断,即使他们估计的收益成本比在某些情况下可能小于 1。

"高风险累犯的监禁"项目由 Piehl 和 DiIulio(1995)创立,以计算额外一年徒刑的影响的方式来评估时,其成本是有效益的,但徒刑长度增加时收益会递减。对于一年内犯有 12 项罪行的罪犯,收益成本比是 2.80∶1,而当将毒品犯包含在内时,这个比率下降到 0.36∶1。他们的结论是,对社群的人身安全构成真正危害的暴力囚犯来讲,监狱是有效的,但监狱并不适用于所有囚犯,尤其是对已经定罪的毒品犯来讲,监狱并不划算。

4.1.2 "有效的"收益成本分析

狱中性罪犯矫治项目(Prentky & Burgess,1990)。该项目与单监禁相比成本效益更高,作者估计的收益成本比为 1.16∶1。

针对监禁的药物矫治预审转移(Mauser et al.,1994)。与监禁相比该项目具有更高的成本效益。作者估计的收益成本比的范围从 1.80∶1 到 3.82∶1,取决于监禁成本的假设如何。

震慑性监禁后的强化监督(Pearson,1988;Pearson & Harper,1990)。与监禁相比成本效益更高,作者估计的收益成本比为 1.48∶1。

青少年荒野训练和家庭矫治项目(Roberts & Camasso,1991)。根据减少的再犯,与判处罪犯假释相比,具有更高成本效益。作者估计的收益成本比分别为 125∶1 和 270∶1。

然而,从这些结果中得出结论时应持谨慎态度,因为尽管这些研究的收益成本分析被评定为"全面的"或"有效的",但是以科学方法量表来看,它们的研究设计质量是有差异的。

九个研究中有三个被评为"不完全"收益成本研究,因为一些成本或收益信息的缺乏,收益成本比的方向并不可信。所有这三个研究记录实验干预措施均为成本效益好的,但在收益成本比的方向上应谨慎。

缓刑与监狱的有效性(Gray & Olson,1989)。作者的结论是,缓刑比监狱更有效,缓刑的收益成本比为 1.70∶1,监狱为 0.24∶1,拘禁为 0.17∶1。

提前释放的囚犯与服满刑期的囚犯(Austin,1986)。作者认为提前出狱具有更高的成本效益,估计的收益成本比为 2.82∶1。

带电子监控的软禁与监狱(Courtright et al.,1997)。带电子监控的软禁与监狱相比有更高的成本效益,收益成本比为 4.02∶1。

4.2 成本有效性研究

鉴别了 11 个成本有效性研究,都有成本信息,但没有货币化的收益信息。

被其作者发现为成本效益好的研究如下:

- 与监禁相比的从监狱转移的药物矫治(Van Stelle,1994)
- 与单单监禁相比,狱中专上程度的矫治性教育项目(PSCE)(Taylor,1992)
- 从监禁转移到基于社区的药物滥用重罪惩罚项目(SAFP)(Fabelo,1997)
- 与传统的监禁相比,狱中治疗性社区+住宅的和监督的病后护理(Griffiths et al.,1999)
- 与监禁相比的传统的军事训练营(Burns & Vito,1995)
- 与没有电子监控的缓刑相比,针对非暴力毒品犯的软禁和电子监控(Glaser & Watts,1992)
- 避免未成年犯再犯的早期青少年干预措施(Coumarelos,1994)

由于研究涉及质量的参差不齐,在接受这些结论时应谨慎。

4项研究对强化监督的成本有效性报告了矛盾的结果。其中1项研究(Latessa,1986)表明强化监督比监禁更有效;1项研究表示与机构安置或传统缓刑相比,强化监督的成本有效性是无法确定的(Wiebush,1993);另1项研究在比较强化监督和在监禁中或缓刑中的罪犯时,报告了矛盾的结果(美国总审计局,1993);最后1项研究发现强化的假释监督并不比传统的假释更有效(Turner et al.,1992)。

5.讨 论

正如本篇系统回顾所表明的那样,1980年到2001年之间,只有少数的关于刑罚的收益成本研究被发表了。在确定的9个研究中,只有6个被评为"全面的"或"有效的"收益成本分析,而这6项中仅有2个研究在马里兰科学方法量表中的评分为3或以上。另外的3个研究被评为"部分的"收益成本研究,因此从它们当中无法得出严格的收益成本方面的结论。有11个成本有效性研究被当作支持性的证据,它们的成本是货币化的,但收益部分则没有。

或许最坚实的结论来自狱中性罪犯矫治项目的研究。收益成本研究中有两个都被确定为评估了的狱中性罪犯项目,并且他们都被发现具有较高的成本收益。其中一项研究(Donato & Shanahan,1999)并不是它本身的一个项目评估,而是基于众多项目有效性研究来估计成本和收益。虽然这项特殊的研究因此在马里兰科学方法量表中得分较低(Sherman et al.,2002),但其作为一项收益成本研究具有相当大的价值,尤其是当它佐以Sherman等人(2002)发现这些项目都普遍有作用的事实时。这两项研究(Donato & Shanahan,1999;Prentky & Burgess,1990)都发现性罪犯矫治项目的收益超出了它们的成本,对这一发现提供了一定的可信度。

在药物矫治转移、强化监督、高风险罪犯的监禁和青少年荒野训练项目中也发现了"全面的"或"有效的"收益成本研究。这些研究中有两个的结果与其他研究相反。Pearson 和 Harper(1990)发现,强化监督项目(ISP)在减少再犯上比对照组更有效,花费的成本也更有效益。这一发现是有趣的,因为同样有一个有效的收益成本比,该研究的研究设计还在科学量表上确保了 3 级的评定,还拥有在社会人口学细节、先前犯罪和当前犯罪方面都相匹配的对照组。然而,其结果在强化监督项目的有效性上与其他的发现是相反的(Sherman et al.,2002),并且在本篇回顾中,几乎无法在成本有效性方面被评估的 ISP 中得到支持,因为 4 个 ISP 的成本有效性研究中只有 1 个(Latessa,1986)得出的结论是 ISP 是划算的。而 Pearson 和 Harper(1990)的项目将惩罚和强化监督结合起来,这还一直没有得到广泛的研究(Sherman et al.,1997)。这表明,这个结合的干预措施可能是未来值得更进一步研究的。

同样的,Roberts & Camasso(1991)发现当与一组被假释的罪犯的对照组进行对比时,"青少年荒野训练"更具成本效益性。这一发现再次与 Sherman 等人(2002)呈现的其他研究证据相反,他们表示,没有证据证明如"青少年荒野训练"所描述的这种类型的项目在减少再犯方面更有效。但是 Roberts 和 Camasso(1991)的研究设计得很好(科学方法量表中评为 3),并被判定为"有效的"收益成本分析。无论如何,对于一个与绝大部分研究证据均相反的研究,在接受其结果时应采取谨慎的态度。

同样的,军事训练营的成本有效性研究(Burns & Vito,1995)似乎与以往的研究证据相反,以往的证据发现与监禁相比军事训练营的成本更加有效益。然而 Burns 和 Vito 的确给 Sherman 等人(2002)关于军事训练营的结论提供了支持,他们认为,在减少累犯方面,监禁和军事训练营之间并无差异,但是军事训练营的成本低于监禁。同样,我们建议在接受此研究结果时持谨慎态度。

而对于监禁,Piehl 和 DiIulio(1995)的结论是,监狱对于大多数重犯都是有效的,这些重犯包括暴力犯或累犯,或者对他们的社区的人身或财产安全确实有威胁的人。然而 Piehl 和 DiIulio 也总结到,25%的样本组的监禁成本高于监禁的社会效益,尤其是以 1 年 3 次频率犯罪的汽车盗贼,1 年 6 次的入室盗窃者和 1 年 24 次的小偷。这也特别适用于毒品犯。Piehl 和 DiIulio 指出如果研究的监狱样本被判处非监禁刑罚,将能够省 25%的成本。第 2 项研究(Gray & Olson,1989)比较了针对入室盗窃者的监禁与缓刑,发现最大的成本效益来自缓刑。然而对于后面的这项研究应有所保留,因为其收益成本分析是不完整的,即它排除了监禁期间因罪行减少所得的收益,并且缓刑组是由不太严重的罪犯组成的。

同样的忽略性问题适用于 Austin(1986)的关于从监狱提前释放的研究。虽然 Austin(1986)声称提前释放项目是成本效益好的,但是并不是所有的因提前释放导致的罪行的成本被囊括在了收益成本分析中,因此会对结论引发一些疑问。特别是,当 Austin(1986)包含与再处理累犯及对犯罪受害者的现款支付相关的刑事司法成本时,他没有考虑对受害者的无形损失。对 Austin 研究的一项再分析(Cohen,1988)指出,一宗强奸的成本在他的研究中被假定只有大约 350 美元,而 Cohen(1988)在包含了无形的受害者成本后,估计一宗强奸的真实成本为 51000 美元。使用这些数字,Cohen(1988)得出了相反的结论,即伊利诺伊州受益于将这些囚犯继续关押,并建造更多的监狱,而不是承担额外的与累犯犯下的罪行相关的成本。虽然政府可能节省了纳税人的钱,但是犯罪受害者所承受的负担远不是这些节省的钱所能抵消的。

但是 Piehl 和 DiIulio(1995)及 Gray 和 Olson(1989)的研究都声称由于监禁罪犯而产生的社会效益取决于罪犯所犯的罪的类型以及(Piehl & DiIulio,1995)他们的罪行对社会的成本。这些研究指出了针对不同类型罪犯的监禁成本和收益的进一步研究的价值。

有证据表明(Mauser et al.,1994),毒品滥用者向矫治项目(矫治替代项目——TAP)的预审转移是具有成本效益的,这项研究有"有效的"的收益成本分析,尽管其科学方法量表评分很低。作者报告了矫治后犯罪活动的减少,从而节省了刑事司法系统的开支。这些节省主要是由于被矫治的罪犯在监狱中待了更少的天数,犯了更少的罪。

预审转移研究(Mauser et al.,1994)的结论由 Van Stelle, Mauser 和 Moberg(1994)所做的一个成本有效性研究提供了补充,他们考察了 TAP 项目的再犯率。作者的结论是向 TAP 的转移比监禁更具成本有效性,但是仍然有设计上的问题,因为对照组是由项目未完成者组成的,这些人与项目完成者有着本质上的不同。

尽管 Courtright 等(1997)宣称带有电子监控的软禁具有成本有效性,但是评审者们并不确定当电子监控期间进一步的罪行的全部成本被包含时,收益成本比不会发生变化。另外,其科学方法量表评分较低。从一个成本有效性研究(Glaser & Watts,1992)那里可以得到支持,它的结论是,对缓刑犯的软禁和电子监控的成本比仅仅缓刑更加有效,尽管它也在科学方法量表上得分较低。许多关于电子监控的有效性研究并不支持以下观点,即电子监控对再犯有影响;Dodgson,Goodwin 和 Howard

（2001）发现电子监控对再犯是"中立的"，而 Bonta，Wallace-Capretta 和 Rooney（2000）认为电子监控对再犯没有影响。因此，从软禁和电子监控的研究中得出的结论也应被谨慎对待。

其余的成本有效性研究是关于不同的刑罚选择。两个研究（Griffith et al，1999；Fabelo，1997）考察了狱中治疗性社区矫治项目，产生了矛盾的结果，其中一个宣称该项目具有成本有效性而另一个则不是。专上程度矫治教育（PSCE）（Taylor，1992），及未成年人法院干预措施（Coumarelos，1994）被其作者们发现是具有成本效益的干预措施。这两者都是带有成本分析的回顾性文章；Coumarelos 使用数学模型分析了犯罪的模式。在文献中几乎没有类似 PSCE 的研究以及未成年人法庭干预的时间，以支持这些研究结果，因此，这些研究主题值得后续跟进。

总的来说，首先应该强调的是通过了一个收益成本测试并不意味着这个研究被设计的很好。无论是收益成本还是成本有效性研究，很少在科学方法量表中达到可接受的水平，只有一个研究是一项随机对照试验。因此，从这项工作中学习到的重要一点是仅依靠一个或两个收益成本研究就得出任何政策推论都是不足的，因为其研究设计是很薄弱的。相反，在所得到的收益成本信息能够被确信之前，我们必须在其他设计完好的研究中寻找有效性的支持证据。另外还需要指出的是，本次回顾中所包含的一些研究使用了从现存的数据库和先前的有效性研究中提取信息的古典经济学的方法，这些方法在刑事司法领域发展合适的收益成本方法论时需要被进一步探索。正如本次回顾中的研究所展示的那样，当足够的信息都可得时，反过来将成本和收益计算应用到设计良好的有效性研究中也应该是可能的。

6. 回顾者总结

6.1　对实践的启示

政府政策发展的研究证据的价值在国际上越来越被认可，在英国，研究对刑罚改革提案已有影响是显而易见的（Halliday，2001）。事实上，当前对刑罚的成本和收益的系统回顾都是在提醒英国刑罚政策的发展目的下被委任的，并且展示了对正在发展中的政策的成本和收益的不断增长的兴趣。

英国刑罚改革的主动性的最初指导原则很清楚是基于关于减少再犯有效性的较早研究证据上的，它介绍了在惩罚性环境下的一个复原和改造的结合（Halliday，

2001）。这个方法极大地基于研究证据（Goldblatt，Nuttall & Lewis，1998；Sherman et al.，1997），并考虑教育性和复原性的干预措施的潜在影响，以及认识到单靠惩罚性选择已被发现在减少再犯中是无效的。

从本篇关于刑罚的成本和收益的回顾中的少量研究得来的证据表明将改造与结构结合可能是具有成本效益的，例如将性罪犯矫治项目合并到监禁刑罚中去（Donato & Shanahan，1999；Prentky & Burgess，1990）。这些被认为是具有成本效益的，监禁的替代也是同样的，例如向药物矫治的预审转移（Mauser et al.，1994）。系统回顾中的两个研究（Gray & Olson，1989；Piehl & DiIulio，1995）可能会引发为特定的罪行，如入室盗窃使用监禁的公共讨论。这些研究给出了经济上的评估，但可能并不总是很好地适合一些政治视角或观点。然而，显而易见的是，应慎重考虑政策发展，以决定在什么时候停止（或开始）监禁其成本是更加有效益的，以及非监禁替代在经济角度上是合适的。迄今为止在这上面还没有具体的研究指导，也没有证据显示对哪种罪犯类型判处监禁有或没有成本效益的。这是适合未来进一步研究的问题。

6.2 对研究的启示

在现有的系统回顾中已经显而易见的是，没有计算成本和收益的标准方法来更加"全面"或"有效"地计算收益成本比，以便可以用来直接比较不同的刑罚选择（如监禁和社区惩罚）。与 Welsh 和 Farrington（2000）的发现一致，未来的研究应该着眼于发展一种标准的方法论来计算刑事司法项目的相对收益成本。这或将允许不同刑罚选择的收益成本能够作出直接的比较。

未来的发展方向要求任何被用来作为收益成本分析基础的干预措施首先需要有一个严格的研究设计，最好是随机对照组试验，并且应该有足够的成本和收益信息来进行一个"全面的"收益成本分析，在收益成本比的大小和方向上都达到足够的可信度。如果合适的话，在本篇系统回顾的范围之外的一个替代方法是回顾刑罚有效性的研究并且执行元分析。如果关于研究设计和结果数据有足够的详情，那么计算成本和收益也就可能了。

因为只有这么少的关于刑罚的收益成本和成本有效性的研究，那么对未来的研究就有一个清晰的方向。本篇回顾中关于刑罚的成本和收益的更新和修正是很紧迫的，因为康拜尔的主动性，近几年人们认识到对高质量研究的需求，并且可以预见到更多最近的关于刑罚的研究将被这个影响到。此外，实施新的刑罚政策的策略应包含有计划的评估，满足高质量研究标准的设计，能够作为"全面的"收益成本分析的基础。同时，正如 Welsh 和 Farrington（2000）所强调的那样，我们需要刑罚研究的收益成本分析的日常应用,以及收益成本分析技术的发展及标准化。只有这样,我们关于刑罚的知识储备才能提升,才能使我们知道要做什么工作,和谁一起,花费了什么,而又得到了什么。

7. 参考文献

Austin,J.(1986).Using early release to relieve prison crowding:A dilemma in public policy.*Crime and Delinquency*,32,404-502.

Bagley,C.,& Pritchard,C.(1998). The billion dollar costs of troubled youth: Prospects for cost-effective prevention and treatment.*International Journal of Adolescence and Youth*,7(3),211-225.

Barloon,J.L.(1996).An economic analysis of group crime and the Federal Sentencing Guidelines.*The Georgetown Law Journal*,84(6),2261-2286.

Beres,L.S.,& Griffith,T.D.(1998).Do Three Strikes Laws make sense? Habitual offender statutes and criminal incapacitation.*The Georgetown Law Journal*,87(1),103-138.

Berkowitz,G.,Brindis,C.,Clayson,Z.,& Peterson,S.(1996).Options for recovery: Promoting success among women mandated to treatment.*Journal of Psychoactive Drugs*,28(1),31-38.

Bonta,J.,Wallace-Capretta,S.,& Rooney,J.(2000).Can electronic monitoring make a difference? An evaluation of three Canadian programs.*Crime and Delinquency*,46(1),61-75.

Brantingham,P.,& Easton,S.T.(1996).The Crime Bill:How much and who pays? *Fraser Forum Critical Issues Bulletin*(*February*).Vancouver,BC:The Fraser Institute.

Brookes,D.R.(2000).Evaluating restorative justice programs.*United Nations Crime Congress:Ancillary Meeting Vienna*,Austria.

Buddress,L.A.N.(1997).Federal Probation and pre-trial services:A cost-effective and successful community corrections system.*Federal Probation*,61(1),5-12.

Burnovski,M.,& Safra,Z.(1994).Deterrence effects of sequential punishment policies:Should repeat offenders be more severely punished? *International Review of Law and Economics*,14,341-350.

Burns, J.C., & Vito, G.F. (1995). An impact analysis of the Alabama Boot Camp Program. *Federal Probation*, 59(1).

Byrne, J.M. (1990). The future of intensive probation supervision and the new intermediate sanctions. *Crime and Delinquency*, 36(1), 6-41.

Camp, D.A., & Sandhu, S.H. (1995). Evaluation of female offender regimented treatment programs. *Journal of Oklahoma Criminal Justice Research Consortium*, 2, 50-57.

Caulkins, J.P. (1997). Sense and sensitivity analysis: Landmark study models the cost-effectiveness of mandatory minimum drug sentences. *Operations Research/ Management Science Today*, 24(6), 24-28.

Caulkins, J. P., Rydell, C. P., Schwabe, W. L., & Chiesa, J. (1997). Mandatory minimum drug sentences: Throwing away the key or taxpayers money? *RAND Corporation* (*LC*97-8234).

Chappell, D. (1988). International developments in Corrections: Australia in bicentennial year. *Prison Journal*, 68(1), 34-40.

Chu, C.Y., Sheng-Chen, H., & Ting, Y.H. (2000). Punishing repeat offenders more severely. *International Review of Law and Economics*, 20, 127-140.

Cohen, M.A. (1988). Pain, suffering, and jury awards: A study of the cost of crime to victims. *Law and Society Review*, 22, 537-555.

Cohen, M.A. (1998). The monetary value of saving a high-risk youth. *Journal of Quantitative Criminology*, 14(1), 5-33.

Cohen, M.A. (2000). To treat or not to treat? Costs and benefits of offender treatment programs. In Clive R. Hollin (Ed) *Handbook of Offender Assessment and Treatment*. Chichester, England: John Wiley & Sons.

Cohen, M.A., Rust, R., Steen, S., & Tidd, S. (2004). Willingness-to-pay for crime control programs. *Criminology*, 42(1), 86-106.

Cohen, M.A. (2008). Valuing crime control benefits using stated preference approaches *Vanderbilt University Working Paper*, Nashville, Tennessee: Vanderbilt University.

Cohen, S.A. (1981). An introduction to the theory, justifications and modern manifestations of criminal punishment. *McGill Law Journal*, 27(1), 73-91.

Coumarelos, C. (1994). *Juvenile offending: Predicting persistence and determining the cost-effectiveness of interventions*. Sydney: NSW Bureau of Crime Statistics and Research.

Courtright, K., Berg, B. L., & Mutchnick, R. J. (1997). The cost-effectiveness of using house arrest with electronic monitoring for drunk drivers. *Federal Probation*, 61, 445-446.

Crisp, D., & Moxon, D. (1994). Case screening by the Crown Prosecution Service: How and why cases are terminated. *Home Office Research Study No.* 137. London: Home Office.

Crisp, D., Whittaker, C., & Harris, J. (1995). Public Interest Case Assessment (PICA) schemes. *Home Office Research Study No.* 138. London: Home Office.

Culbertson, R. G. (1986). The escalating costs of justice: An economic analysis of Correctional Services in three midwestern states. *Journal of Offender Counselling, Services & Rehabilitation*, 10.

Cullen, F. T., Wright, J. P., Brown, S., Moon, M. M., Blankeship, M. B., & Applegate, B. K. (1998). Public support for early intervention programs: Implications for progressive policy agenda. *Crime and Delinquency*, 44(2), 187-204.

Daniel, K., & Lott, J. R. (1995). Should criminal penalties include third-party avoidance costs? *Journal of Legal Studies*, XXIV, 523-534.

Dau-Schmidt, K. G. (1983). Sentencing anti-trust offenders: Reconciling economic theory with legal theory. *William Mitchell Law Review*, 9(1), 75-100.

Davis, M. L. (1988). Time and punishment: An inter-temporal model of crime. *Journal of Political Economy*, 96(2), 383-390.

Dodgson, K., Goodwin, P., & Howard, P. E. A., (2001). Electronic monitoring of released prisoners: An evaluation of the Home Detention Curfew Scheme. *Home Office Research Study* 222. London: Home Office.

Donato, R., & Shanahan, M. (1999) The economics of implementing intensive inprison sex offender treatment programs. *Trends and Issues in Crime and Criminal Justice*, 134. Canberra: Australian Institute of Criminology.

Donohue, J. J., & Siegelman P. (1998). Allocating resources among prisons and social programs in the battle against crime. *Journal of Legal Studies*, XXVII.

Elder, H. W. (1989). Trials and settlements in the criminal courts: An empirical analysis of dispositions and sentencing. *Journal of Legal Studies*, XVIII.

Fabelo, T., & Meier, V. (1999). Optimal parole decisions. *International Review of Law and Economics*, 19(2), 159-166.

Fabelo T.(1997).*Implementation and cost-effectiveness of the Correctional Substance A-buse Treatment Initiative.*The State of Texas,USA:Criminal Justice Policy Council.

Fields,L.L. (1994). Pre-trial diversion: A solution to California's drunk-driving. *Problem Federal Probation*,58(4),120−130.

Finckenauer,J.O.(1988).Corrections in the Soviet Union.*The Prison Journal*,68(1).

Fors,S.W.,& Rojek,D.G.(1999).The effect of victim impact panels on DUI/DWI re-arrest rates:A twelve month follow-up.*Journal of Studies on Alcohol*,60(4),544−550.

Friedman,D.(1999).Why not hang them all:The virtues of inefficient punishment. *Journal of Political Economy*,107(6),259−269.

Friedman,D.,& Sjostrom,W.(1993).Hanged for a sheep-The economics of marginal deterrence.The*Journal of Legal Studies*.22(2),345−366.

Gerstein,D.R.,Johnson,R.A.,Harwood,H.J.,Fountain,D.,Suter,N.,& Malloy,K. (1994).*Evaluating recovery services:The California drug and alcohol treatment assessment (CALDATA)*.Sacramento,CA:Department of Alcohol and Drug Programs.

Glaser,D.,& Watts,R.(1992).Electronic monitoring of drug offenders on probation. *Judicature*,7(3).

Goldblatt,P.,Nuttall,C.P.,& Lewis,C.(1998).*Reducing offending:As assessment of research evidence on ways of dealing with offending behaviour.*London:Home Office.

Gray,T.,Haynes,P.,Larsen,C.,& Olson,K.(1991).Using cost-benefit analysis to e-valuate correctional sentences.*Evaluation Review*,15(4),471−481.

Gray,T.,& Olson,K.W.(1989).A cost benefit analysis of the sentencing decision for burglars.*Social Science Quarterly*,70,708−722.

Greenwood,P.W.,Model,K.E.,Hydell,C.P.,& Chinesa,J. (1998). Diverting children from a life of crime:Measuring costs and benefits.Report sponsored by*RAND.Research Brief.*

Griffiths,J.D.,Hiller,M.L.,Knight,K.,& Simpson,D.D.(1999)A cost effective anal-ysis in in-prison therapeutic community treatment and risk classification. *The Prison Journal*,79(3),352−368.

Halliday,J(2001).Making punishment work:Report of a review of the sentencing framework for England and Wales.*UK:Home Office.*

Haynes,P.,& Larsen,C.L.(1984).Financial consequences of incarceration and alternatives:Burglary.*Crime and Delinquency*,30,529-50.

Heard,C.A.(1990).The preliminary development of the Probation Mentor Home Program:A community-based model.*Federal Probation*,54,51-56.

Hermann, D. H. J., & Wilcox, M. A. (1982). An economic analysis of incest: prohibition,behaviour,and punishment.*Saint Louis University Law Journal*,25,735-778.

Irwin,J.,Austin,J.,& Baird,C.(1998).Fanning the flames of fear.*Crime and Delinquency*,44(1),32-48.

Kim,I.,Benson,B.L.,Rasmussen,D.W.,& Zuehlke,T.W.(1993).An economic analysis of recidivism among drug offenders.*Southern Economic Journal*,60,169-183.

King,J.(1995).New study documents sentencing waste:Unfair crack sentences cost taxpayers $3.5 billion.National Association of Criminal Defense Lawyers News Release.

Klaus,P.A.(1994).The costs of crime to victims.*Crime Data Brief*.Bureau of Justice Statistics.

Knapp,M.,Robertson,E.,& McIvor,G.(1992).The comparative costs of community service and custody in Scotland.The*Howard Journal*,31(1),8-30.

Kopel,D.B.(1994).Policy analysis prison blues:How America's foolish sentencing policies endanger.*Public Safety Policy Analysis* No.208.

Latessa, E. J. (1986). The cost effectiveness of intensive supervision. *Federal Probation*,50(2),70-74.

Latessa, E. J., & Allen, H. E. (1982). Halfway houses and parole: A national assessment.*Journal of Criminal Justice*,10(2),153-163.

Levitt,S.D.(1996).The effect of prison population size on crime rates:Evidence from prison overcrowding litigation.The*Quarterly Journal of Economics*,111(2),319-351.

Lindesmith Centre Drug Policy Foundation (1999). *Mandatory sentencing laws and drug ffenders in New York State.*

Lloyd,C.,Mair,G.,& Hough,M.(1994).Explaining reconviction rates:A critical analysis.*Home Office Research Study No.*136.London:Home Office.

Loewen,L.J.,Steel,G.D.,& Suedfield,P.(1993).Perceived safety from crime in the urban environment.*Journal of Environmental Psychology*,13,232-331.

Lovell,D.,& Jemelka,R.(1996).When inmates misbehave:The costs of discipline. *The Prison Journal*,76(2),165-179.

MacKenzie, D. L. (1997). Criminal justice and crime prevention. In L. W. Sherman, D. C. Gottfredson, D. L. MacKenzie, J. E. Eck, P. Reuter & S. D. Bushway. Preventing Crime: What Works, What Doesn't, What's Promising. *A Report to the United States Congress*. University of Maryland, Department of Criminology and Criminal Justice.

Mainprize, S. (1992). Electronic monitoring in corrections: Assessing costeffectiveness and the potential for widening the net of social control. *Canadian Journal of Criminology*, 34 (.2), 161-180.

Mair, G., Lloyd, C., Nee, C., & Sibbitt, R. (1994). Intensive probation in England and Wales: An evaluation. *Home Office Research Study No. 133*. London: Home Office.

Mandel, M. J., Ellis, J. E., De-George, G., & Alexander, K. L. (1993). The economics of crime: The toll is frightening. Can anything be done? *Business Week*, 13, 42-49.

Marvell, T. B. (1994). "Is further prison expansion worth the costs?" *Federal Probation*, 58(4), 59-62.

Mauser, E., Van Stelle, K. R., & Moberg, D. P. (1994). The economic impact of diverting substance-abusing offenders into treatment. *Crime and Delinquency*, 40, 568-588.

McDougall, C., Cohen, M. A., Swaray, R., & Perry, A. E. (2003) The costs and benefits of sentencing: A systematic review. *The Annals of the American Academy of Political and Social Science*, 587, 160-177.

McDougall, C., Cohen, M., Swaray, R., & Perry A. (2006). Policy choices for a safer society: costs and benefits of sentencing. In B. C. Welsh & D. P. Farrington (Eds.), *Preventing Crime: What works for children, offenders, victims and places*. Dordrecht, The Netherlands: Springer.

McDougall, C., Swaray, R. & Perry, A. E. (2002) The cost and benefits of sentencing: A systematic review. University of York. *Unpublished report for the Home Office*.

McGahey, R. (1984). Crime, criminal justice and economics: Phillips and Votey, Schmidt and Witte. *American Bar Foundation Research Journal*, 4, 84, 869-887.

McGinnis, K. (1998). Impact of get-tough policies on community corrections. *Corrections Management Quarterly*, 2(3), 70-78.

Meade, J., & Waldfogel, J. (1998). Do sentencing guidelines raise the cost of punishment? *National Bureau of Economic Research Working Paper* 6361.

Menzies, K., & Vass, A. A. (1989). The impact of historical, legal and administrative differences on a sanction: Community Service Orders in England and Ontario. The *Howard Journal*, 2(3), 204-217.

Mui, H. W., & Ali, M. M. (1997). Economic analysis of crime and punishment: An Asian case. *Applied Economic Letters*, 4, 261-265.

Myers, M. A. (1991). Economic conditions and punishment in post-bellum Georgia. *Journal of Quantitative Criminology*, 17(2), 9-121.

Myers, S. L. (1985). Statistical tests of discrimination in punishment. *Journal of Quantitative Criminology*, 1(2), 91-218.

Nelson, C. W. (1975). Cost benefit analysis and alternatives to incarceration. *Federal Probation*.

New York State Defenders Association, Inc. (1982). The cost of the death penalty in California. *Death Penalty Focus of California*, Albany, NY, p.27.

Newton, A. (1979). Sentencing to community service and restitution. *Criminal Justice Abstracts*.

Nieto, M. (1996). *Community correction punishments: An alternative to incarceration for non-violent offenders*. California: California Research Bureau.

Parks, S. (2000). Does crime make cents? The Economic Aspects of Criminal Justice. *Villanova Magazine*.

Pearson, F. S. (1988). Evaluation of New Jersey's Intensive Supervision Program. *Crime and Delinquency*, 34, 437-448.

Pearson, F. S,. & Harper, A. G. (1990). Contingent intermediate sentences: New Jersey's Intensive Supervision Program. *Crime and Delinquency*, 36, 75-86.

Piel, A. M., & DiIulio, J. J. Jr. (1995). Does prison pay? Revisited. *The Brookings Review*. 13(winter), 21-25.

Posner, R. A. (1985). An economic theory of the criminal law. *Columbia Law Review*, 85(6), 1193-1231.

Prentky, R., & Burgess, A. W. (1990). Rehabilitation of child molesters: A costbenefit analysis. *American Journal of Orthopsychiatry*, 60, 108-117.

Quinlan, J. M. (1993). Carving out new territory for American Corrections. *Federal Probation*, 57(4), 59-63.

Rajkumar, A. S., & French, M. T. (1997). Drug abuse, crime costs, and the economic benefits of treatment.*Journal of Quantitative Criminology*,13(3),291-323.

RAND(1998).*Reconciliation and Social Justice Library National Report*.4,30-33.

Rasmusen,E.(1995).How optimal penalties change with the amount of harm.*International Review of Law and Economics*,15(1),101-108.

Roberts,A.R.,& Camasso,M.J.(1991).Juvenile offender treatment programs and cost-benefit analysis.*Juvenile and Family Court Journal*,42,37-47.

Saffer,H.C.F.,& Chaloupka,F.(1999).State drug control spending and illicit drug participation.*National Bureau of Economic Research Working Paper* 7114.

Samuel,L.,& Myers,J.(1983).Estimating the economic model of crime:Employment versus punishment effects.*Quarterly Journal of Economics*,98(1),157-166.

Schertmann,C.P.,Amankwaa,A.A.,& Long,R.D.(1998).Three strikes and you're out.*Demography*,35(4),445-465.

Shavell,S.(1990).Deterrence and the punishment of attempts.*Journal of Legal Studies*,19(2),435-466.

Sherman,L.W.,Gottfredson,D.,MacKenzie,D.,Eck,J.,Reuter,P.,& Bushway,S.(1997).Preventing Crime:What Works,What Doesn't,What's Promising.*A Report to the United States Congress*. MD:University of Maryland,Department of Criminology and Criminal Justice.

Sherman,L.W.,Farrington,D.P.,Welsh,B.C.,& Mackenzie,D.L.(2002).*Evidence-based crime prevention*.London:Routledge.

Slot,N.W.,Jagers,H.D.,& Dangel,R.F.(1992).Cross-cultural replication and evaluation of the teaching family model of community-based residential treatment.*Behaviour Residential Treatment*,7(5),341-354.

Spelman,W.(1995).The severity of intermediate sanctions.*Journal of Research in Crime and Delinquency*,32(2),107-135.

Spiegel,U.,& Templeman,J.(1989).Economics of discriminatory sentencing.*Journal of Quantitative Criminology*,5(4),317-332.

Taylor,J.M.(1992).Post-correctional education:An evaluation of effectiveness and efficiency.*Journal of Correctional Education*,43,(3).

Tonry,M.(1999).Parochialism in US sentencing policy.*Crime and Delinquency*,45(1),48-65.

Turner,S.,& Petersilia,J.(1992).Focusing on high risk parolees:An experiment to reduce commitments to the Texas Department of Corrections.*Journal of Research in Crime and Delinquency*,29(1),54-61.

Umbreit, M. S. (1982). Offender meets victim: An alternative to prison. *Law Enforcement Communications*,10(4),12-15.

United States General Accounting Office(1993).*Intensive probation supervision:Crime control and cost-saving effectiveness.*Washington 20548.

Van Stelle,K.R.,Mauser,E.,& Moberg,D.P.(1994).Recidivism to the Criminal Justice System of substance-abusing offenders diverted into treatments.*Crime and Delinquency*,40,175-196.

Waldfogel,J.(1994).Does conviction have a persistent effect on income and employment? *International Review of Law and Economics*,14,103-119.

Walker,J.(1997).Estimates of the costs of crime in Australia in 1996.*Trends and Issues in Crime and Criminology*,No.72.Canberra:Australian Institute of Criminology.

Waller,I.,& Welsh,B.C.(1998).Reducing crime by harnessing international best practice.*National Institute of Justice Journal*,October,26-32.

Weimer,D.L.,& Friedman,L.S.(1979).Efficiency considerations in criminal rehabilitation research:Costs and consequences.In L.Sechrest,S.O.White & E.D.Brown(Eds): *The rehabilitation of criminal offenders:Problems and prospects*,(pp.251-272).Washington DC:National Academy of Sciences.

Welsh,B.C.,& Farrington,D.P.(2000).Correctional intervention programs and cost-benefit analysis.*Criminal Justice and Behavior*,27(1),115-133.

Wiebush,R.G.(1993).Juvenile Intensive Supervision:The impact on felony offenders diverted from institutional placement.*Crime and Delinquency*,39(1),68-89.

Zedlewski,E.W.(1989).New mathematics of imprisonment:A reply to Zimring and Hawkins.*Crime and Delinquency*,35(1),169-173.

Zimring,F.E.,& Hawkins,G.(1988).The new mathematics of imprisonment.*Crime and Delinquency*,34(4),425-436.

矫正训练营对再犯之影响

Effects of correctional boot camps on offending

作者:Wilson,David B.,MacKenzie,Doris L.,Mitchell,
Fawn Ngo,Campbell Collaboration

译者:康真真　核定:张金武

内容概要

研究背景:矫正训练营于1983年在美国成年犯矫正系统首次成立,此后即迅速发展(主要在美国发展),发展初期其主要用于成人矫正系统,随后也用于青少年矫正。

研究目标:此系统性回顾的目的在于综合现存的关于军事训练营和类似军事训练营项目的影响的实证研究结果。

检索策略:我们检索了多个电子数据库。我们也联系了此领域内的研究者旨在查找更多的研究方面寻求帮助。所有资料之检索均在2003年12月初完成。符合本文标准的研究必须具备一定条件。

研究结果:任何类型再犯的随机效应的平均比值比是1.02。研究方法特征与研究结果仅仅有很微弱的联系。青少年训练营的整体效果比成年犯训练营的效果稍低。研究结果还表明,有关侧重治疗方面的军事训练营的研究的比值比比其他研究的比值比更大。

研究结论:尽管有些研究发现训练营参加者比对照组的样本做得更好,另外一些研究发现对照组的样本做得更好,本文整体的研究结果趋于显示训练营无效。然而,所有本文纳入的研究均有一个共同特征:军事化的训练营。目前的研究表明训练营的共同特点(军事化)在降低再犯率方面无效。

1. 研究背景

矫正训练营常被称为集中式监禁,1983年在美国佐治亚州和俄克拉荷马州的成人矫正系统首次运用,此后即迅速发展,发展初期主要用于成人矫正系统,随后也用于青少年矫正。当前,矫正训练营可广见于美国联邦、各州和地方的青少年和成人司法管辖区。

在标准训练营中,参加者被要求遵守严格的日常活动安排,包括各种演练、仪式和体能训练。他们每天早晨很早起床,并且一天之内的大部分时间都会处于忙碌状态。管教员被授予军事头衔,当参加者访问管教员时被要求使用这些军事头衔,并且管教员和参加者皆须身着制服。对于不当行为的惩罚是立即且迅速的,这些惩罚通常包括一些体罚活动。通常,新收之训练营的犯罪人会被分为一小队,而且常常会有精心安排的加入仪式。在仪式中,犯罪人被要求立即遵守规范,以恰当的方式回应管教员,采取立正姿势,并且他们需要剃去头发。对于成功完成训练者,训练营会为其举行毕业典礼,其家人和其他人也会受邀观礼。

少年犯训练营和成人训练营是不同的。不同在于少年犯训练营很少把重点放在苦役上,而会依法律规定为少年犯提供一些学术教育,也更倾向于为少年犯提供一些治疗的部分。然而,在其他许多方面仍类似于成人训练营,如严格的加入程序、剃发、演练和仪式、体能训练、对于不当行为的立即的体罚和毕业典礼等。

尽管各矫正训练营在基本方面有一些相似点,但是这些训练营在其他方面有很大的不同点(MacKenzie and Hebert,1996)。例如,训练营在项目的体能训练和苦力方面与项目的治疗方面(如学校教育、戒毒和认知能力训练)的侧重点不同,一些训练营侧重于治疗项目,而其他的侧重于纪律和严格的体能训练。项目之间的另一差异在于是否被当作缓刑或者监禁的替代品。在有些庭审中,当事人被判参加训练营项目,而有些则是由犯罪矫正人员挑出来参与训练营项目的被监禁者。各训练营之间的另一个不同点是:在军事训练营的相关活动之后是否安排出狱后的就业辅导或返回程序,从而达到帮助参加者适应社会的目的。

尽管训练营被不断推广、持续流行,但是其仍然备受争议。争议之处主要在于参加者日后被释放或者回归社会后,究竟是否会影响其适应社会的能力和其日后行为。赞成训练者认为训练营的氛围有助于正向的成长和改变(Clark and Aziz,1996;MacKenzie and Hebert,1996)。相反,批评者认为训练营的内容设计与高品质治疗设计的需求(如建立人际关系和增加社会支持)正好相反(Andrews,Zinger,Hoge,Bonta,Gendreau,and Cullen,1990;Gendreau,Little and Groggin,1996;Morash and Rucker,1990;Sechrest,1989)。

调查训练营效果的研究专注于训练营多方面的潜在影响。一部分研究者调查了训练营是否会改变参加者的态度、对社区的依附度和对冲动的控制能(MacKenzie,Styve,Gover,and Wilson,2001;MacKenzie and Shaw,1990;MacKenzie and Souryal,1995)。另一部分研究者调查了训练营对监狱床位空间需求的影响(MacKenzie and Piquero,1994;MacKenzie and Parent,1991)。但最引人兴趣的研究则是训练营对再犯的影响的相关研究。综合过去相关研究(MacKenzie,1997)后发现训练营根本无助于减少参加者之再犯行为,随之产生了一个预示:侧重于治疗活动和出狱后就业辅导的训练营可能会更成功。

2. 研究目的

此系统性回顾的目的在于综合现存的关于训练营和类似训练营项目的影响(对成年罪犯和青少年罪犯犯罪行为的影响)的实证研究结果(无论出版与否)。此回顾的焦点在于发现这些项目对再犯的作用。Gowdy(1996)对国家矫正官员的调查发现:减少矫正支出及减少再犯是训练营的首要目的,然而,此次回顾并不涉及关于这些项目支出问题的相关研究,也不涉及这些项目潜在的第二影响(如反社会态度)的相关研究。

3. 研究方法

3.1 纳入和排除研究的审查标准

本次回顾的范围为关于训练营和类似训练营的项目(为成年罪犯和少年罪犯设置)的实验的和类似实验的研究,这些研究利用对照组作为对照。符合本文标准的研究必须具备以下条件:

a. 评估了训练营、震撼式监禁和密集式监禁项目(例如,一个为罪犯设立的住宿式项目,这个项目采用了军国主义的环境和/或非工作性质的结构性剧烈的体力活动)。

b. 设有对照组:对照组的主体接受缓刑或被监禁在一个替代设备(如监狱)中,这些对照组采用实验式或准实验式的设计方式;若没有对照组的设计则被排除在外。

c. 研究参加者无一例外地处于刑事或少年司法系统的监督下(即,被裁定或裁决为犯罪)。

d. 研究报告需有成效指标测量,如再度被捕或定罪(这项措施可能是基于官方记录或自我报告,并且可能以二分指标或者连续的方式报道)(http://www.aic.gov.au/campbellcj/reviews/titles.html)。

3.2 检索有关研究的策略

本文使用的辨识是否符合上述标准之已出版发表者或其他研究的策略包括:电子资料库之关键字检索,直接联络与这方面相关之研究者,或至研究登记处找寻。检索的数据库包括:刑事司法期刊索引(Criminal Justice Periodical Index),论文文摘在线(Dissertation Abstracts Online),政府出版物办公室每月目录(Government Publications Office Monthly Catalog),政府出版物参考文件(Government Publications Reference File),国家刑事司法参考服务(NCJRS),PsychINFO,社会学文摘(Sociological Abstracts),Social SciSearch,以及美国政治学文献(U.S.Political Science Documents)。主要关键字包括:训练营、密集式监禁、震慑式监禁。其中一些数据库还搜录了未被发表的文献。本文检索康拜尔合作组织的成果里的社会、心理、教育、犯罪司法资料库中的资料,所有资料之检索均在 2003 年 12 月初完成。我们也联系了此领域内的研究者旨在查找更多的研究方面寻求帮助。

所有可能符合本文标准的文献都会被输入 D. B. Wilson 和 J. H. Derzon 在 FileMaker Pro(TM)中创建的文献数据库程序,此程序专门用于管理参考书目以用于 Meta 分析。符合本文标准的文献首先被检索,然后由两个编码器通过一个完整报告 的检查评估其最终资格。

3.3 本文搜寻文献的研究方法

本文搜寻的文献所使用的研究方法在实验组和对照组的设计上有所不同,有的 使用了后侧法,有的使用后续测量法。另外,样本为被裁定之少年犯或被定罪之成年 犯,这些受试者有的参加训练营项目,有的则参加传统的矫正方案(如缓刑、短期监 禁和假释)。

本文搜寻的文献在构建对照组的方法方面有所不同。对照组的类型将会在研究 发现部分详细阐述。

本文包含的所有研究均具有对犯罪行为再犯情况的测量,这些测量大多是二分 测量,再犯测量指标可分为再逮捕、再定罪、再监禁或其他可具体表示犯罪类型或犯 罪频率的指标。有少数几个研究还包含了对犯罪的自陈报告(但这并没有包含在本 文之后设分析内)。

有少数几个研究还报告了其他非刑事行为有关的成果,但是我们未编写这些辅 助性的成果。

3.4 再犯之测量标准

本文的复杂性来自很多研究使用了不同指标来代表再犯率,且各研究测量再犯的 时间长度也不相同(有的是 12 个月,有的可达 24 个月)。下面列出的统计方法要求来 自特定的样本的研究发现(影响大小)是独立的,有几个策略可用于解决这个问题。

对于每个研究,所有与犯罪行为相关的研究发现被编码并被输入数据文件中,每 个发现对应的数据被用于计算比值比(本次回顾的影响大小)。大多数研究报告的 数据允许计算多个比值比。本文运用一个筛选标准在每个研究中筛选四组比值比, 而不是简单地将每个研究中的比值比平均而形成一个比值比用于分析。此筛选标准 包括:优先选择普遍性措施(所有犯罪类型,最好不包括技术性违规),优先选择具有 更长时间的随访期的比值比,优先选择因基准差异而调整过的比值比。更多关于筛 选比值比独立集的细节将会在下面的研究发现部分予以阐述。

3.5 研究编码类别

该项目开发的编码协议在合成协议(http://www.aic.gov.au/campbellcj/ reviews/titles.html)中。该协议确认了研究中矫正效果的嵌套性质,因此其在本质上是分层的。任意数量的影响可以被编码为任意数量的因变量用于研究中的每个程序对比反差。更多细节可以关注 Lipsey 和 Wilson(2001)对这个话题的讨论。

编码协议考虑了研究设计的很多方面:研究方法的质量,军事训练营项目,对照组的情况,研究样本,研究结果测量,所观察到的影响方向和幅度。所有的研究是由两个独立的编码器编码,所有编码差异由 Drs.MacKenzie 或 Wilson 解决。

3.6　统计方法和公约

本文关注的主要效果是离开训练营后的再犯情况,再犯数据主要由典型的二分法方式报告,因此,本文使用的矫正效果的自然指数是比值比(Fleiss,1994)。其中一个研究除了以二分的规模报告再犯情况,还以连续量表的形式报告再犯情况,这些效应量被计算为标准化均值差并转化成等价的比值比(Lipsey and Wilson,2001,p. 198)。本文对于再犯情况的主要分析采用二分法指标。

比值比是一个条件相对于另一个失败(或成功)的索引,因此,1 的比值比表明,这两个条件失败的几率相等。如果一个研究中训练营和对照组的再犯率相同,这个研究的比值比则为 1。比值比大于 1 说明训练营的再犯率更低,然而,比值比小于 1 说明训练营的再犯率更高。在这种情况下,比值比在 0 和 1 之间说明训练营具有一种负面影响,比值比在 1 到无穷大之间说明训练营具有一种积极效果。

各研究比值比的平均值和研究效应的同质性使用逆差额权重法计算。使用 Der-Simonian 和 Laird(1986)与 Raudenbush(1994)概括的方法,随机效应模型被假设,随机效应方差元素被估计。计算使用 D.B.Wilson 提出的宏计算,具体来说,是使用 SAS,SPSS,和 Stata(Lipsey and Wilson,2001)。如下报告的所有分析结果均使用了 Stata。本文的宏计算 Cochrane Collaborative Meta View program(Deeks,1999)使用了相同的计算方法。

3.7　定性研究之处理

本文未纳入任何质性研究,但未来欢迎在质性研究领域有专长的研究者以质性方式来更新评估此主题。

4. 研究发现

4.1　文献描述

本文共搜寻了 152 个可能符合标准的研究,152 个研究中找到了 144 个纸本,144

个纸本中有 43 个符合本文的筛选标准,43 个文献来自对 32 个研究的分析。这些研究中,多数是评估美国的训练营,只有一个是加拿大的,另一个评估英国。

接近 2/3(22 个)的研究是政府报告,约 1/4(8 个)研究发表在同行评审期刊中,仅 2 个研究是未出版技术报告。考虑到灰色文献(政府报告和未发表的技术报告)的比例很高,发表偏倚不可能对我们的结果构成实质性的影响。这是通过微调和填充分析确定的,微调和填充分析决定了不需要调整比值比(Duval and Tweedie,2000)。

这些研究中,有三份研究经多重统计检定比较后,获得以下结果:

1. MacKenzie 和 Souryal(1994)分析了 9 个不同地区执行训练营的结果,其中有 8 个符合本文之筛选标准。

2. Farrington(2001)评估了两个不同类型的训练营项目。

3. Zhang(2000)从同一个训练营中,评估配对比较组及未配对比较组所得之结果,因两者评估样本方式不同,所以分开来编码和处理。

4. 佛罗里达州少年司法部评估波克市的训练营计划将把男生和女生分开评估,而且,这种区分在下面的研究结果部分同样存在。

正因为多重统计检定的存在,32 个研究形成了 43 个独立的分析样本,这些独立的样本即为本文的分析单位。

4.2　文献的整体平均效果

本文发现 43 个比对组共产生了 199 个比值比,多数的研究都报告了多种结果。有一个比值比是从 4 个研究里计算产生的,而有一个研究产生了 28 个比值比。72% 的研究有 4 个或更少的比值比。为了保持统计的独立性,只有一个单一的比值比(或复合比值比)可包含在任何聚集(平均比值比)中。报告表 1 各行的平均比值比使用下面详细阐述的不同的方法处理了多重效应大小的复杂性。

我们确定了本文中最能代表再犯的测量方法:即再逮捕率优于再定罪率,再定罪率又优于再度进入矫正机构的几率。对所有犯罪类型(除了技术性违规之外)的测量优于某一具体类型犯罪(如财产性犯罪或滥用毒品)的测量。当对犯罪的测量有多个随访期(如 12 个月、24 个月、36 个月)时,如果最长的随访期能保证至少 90% 的样本不流失,我们就会选择最长的随访期作为效果评估之标准。尽管较长的随访期可以对军事训练营的效果形成更强有力的评估,但是当我们可以获得没有偏差的比值比时我们不想选择由于减员而引起的有偏差的比值比。另外,相对于没有调整过的比值比而言,我们优先选择为基线协变量(例如,通过逻辑回归模型)调整过的比值比。最后，我们只使用二分指标表明再犯情况（只有少数研究以持续测量方法表明再犯情况，而且，所有的这些研究均使用了二分指标说明再犯情况）。这一选择过程在每个实验组和对照组的对比中产生了单一的比值比。随机效应也用比值比表示，在表 1 中标示为"Any Recidivism"，它的值是 1.02，说明训练营参加者再犯的可能性与对照组中参加者再犯的可能性基本相等。分布呈异质性，这表明由于抽样误差的影响将会出现比我们预计中更多的变化，这提高了训练营的效果被研究特点缓和的合理性。然而，整体结果表明再犯情况没有由于训练营的存在而普遍减少。

为了确保未因本文对于再犯测量指标的偏好（逮捕>定罪>非机构化矫正）产生偏误，本文又对各个指标逐一分析。在每种指标中，我们使用与上面相同的标准（即，优先选择所有类型的犯罪、选择能保证 90% 的样本的随访期间）选出一个比值比，这些测量指标的平均比值比也列在表 1 中。平均而言，我们优先选择数量级较小的影响。然而，训练营对我们的整体结果的影响似乎是温和的，结果显示，三种单一指标的比值比皆接近数值 1（表示实验组和对照组没有差别）。我们相信三者之中，逮捕仍是最佳指标，因为它最不可能受到刑事司法系统工作人员（诸如检察官和法官）的影响。法官判处罪犯到监狱或矫正机构的决定可能会被罪犯之前是否被监禁在军事训练营中所影响。逮捕，虽非完美指标，却不易受到犯罪人前科之影响。

上述分析仍然没有使用所有的研究成果。表 1 中的最后一行，标有"所有犯罪的结果"是对研究比值比的合成。实验组和对照组对比下的所有比值比取平均值（简单平均）。因为复合比值比比单个的比值比更精确，所以复合逆方差权重是整个平均比值比中最大的。这个假设尽管合理，但不一定绝对正确（例如，当研究范围内精度差异很大时）。所有研究复合效应量的平均比值比是 1。

最后，本文评估时挑选追踪时间最长的研究，我们评估此抉择的影响：因为训练营短期内可能有效，但结果可能会随时间而降低；如果是这样的话，挑选最长时间来追踪将会造成本研究偏向没有效果的一端。所以，本文也使用短期效果重新进行分析，所得结果仍然非常相似，可见本文所选考量再犯结果的方法是经得起考验的。

图 1 至图 5 的数据说明了效应量分布情况。这些数据明显说明：训练营对再犯之影响程度，有些研究显示具有正向效应，有些研究显示具有负面效应，但多数均属没有效果（比值比=1）。以下部分探讨了可能影响研究间差异的潜在研究特点。

4.3 中介变项的影响

上述分析没有处理一些可能性：即某些类型的训练营可能是有效的（或有害），而其他类型的训练营并非如此；或许这些有效性（或危害性）与犯罪人特质有关。除此之外,本文的整体分析也没有考虑处理方法的合理性问题,没有考虑方法对观察结果的潜在影响。本文会用尽可能有限的资料,调整这些可能干扰成效的变项。本文将研究方法、犯罪者和项目特点对观察到的结果的影响。

4.3.1 研究方法的影响

本文收集的研究在方法的严谨性方面有很大不同。在审查实质性特点(如罪犯和项目特点)和研究结果之间的关系之前,确定研究成果不会因为研究方法的差异而出现偏差非常重要。

表2显示不同研究方法情况下(如,是否使用随机分配,分析中是否包含遗漏值等)的平均比值比。表5显示每个研究如何编码这些变量。目前的问题在于是否整体的结论(研究方法的差异对研究结果没影响)是毋庸置疑的。使用了随机分配的研究观察到一个较小的整体效果,但差异是微不足道的,而且在统计上是不显著的。因此,本文得出结论:与对照组相比,训练营对于再犯情况的防止是无效的。需要注意的是,在四份随机分配的研究中,有三份皆因研究方法上的缺点而损害随机分配的效果,例如,四份中有三份在分析中皆没有考虑军事训练营成员中途离开的问题,四份中有两份均出现了严重的总体性或差异性的减员问题(本文中,总体性减员是指在实验组和对照组中样本有同等程度的减员,总体性减员导致外部效度的缺损;差异性减员是指在实验组和对照组中有不同程度的减员)。四份(随机分配的研究)之中没有考虑中途离开因素的那三份研究本应该将研究结果向上偏。训练营中中途离开者不可能是所有训练营参加者的一个随机子集,这点潜在地使研究结果出现偏差。

在未使用随机分配的研究中,约2/3的研究采用配对或统计控制,增加控制组和对照组的可比性。这些较高品质的准实验设计所得到的结果与那些没采用配对控制的准实验设计相似。同样,平均而言,一项前瞻性研究设计(追踪实验组和对照组的样本在训练营或之前的状况)的研究成果与依靠归档数据的事后设计的研究成果基本相同。

多数研究排除了未完成训练营的受试者,这看似合理(因为他们没有接受足量的训练营的矫正),但这种方法被广泛认为影响研究设计,因为训练营中途退出者可能在再犯率方面和那些完成训练者差异很大。如果没有确定哪些对照组的样本将会中途退出的能力,排除他们的分析将可能失之偏颇。出乎意料的是,若研究将遗漏值包括在内,我们得出了一个稍大的平均效应量(见表2),因此,其造成之影响并不如想象中的大,并没有影响研究的总体结果(训练营无效)。

一个好的研究设计会受到样本流失的影响。实验组和对照组中的样本流失情况可能基本相同,也有可能其中一个多于另一个。前者,这里称为总体性减员(实验组和对照组中的样本流失情况可能基本相同),降低了研究结论的可推广性;后者,这里称为差异性减员,降低了两组的可比性,使对研究结果的评估出现潜在的偏差。本文发现,有样本流失的研究的比值比比那些没有流失问题的研究的比值比略小。

表2中也呈列了对照组的状况。最常见的对照组是监狱和住宿式项目。所有关于青少年训练营的研究均在后者进行。使用入狱者为对照组的研究表明训练营有正面但微小的效果。另外三个使用缓刑样本为对照组、两个使用"其他"为对照组的研究则显示训练营有负面且明显的效果。由于在"其他"部分进行的研究较少,所以我们应该给予这些可能的异常发现较少的比重。

上述关于中介变项影响的分析是使用短期效果的比值比(而不是最长随访期间获得的比值比)重新进行的分析,此分析结果没有包含在本文中。得出的结果仍然非常相似,在统计上的差异不显著。

所有结果结合起来,我们可以得出:显示训练营在降低再犯率方面无效的研究发现不会因各研究间的方法差异而变化,而且,方法差异和研究结果仅仅有很微弱的关联。

4.3.2 罪犯特征

关于在训练营或者是其他与之进行比较的项目中的罪犯的特征,研究只能提供一些有限的数据信息。实验中的样本大多数是男性,只有2个研究针对女性训练营的影响,有7个训练营评估混合性别的训练营,8个研究没有提及样本的性别。下面提及的研究分析中,我们假定所有研究中的样本都是男性。平均结果没有因为性别的原因而产生很大差异(见表3)。在只评估女性训练营的2个研究中,仅仅只有一点消极的影响。然而,目前没有足够的证据,去作出关于男性与女性的训练营不同影响的结论。

矫正训练营起初是为了成人罪犯而设立的,后来逐渐发展才有了青少年训练营。因此,有比青少年训练营更多的对成人训练营的评估也不足为奇。青少年训练营的影响比成人训练营的影响稍微弱一点,尽管这个影响差异没那么明显(表3对成人与青少年进行了比较)。此外,在只关押非暴力或非个人犯罪罪犯的青少年训练营相比于那些多样化或混合化的训练营(更广泛的犯罪类型范围与更多的犯罪记录)观察到更大的影响,尽管这个差异是细微的且在统计上没那么显著。表6表明了各研究是如何编码这些变量的。

上述关于中介变项影响的分析是使用短期效果的比值比(而不是最长随访期间

获得的比值比)重新进行的分析,此分析结果没有包含在本文中。结果非常相似,没有重要的区别。

4.3.3 训练营项目特征

训练营的主要特征就是体育锻炼、军事训练以及讲究礼节,所有的这些都是在严格的纪律下执行的。不同研究产生的结果表明训练营没有明显的积极作用,也就是说,训练营所表现出的普遍的特点是没有有利之处的。然而许多训练营,与其他传统的复原程序相联系,比如药物滥用治疗、职业教育及善后过渡援助。这些明显的复原程序组件可能会提升训练营的价值,对罪犯产生积极的影响。表4表明了训练营的平均比值比在青少年与成年人训练营之间是不同的。表7表明了每一个研究是如何为不同的变量进行编码的。

为这些项目特点进行编码是非常困难的。在许多的报告中,对训练营中的复原程序组件的分布描述是十分稀少的。一个特别程序的组成要件,比如药物治疗,如果出版的报告中对它进行了提及,那么就会被进行编码。基于在报告中给出的描述,我们无法识别组件的质量。

在被研究的项目特点中,辅导作为一个完整的训练营的组成要件与平均比值比是密切相关的。在青少年训练营项目中,这个不同在统计上是显著的,没有辅导服务的青少年训练营有一个负面影响(一个高的再犯率);当统计方法的采用 Meta 回归分析模型时,这种差异减小了。这表明,不同研究方法的差异可能导致这一发现的不稳定性。此外,这一发现是基于三个没有辅导服务的青少年训练营得出的。与我们预期中相同,统计上不显著的差异也在训练营与其他组件(善后组件、药物治疗与学术项目(仅限于成人))的联系中出现了。无论选择最长的随访期间得出的比值比,还是选择最初获取的比值比(结果未显示),这些发现都是稳定的。

考虑到训练营计划往往包括职业、教育、心理编程的混合,因此是不能清楚地分清程序要件的各种影响。为了更好地评估将这些治疗元素融入到训练营的潜在效益,我们将训练营评定为治疗为主或者是治疗为辅。如果报告中以那种方式描述训练营或每天大部分时间都花在传统康复项目(如咨询、教育、药物治疗)方面而不是体育运动、军事演习或者教导礼仪方面,训练营将被判断为是治疗为主。然而,这种判断常常是困难的。研究结果表明,有关侧重治疗方面的训练营的研究的比值比比其他研究的比值比更大。不同点青睐于治疗的训练营(1.10 和 0.90 分别代表治疗为主和治疗为辅的训练营,这两个值都是针对成人和青少年训练营得出的),但是该差异不具有统计学上的显著性(p=.11)。研究结果在使用最初的比值比而不是最长随访期的比值比(结果未显示)方面是相同的。因此,就康复重点的附加利益数据没有一个强有力的结论。

5. 结　论

　　本文的重点强调在一个问题上:矫正训练营在减少罪犯的再犯行为上是否是有效的? 综合本文前述内容,我们可以很清楚地看到:迄今为止,训练营是所有矫正项目类别(其不断从一种形式变成另外一种形式)的一个通用术语。而且,所有的矫正训练营确实是有一系列的共同特点,这些特点包括军事化的氛围、体育锻炼或劳动在内的严格的作息时间、严格的纪律。我们坚信,关于矫正训练营的基本构成组建是否有效的讨论是有深远意义的,而且应该要求政策中对这些项目进行持续的资金支持、利用及不断增加。

　　矫正训练营的倡导者与反对者通过了解这个评论都有可能感到失望。该程序的倡导者期望通过这个项目来成功地减少成人与青少年的再犯活动。反对者认为矫正训练营计划作为治疗方案是一个很差的构想,它不仅不能减少再犯,反而会因为增加了犯罪者的活动而产生相反的作用。我们的研究结果并没有对这两种争论中的任何一方提供支持。矫正训练营既没有倡导者期望的那么好,但是也没有反对者假定的那么差。

　　一些研究表明训练营的参加者做得比较好,另一些研究表明其他作为对照组的样本做得更好,整体的效果看起来是“无差异”的。对于这些差异,有很多似是而非的原因,包括研究中所用的研究方法的不同、对于不同犯罪成员的效果差异以及训练营自身存在的本质差异。我们对于方法变量的实验表明,实际上没有单一的方法方面的特征引起研究结果的很大变化,而且这些方法特点也没有明显的偏差。因此,未能证明训练营是有效的或者有害的并不是方法论存在缺点的结果。

　　所有主要的研究对于罪犯特征提供了有限的资料。迄今为止进行的大多数评估要么是对全是男性的训练营进行的,要么是对大多数都是男性的训练营进行的。尽管两个针对女性训练营的研究产生轻微负面的结果,但对不同性别的训练营的研究所得结果的差异是非常小的,而且在统计上是不稳定的(因为只有少数的研究针对女性样本)。对青少年、成人、非暴力样本与混合样本的对比表明训练营的有效或者无效与罪犯特征之间没有明显的关系。

　　训练营的倡导者会指出,并不是所有的训练营都是一样的。我们能够编码并分析六种特点的训练营项目的影响,这些特点局限于一般的信息(即像善后治疗这样的项目组成部分存在与否)。我们假设这些组件的质量与强度有很大的不同而且现有的数据不足以编码这种不同。比如,一些程序认为无名麻醉剂协会与匿名戒毒会的会议是药物疗法,但是其他的一些则说明其使用治疗社区型模型,具备更高端的药物治疗经验。

　　上面讨论的项目差异对于累犯所存在的潜在的影响是不能忽视的。我们在处理这个潜在影响上的能力是有限的。然而,我们发现,包含辅导内容的训练营有很大的积极影响,更普遍的是,超越纪律、体能训练、军事训练及仪式上的局限而花费很大精力在治疗方面的训练营也有很大的积极影响。然而,这些研究结果在统计方面不显著,所以这些研究结果可能仅仅反映了偶然变异。因此,需要建立进一步的研究确定训练营内的治疗项目是否是一个有效的结合。

　　这些研究结果表明了什么? 所有这些研究都有一个共同的元素就是针对军事型的训练营项目。我们有理由相信,如果这些研究中的共同的组件在减少再犯行为上是有效的,那么,平均来看,我们将看到一个正的研究结果分布。也就是说,如果军事化的氛围、严格的纪律及严格的体育锻炼是有利的,那么训练营的样本与对照组样本相比,将会有一个较低的再犯率,尽管这个结果可能会受到于训练营中其他项目元素的组合的影响而产生很大的不同。然而,这并不是我们所发现的。因此,现存的证据表明训练营中的军事组成部分是不能有效减少后期训练营违规行为。

　　训练营应该被废除吗? 尽管本文的研究怀疑训练营作为矫正项目的有效性,现存证据也表明了这种措施也不比在研究中进行了检测的其他的措施更糟糕(比如拘留所与监狱)。然而,研究结果分布上产生的重大的变化表明,有效的治疗组件,比如那些被其他的 Meta 分析所确定的(Andrews et al.,1990;Gendreau and Ross,1987;Lipsey,1992;Lipsey and Wilson,1998),如果被加入到训练营中,则能产生一个积极有效的项目。我们不知道这个积极有效的项目设置在训练营中(与设置在监狱中相比,或与作为缓刑的辅助手段相比)是否更有效(或更无效)。此外,训练营可能还有其他的有利之处,如减少对监狱床位的需求(e.g., MacKenzie and Piquero, 1994;MacKenzie and Parent, 1991)或者是提高亲社会态度、加强对社群的依附度、减少冲动(MacKenzie et al.,2001;MacKenzie and Shaw,1990;MacKenzie and Souryal,1995)。证明训练营的采用或者持续运用不应该仅仅被用来要求减少社区的犯罪。

6. 更新本文的计划

我们决定每隔三年依照康拜尔合作组织的指引来对本文进行更新。

7. 致　谢

我们十分感谢杰里·李基金会(Jerry Lee Foundation)对本项目的部分支持。

8. 关于利益冲突的声明

Mackenzie 与 Wilson,及 Kider,Mitchell 女士与现有的或计划中的任何训练营项目没有经济利益关系。Mackenzie 在先前的出版物中曾辩称训练营是没有作用的,至少在缺乏治疗因素与善后要件的情况下是无效的。因此,唯一潜在的利益冲突是能否保持与现有的学术著作的一致性,研究小组力求在没有偏见的情况下对结果进行解释。

9. 图　表

表1　不同类型结果的总体平均比值比

Outcome	95% C.I.				
	Mean	Lower	Upper	Q	k[a]
Any Recidivism(most general)	1.02	0.90	1.14	151.63[*]	43
Arrest Only	0.96	0.82	1.14	58.44[*]	23
Conviction Only	1.10	0.96	1.26	82.72[*]	35
Reinstitutionalization Only	1.11	0.93	1.32	123.98[*]	19

续表

Outcome	95% C.I.				
	Mean	Lower	Upper	Q	k[a]
All Crime Outcomes[b]	1.00	0.85	1.18	895.17*	43

Note:These are full-information maximum likelihood random effects mean odds-ratios.

* $p < .05$

a Number of odds-ratios(i.e.,number of distinct samples).

b This analysis made use of all 199 odds-ratios by first computing an average odds-ratio for each of the 43 treatment-comparison contrasts.

表 2　平均比值比和不同方法变量置信度为 95% 的区间估计值

Method Variable	95% C.I.			
	Mean	Lower	Upper	k[a]
Random Assignment to Conditions				
Yes	0.92	0.61	1.38	4
No	1.03	0.90	1.16	39
Used Matching or Statistical Controls[b]				
Yes	1.04	0.88	1.23	27
No	1.00	0.81	1.22	12
Prospective Research Design				
Yes	1.04	0.88	1.24	20
No	0.96	0.81	1.13	22
Boot Camp Dropouts in Analysis				
Yes	1.06	0.89	1.25	18
No	0.94	0.79	1.11	24
Overall Attrition Apparent				
Yes	0.90	0.67	1.21	7
No	1.04	0.91	1.18	36
Differential Attrition Apparent[c]				
Yes	0.75	0.57	0.99	8
No	1.08	0.96	1.22	35
Nature of the Comparison Group[c]				
Probation	0.56*	0.37	0.84	3
Jail/Prison	1.15	1.00	1.32	17
Probation and Prison	1.03	0.75	1.43	5
Residential treatment	1.00	0.83	1.21	16

Method Variable	95% C.I.			
	Mean	Lower	Upper	k^a
Other	0.59*	0.35	0.98	2

Note：These are full-information maximum likelihood random effects mean odds-ratios.

* p <.05（mean odds-ratio statistically significantly different from 1）

a Number of odds-ratios（i.e.,number of distinct samples）.

b Excludes random assignment studies.

c Difference between means statistically significant at p <.05.

表3　平均比值比和不同类型罪犯置信度为95%的区间估计值

Offender Characteristic	95% C.I.			
	Mean	Lower	Upper	k^a
Gender Mix				
Males Only	1.03	0.90	1.18	34
Males and Females	0.95	0.72	1.26	7
Females Only	0.94	0.51	1.74	2
Juveniles				
Non-violent/non-person crimes	1.04	0.78	1.39	5
Mixed（violent and non-violent）	0.88	0.71	1.10	12
Total	0.94	0.76	1.15	17
Adults				
Non-violent/non-person crimes	1.04	0.82	1.33	9
Mixed（violent and non-violent）	1.06	0.87	1.30	17
Total	1.05	0.91	1.22	26

Notes：These are full-information maximum likelihood random effects mean odds-ratios.None of the moderator analyses（differences between mean odds-ratios）shown in this table were statistically significant.

a Number of odds-ratios（i.e.,number of distinct samples）.

表4　平均比值比和不同类型矫正项目置信度为95%的区间估计值

Offender Characteristic		95% C.I.			
		Mean	Lower	Upper	k^a
Aftercare					
Juveniles	Yes	0.94	0.79	1.12	17
	No	—	—	—	—
Adults	Yes	1.07	0.90	1.28	20

续表

Offender Characteristic		95% C.I.			
		Mean	Lower	Upper	k[a]
	No	0.99	0.71	1.38	6
Academic Education					
Juveniles	Yes	0.94	0.79	1.12	17
	No	—	—	—	—
Adults	Yes	1.08	0.91	1.28	22
	No	0.93	0.63	1.37	4
Vocational Education					
Juvenile	Yes	0.92	0.72	1.18	11
	No	0.96	0.73	1.25	6
Adults	Yes	1.05	0.77	1.42	8
	No	1.06	0.88	1.27	18
Drug Treatment					
Juveniles	Yes	0.99	0.80	1.22	13
	No	0.84	0.61	1.15	4
Adults	Yes	1.04	0.88	1.23	22
	No	1.16	0.76	1.76	4
Counseling(Group and Individual)					
Juveniles[c]	Yes	1.02	0.87	1.21	14
	No	0.68*	0.51	0.92	3
Adults	Yes	1.16	0.94	1.42	14
	No	0.95	0.76	1.19	12
Rehabilitative Focus					
Juveniles	Secondary	0.88	0.68	1.15	8
	Primary	0.99	0.77	1.27	9
Adults	Secondary	0.90	0.70	1.17	11
	Primary	1.14	0.95	1.38	15

Note：These are full-information maximum likelihood random effects mean odds-ratios.

* $p < .05$ (mean odds-ratio statistically significantly different from 1)

a Number of odds-ratios(i.e. ,number of distinct samples).

b Excludes random assignment studies.

c Difference between means statistically significant at $p < .05$.

表5　不同研究的方法变量

Author & Year	Random Assignment	Matching or Stat Controls	Prospective Design	Dropouts Included	Overall Attrition	Differential Attrition
Aloisi & LeBaron, 2001	no	no	yes	no	no	no
Austin, Jones, & Bolyard, 1993	no	no	yes	yes	no	no
Boyles, Bokenkamp, & Madura, 1996	no	no	yes	no	yes	yes
Burns & Vito, 1995	no	yes	no	no	yes	yes
CA Dept. of the Youth Authority, 1997	yes	no	yes	yes	no	no
Camp & Sandhu, 1995	no	yes	no	yes	no	no
Farrington et al. (Colchester), 2001	no	no	yes	yes	yes	no
Farrington et al. (Thron Cross), 2001	no	yes	yes	yes	no	no
Fl.Dept.of JJ (Bay Co.), 1997	no	yes	no	no	no	no
Fl.Dept.of JJ (Leon Co.), 1996	no	yes	no	no	no	no
Fl.Dept.of JJ (Manatee Co.), 1996	no	yes	no	no	no	no
Fl.Dept.of JJ (Martin Co.), 1997	no	yes	no	no	no	no
Fl.Dept.of JJ (Pinellas Co.), 1996	no	yes	no	no	no	no
Fl.Dept.of JJ (Polk Co., Boys), 1997	no	yes	no	no	no	no
Fl.Dept.of JJ (Polk Co., Girls), 1997	no	yes	no	no	yes	no
Flowers, Carr, & Ruback 1991	no	yes	no	no	no	no
Gransky & Jones, 1995	no	no	no	yes	no	no
Harer & Klein-Saffran, 1996	no	yes	no	yes	no	no
Jones, 1996	no	no	no	no	no	no
Jones, 1997	no	yes	no	yes	no	no
Jones (FY91–93), 1998	no	no	no	no	yes	no
Kempinem & Kurlychek, 2001	no	yes	no	no	no	no

续表

Author & Year	Random Assignment	Matching or Stat Controls	Prospective Design	Dropouts Included	Overall Attrition	Differential Attrition
Mackenzie et al.,1997	no	yes	no	yes	no	no
MacKenzie & Souryal(Florida),1994	no	yes	yes	yes	no	no
MacKenzie & Souryal(Georgia),1994	no	yes	yes	no	no	yes
MacKenzie & Souryal(Illinois),1994	no	yes	yes	yes	no	no
MacKenzie & Souryal(Louisiana),1994	no	yes	yes	yes	no	no
MacKenzie & Souryal(New York),1994	no	yes	yes	yes	no	no
MacKenzie & Souryal(Oklahoma),1994	no	yes	yes	yes	no	no
MacKenzie & Souryal(S.C.,New),1994	no	yes	yes	no	no	yes
MacKenzie & Souryal(S.C.,Old),1994	no	yes	yes	no	no	yes
Marcus-Mendoza(Men),1995	no	no	a	a	no	no
NY DCS(00-01 Releases),2003	no	no	no	yes	no	no
NY DCS(88-99 Releases),2003	no	no	no	yes	no	no
NY DCS(99-00 Releases),2003	no	no	no	yes	no	no
Peters(Denver,CO),1996a	yes	yes	yes	no	yes	yes
Peters(Mobile,AL),1996b	yes	yes	yes	no	no	yes
Stinchcomb & Terry,2001	no	yes	no	no	no	no
T3 Associates,2000	no	yes	yes	yes	no	no
Thomas & Peters,1996	yes	yes	yes	no	no	no
Wright & Mays,1998	no	yes	no	no	no	no
Zhang(matched comparison),2000	no	yes	yes	no	no	no
Zhang(unmatched comparison),2000	no	no	yes	no	yes	yes

表6 不同研究的样本变量

Author & Year	Age	Violent Offenses	Gender Mix
Aloisi & LeBaron, 2001	juvenile	no	male
Austin, Jones, & Bolyard, 1993	adult	no	male
Boyles, Bokenkamp, & Madura, 1996	juvenile	no	male
Burns & Vito, 1995	adult	yes	male
CA Dept. of the Youth Authority, 1997	juvenile	yes	male
Camp & Sandhu, 1995	adult	no	female
Farrington et al. (Colchester), 2001	adult	no	male
Farrington et al. (Thron Cross), 2001	adult	no	male
Fl. Dept. of JJ (Bay Co.), 1997	juvenile	no	male
Fl. Dept. of JJ (Leon Co.), 1996	juvenile	no	male
Fl. Dept. of JJ (Manatee Co.), 1996	juvenile	no	male
Fl. Dept. of JJ (Martin Co.), 1997	juvenile	no	male
Fl. Dept. of JJ (Pinellas Co.), 1996	juvenile	no	male
Fl. Dept. of JJ (Polk Co., Boys), 1997	juvenile	no	male
Fl. Dept. of JJ (Polk Co., Girls), 1997	juvenile	no	female
Flowers, Carr, & Ruback 1991	adult	no	male
Gransky & Jones, 1995	adult	yes	male
Harer & Klein-Saffran, 1996	adult	no	male
Jones (FY91-93), 1998	adult	no	male/female
Jones, 1996	adult	no	male/female
Jones, 1997	adult	no	male
Kempinem & Kurlychek, 2001	adult	no	male/female
MacKenzie & Souryal (Florida), 1994	adult	no	male
MacKenzie & Souryal (Georgia), 1994	adult	no	male
MacKenzie & Souryal (Illinois), 1994	adult	no	male
MacKenzie & Souryal (Louisiana), 1994	adult	yes	male
MacKenzie & Souryal (New York), 1994	adult	yes	male
MacKenzie & Souryal (Oklahoma), 1994	adult	no	male

Author & Year	Age	Violent Offenses	Gender Mix
MacKenzie & Souryal(S.C.,New),1994	adult	no	male
MacKenzie & Souryal(S.C.,Old),1994	adult	no	male
Mackenzie et al.,1997	juvenile	no	male
Marcus-Mendoza(Men),1995	adult	yes	male
NY DCS(00-01 Releases),2003	adult	yes	male/female
NY DCS(88-99 Releases),2003	adult	yes	male/female
NY DCS(99-00 Releases),2003	adult	yes	male/female
Peters(Denver,CO),1996a	juvenile	yes	male
Peters(Mobile,AL),1996b	juvenile	yes	male
Stinchcomb & Terry,2001	adult	no	male/female
Thomas & Peters,1996	juvenile	no	male
Wright & Mays,1998	adult	yes	male
Zhang(matched comparison),2000	juvenile	yes	male
Zhang(unmatched comparison),2000	juvenile	yes	male

表 7　不同研究的治疗项目变量

Author & Year	Aftercare	Education	Vocational	Drug	Counseling	Rehabilitative Focus
Aloisi & LeBaron, 2001	yes	yes	no	no	yes	secondary
Austin, Jones, & Bolyard, 1993	yes	yes	no	yes	yes	primary
Boyles, Bokenkamp, & Madura, 1996	yes	yes	no	no	no	secondary
Burns & Vito, 1995	yes	yes	no	yes	no	secondary
CA Dept. of the Youth Authority, 1997	yes	yes	no	yes	yes	primary
Camp & Sandhu, 1995	yes	yes	no	yes	no	primary
Farrington et al. (Colchester) , 2001	no	yes	yes	no	no	primary
Farrington et al. (Thron Cross) , 2001	no	yes	yes	yes	yes	primary
Fl.Dept.of JJ (Bay Co.) , 1997	yes	yes	yes	yes	yes	secondary
Fl.Dept.of JJ (Leon Co.) , 1996	yes	yes	yes	no	yes	primary
Fl.Dept.of JJ (Manatee Co.) , 1996	yes	yes	yes	yes	yes	primary
Fl.Dept.of JJ (Martin Co.) , 1997	yes	yes	yes	yes	yes	secondary
Fl.Dept.of JJ (Pinellas Co.) , 1996	yes	yes	yes	yes	yes	secondary
Fl.Dept.of JJ (Polk Co., Boys) , 1997	yes	yes	yes	yes	yes	primary
Fl.Dept.of JJ (Polk Co., Girls) , 1997	yes	yes	yes	yes	yes	secondary
Flowers, Carr, & Ruback 1991	yes	no	no	no	no	secondary
Gransky & Jones, 1995	no	no	no	yes	yes	primary
Harer & Klein-Saffran, 1996	yes	yes	no	yes	no	primary
Jones (FY91-93) , 1998	yes	yes	yes	yes	yes	primary
Jones, 1996	yes	no	yes	yes	yes	secondary
Jones, 1997	no	yes	yes	yes	yes	secondary
Kempinem & Kurlychek, 2001	yes	yes	yes	yes	yes	primary

续表

Author & Year	Aftercare	Education	Vocational	Drug	Counseling	Rehabilitative Focus
MacKenzie & Souryal(Florida),1994	yes	yes	no	yes	yes	secondary
MacKenzie & Souryal(Georgia),1994	yes	no	no	no	no	secondary
MacKenzie & Souryal(Illinois),1994	yes	yes	no	no	yes	primary
MacKenzie & Souryal(Louisiana),1994	yes	yes	no	yes	yes	primary
MacKenzie & Souryal(New York),1994	yes	yes	no	yes	yes	primary
MacKenzie & Souryal(Oklahoma),1994	yes	yes	no	yes	no	secondary
MacKenzie & Souryal(S.C.,New),1994	yes	yes	no	yes	no	secondary
MacKenzie & Souryal(S.C.,Old),1994	yes	yes	no	yes	no	secondary
Mackenzie et al.,1997	yes	yes	yes	yes	yes	primary
Marcus-Mendoza(Men),1995	yes	yes	no	yes	yes	primary
NY DCS(00–01 Releases),2003	yes	yes	no	yes	no	primary
NY DCS(88–99 Releases),2003	yes	yes	no	yes	no	primary
NY DCS(99–00 Releases),2003	yes	yes	no	yes	no	primary
Peters(Denver,CO),1996a	yes	yes	yes	no	no	secondary
Peters(Mobile,AL),1996b	yes	yes	yes	yes	yes	secondary
Stinchcomb & Terry,2001	no	yes	yes	yes	yes	secondary
T3 Associates,2000	yes	yes	no	yes	no	primary
Thomas & Peters,1996	yes	yes	yes	yes	yes	primary
Wright & Mays,1998	no	yes	yes	yes	yes	secondary
Zhang(matched comparison),2000	yes	yes	no	yes	yes	primary
Zhang(unmatched comparison),2000	yes	yes	no	yes	yes	primary

Author and Year	N	Favors Comparison	Favors Bootcamp
Fl. Dept. of JJ (Martin Co.), 1997	110		
Fl. Dept. of JJ (Polk Co., Boys), 1997	128		
MacKenzie & Souryal (Louisiana), 1994	404		
MacKenzie & Souryal (Illinois), 1994	294		
Farrington et al. (Colchester), 2001	175		
Farrington et al. (Thron Cross), 2001	314		
MacKenzie & Souryal (Florida), 1994	289		
Marcus-Mendoza (Men), 1995	4032		
Flowers, Carr, & Ruback 1991	2468		
Kempinem & Kurlychek, 2001	1040		
MacKenzie & Souryal (S.C., Old), 1994	217		
Peters (Mobile, AL), 1996b	363		
Aloisi & Lebaron, 2001	609		
MacKenzie & Souryal (Oklahoma), 1994	311		
Fl. Dept. of JJ (Leon Co.), 1996	129		
T3 Associates, 2000	294		
MacKenzie & Souryal (New York), 1994	286		
Zhang (unmatched comparison), 2000	200		
Camp & Sandhu, 1995	508		
NY DCS (88-99 Releases), 2003	59136		
Jones, 1996	307		
Jones (FY91-93), 1998	19099		
Stinchcomb & Terry, 2001	479		
Zhang (matched comparison), 2000	854		
Harer & Klein-Saffran, 1996	310		
CA Dept. of the Youth Authority, 1997	642		
Burns & Vito, 1995	375		
Gransky & Jones, 1995	8496		
Austin, Jones, & Bolyard, 1993	760		
Peters (Denver, CO), 1996a	240		
Mackenzie, et al. 1997	694		
Fl. Dept. of JJ (Bay Co.), 1997	121		
NY DCS (00-01 Releases), 2003	5369		
NY DCS (99-00 Releases), 2003	5365		
Fl. Dept. of JJ (Pinellas Co.), 1996	109		
Fl. Dept. of JJ (Manatee Co.), 1996	121		
Wright & Mays, 1998	1937		
Thomas & Peters, 1996	364		
Jones, 1997	700		
Boyles, Bokenkamp, & Madura, 1996	735		
MacKenzie & Souryal (S.C., New), 1994	218		
Fl. Dept. of JJ (Polk Co., Girls), 1997	60		
MacKenzie & Souryal (Georgia), 1994	164		
Overall Mean Odds-Ratio			

Odds-Ratio: .1 .25 .50 .75 1 2 5 10 25

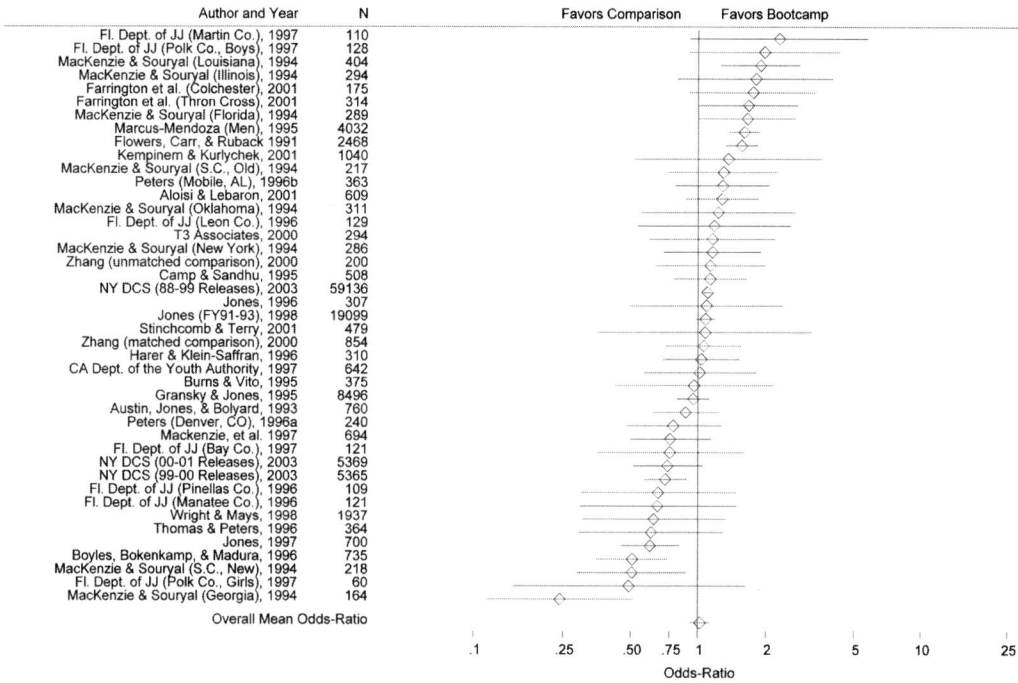

图1　比值比和再犯（最普遍的结果）置信度为95％的区间估计值

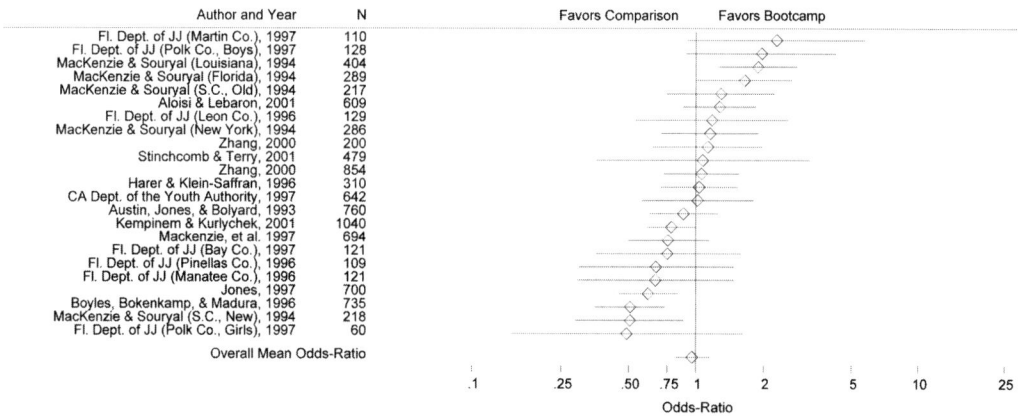

Author and Year	N	Favors Comparison	Favors Bootcamp
Fl. Dept. of JJ (Martin Co.), 1997	110		
Fl. Dept. of JJ (Polk Co., Boys), 1997	128		
MacKenzie & Souryal (Louisiana), 1994	404		
MacKenzie & Souryal (Florida), 1994	289		
MacKenzie & Souryal (S.C., Old), 1994	217		
Aloisi & Lebaron, 2001	609		
Fl. Dept. of JJ (Leon Co.), 1996	129		
MacKenzie & Souryal (New York), 1994	286		
Zhang, 2000	200		
Stinchcomb & Terry, 2001	479		
Zhang, 2000	854		
Harer & Klein-Saffran, 1996	310		
CA Dept. of the Youth Authority, 1997	642		
Austin, Jones, & Bolyard, 1993	760		
Kempinem & Kurlychek, 2001	1040		
Mackenzie, et al. 1997	694		
Fl. Dept. of JJ (Bay Co.), 1997	121		
Fl. Dept. of JJ (Pinellas Co.), 1996	109		
Fl. Dept. of JJ (Manatee Co.), 1996	121		
Jones, 1997	700		
Boyles, Bokenkamp, & Madura, 1996	735		
MacKenzie & Souryal (S.C., New), 1994	218		
Fl. Dept. of JJ (Polk Co., Girls), 1997	60		
Overall Mean Odds-Ratio			

Odds-Ratio: .1 .25 .50 .75 1 2 5 10 25

图2　比值比和逮捕（仅以逮捕为观察指标）置信度为95％的区间估计值

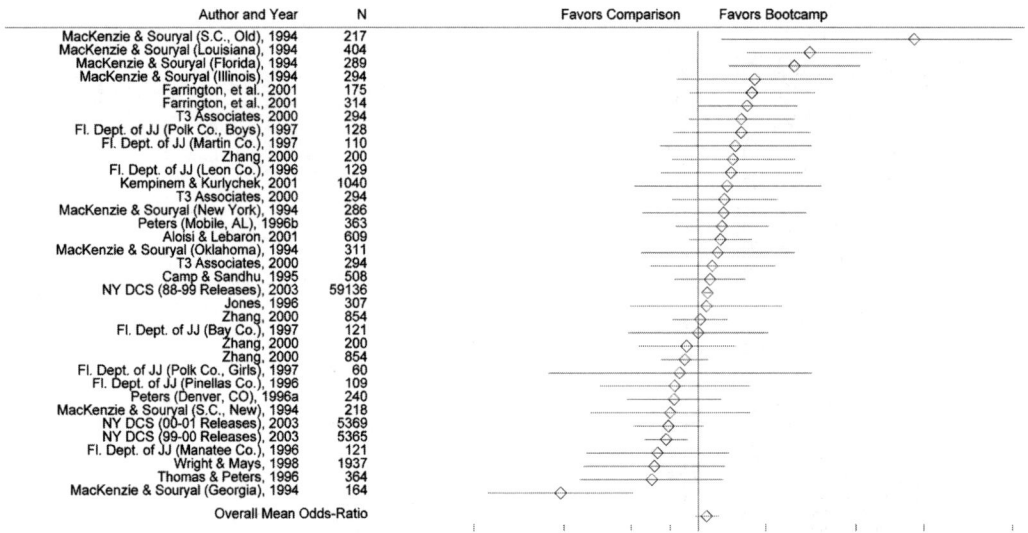

图 3　比值比和定罪（仅以定罪为观察指标）置信度为 95% 的区间估计值

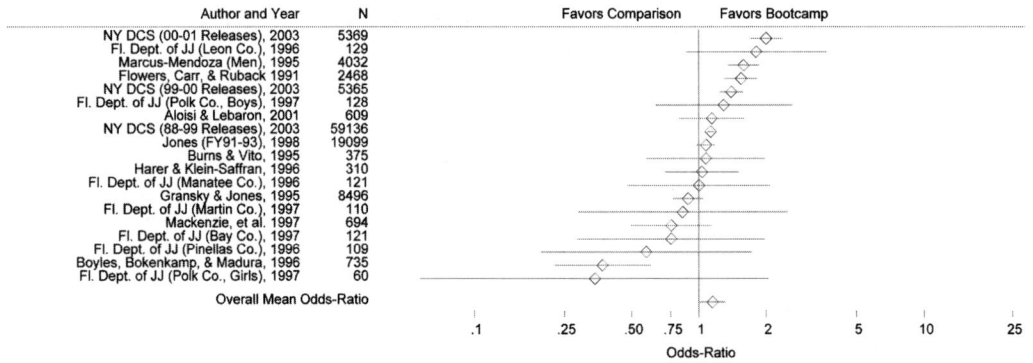

图 4　比值比和再次制度化（再次制度化为观察指标）置信度为 95% 的区间估计

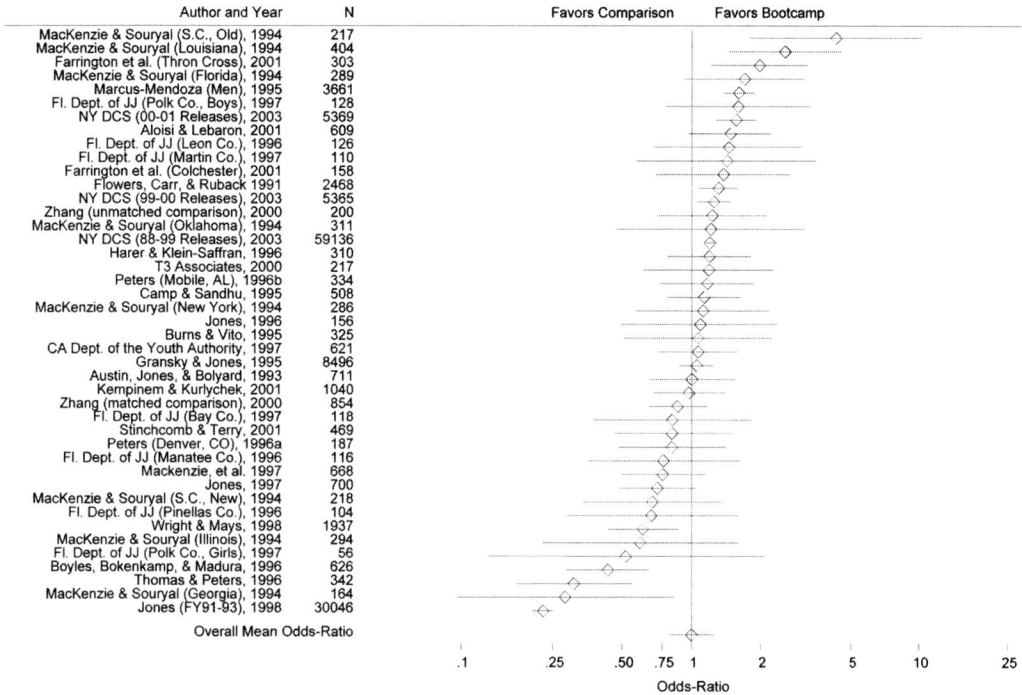

Author and Year	N
MacKenzie & Souryal (S.C., Old), 1994	217
MacKenzie & Souryal (Louisiana), 1994	404
Farrington et al. (Thron Cross), 2001	303
MacKenzie & Souryal (Florida), 1994	289
Marcus-Mendoza (Men), 1995	3661
Fl. Dept. of JJ (Polk Co., Boys), 1997	128
NY DCS (00-01 Releases), 2003	5369
Aloisi & Lebaron, 2001	609
Fl. Dept. of JJ (Leon Co.), 1996	126
Fl. Dept. of JJ (Martin Co.), 1997	110
Farrington et al. (Colchester), 2001	158
Flowers, Carr, & Ruback 1991	2468
NY DCS (99-00 Releases), 2003	5365
Zhang (unmatched comparison), 2000	200
MacKenzie & Souryal (Oklahoma), 1994	311
NY DCS (88-99 Releases), 2003	59136
Harer & Klein-Saffran, 1996	310
T3 Associates, 2000	217
Peters (Mobile, AL), 1996b	334
Camp & Sandhu, 1995	508
MacKenzie & Souryal (New York), 1994	286
Jones, 1996	156
Burns & Vito, 1995	325
CA Dept. of the Youth Authority, 1997	621
Gransky & Jones, 1995	8496
Austin, Jones, & Bolyard, 1993	711
Kempinem & Kurlychek, 2001	1040
Zhang (matched comparison), 2000	854
Fl. Dept. of JJ (Bay Co.), 1997	118
Stinchcomb & Terry, 2001	469
Peters (Denver, CO), 1996a	187
Fl. Dept. of JJ (Manatee Co.), 1996	116
Mackenzie, et al. 1997	668
Jones, 1997	700
MacKenzie & Souryal (S.C., New), 1994	218
Fl. Dept. of JJ (Pinellas Co.), 1996	104
Wright & Mays, 1998	1937
MacKenzie & Souryal (Illinois), 1994	294
Fl. Dept. of JJ (Polk Co., Girls), 1997	56
Boyles, Bokenkamp, & Madura, 1996	626
Thomas & Peters, 1996	342
MacKenzie & Souryal (Georgia), 1994	164
Jones (FY91-93), 1998	30046
Overall Mean Odds-Ratio	

图 5　比值比和所有犯罪观察指标（综合）置信度为 95% 的区间估计值

10. 参考文献

Andrews, D. A., Zinger, I., Hoge, R. D., Bonta, J., Gendreau, P., and Cullen, F. T. (1990). Does Correctional Treatment Work? A Clinically Relevant and Psychologically Informed Meta-Analysis. Criminology, 28, 369–404.

Clark, C. L., & Aziz, D. W. (1996). Shock Incarceration in New York State: Philosophy, Results, and Limitations. In D. L. MacKenzie & E. E. Hebert (Eds.), Correctional Boot Camps: A Tough Intermediate Sanction. Washington, DC: National Institute of Justice.

Deeks, J. (1999). Statistical Methods Programmed into Meta View, Version 4. The Cochrane Collaborative. Available on-line at www.cochrane.org.

DerSimonian, R., & Laird, N. (1986). Meta-Analysis in Clinical Trials. Controlled Clinical Trials, 7, 177–188.

Duval, S. & Tweedie, R. (2000). A nonparametric "trim-and-fill" method of accounting for publication bias in meta-analysis.Journal of the American Statistical Association(JASA),95(449),89-98.

Fleiss,J.L.(1994).Measures of Effect Size for Categorical Data.In H.Cooper & L.V. Hedges,The Handbook of Research Synthesis.New York:Russell Sage.

Gendreau,P.,Little,T.,& Groggin,C.(1996).A Meta-analysis of the Predictors of Adult Offender Recidivism:What Works! Criminology,34,575-607.

Gendreau,P & Ross,R.R.(1987).Revivification of rehabilitation:Evidence from the 1980's.Justice Quarterly,4,349-407.

Gowdy,V.B.(1996).Historical Perspective.In D.L.MacKenzie & E.E.Hebert(Eds.), Correctional Boot Camps: A Tough Intermediate Sanction. Washington, DC: National Institute of Justice.

Lipsey,M.(1992).Juvenile delinquency treatment:A meta-analytic inquiry into the variability of effects.In T.D.Cook,H.Cooper,D.S.Cordray,H.Hartmann,L.V.Hedges,R.J. Light,T.A.Louis,& F.Mosteller(Eds.),Meta-Analysis for Explanation:A Casebook(pp. 83-127).New York,NY:Russell Sage Foundation.

Lipsey,M.W.,& Wilson,D.B.(1998).Effective intervention for serious juvenile offenders:A synthesis of research.In R.Loeber & D.Farrington(Eds.),Serious and violent juvenile offenders: Risk factors and successful interventions (pp. 313 - 345). Thousand Oaks:Sage.

Lipsey,M.W.,& Wilson,D.B.(2001).Practical Meta-Analysis.Thousand Oaks,CA: Sage.

MacKenzie,D.L.(2000).Reducing The Criminal Activities of Known Offenders and Delinquents:Crime Prevention in the Courts and Corrections.In L.W.Sherman,D.P.Farrington,B.C.Welsh,& D.L.MacKenzie(Eds.),Evidence-based Crime Prevention.Harwood Academic Publishers,United Kingdom.

MacKenzie,D.L.(1997).Criminal Justice and Crime Prevention.In L.W.Sherman et al.(Eds.),Preventing Crime:What Works,What Doesn't,What's Promising(A Report to the United States Congress).College Park,MD:Department of Criminology and Criminal Justice,University of Maryland.

MacKenzie,D.L.,& Herbert,E.E.(Eds.)(1996).Correctional Boot Camps:A Tough Intermediate Sanction.Washington,DC:National Institute of Justice.

MacKenzie, D.L., & Parent, D. (1992). Boot Camp Prisons for Young Offenders. In J. M. Byrne, A.J. Lurigio, & J. Petersilia (Eds.), Smart Sentencing: The Emergence of Interme-diate Sanctions. Newbury Park, CA: Sage Publications.

MacKenzie, D.L., & Piquero, A. (1994). The Impact of Shock Incarceration Programs on Prison Crowding. Crime and Delinquency, 40, 222-249.

MacKenzie, D. L., Shaw, J. W., & Gowdy, V. B. (1990). Evaluation of Shock Incarceration in Louisiana, Executive Summary. Washington, DC: National Institute of Jus-tice.

MacKenzie, D.L., Souryal, C. (1994). Multi-Site Evaluation of Shock Incarceration: Executive Summary. Washington, DC: National Institute of Justice.

MacKenzie, D.L., Styve, G.J., Gover, A.R., & Wilson, D.B. (2001). The Impact of Boot Camps and Traditional Institutions on Juvenile Residents: Adjustment, Perception of the Environment and Changes in Social Bonds, Impulsivity, and Antisocial Attitudes. Journal on Research in Crime & Delinquency, 38, 279- 313.

MacKenzie, D. L., Wilson, D. B., & Kider, S. (2001). Effects of Correctional Boot Camps on Offending. Annals of the American Academy of Political & Social Science, 578, 126-143.

Morash, M., & Rucker, L. (1990). A Critical Look at the Idea of Boot Camp as a Cor-rectional Reform. Crime & Delinquency, 36, 204-222.

Sechrest, D.D. (1989). Prison "Boot Camps" Do Not Measure Up. Federal Probation, 53, 15-20.

Wilson, D.B., & MacKenzie, L.D. (In press). Correctional boot camps and offending. In B.C. Welsh & D.P. Farrington, Preventing crime: What works for children, offenders, vic-tims, and places. Belmont, CA: Wadsworth.

本文所包含的研究

Aloisi, M. & LeBaron, J. (2001). The Juvenile Justice Commission's Stabilization and Reintegration Program: An Updated Recidivism Analysis. New Jersey: New Jersey Depart-ment of Law & Public Safety Research and Evaluation Unit.

Austin, J., Jones, M., & Bolyard, M. (1993). Assessing the impact of a county operated boot camp: Evaluation of the Los Angeles county regimented inmate diversion program. San Francisco, CA: National Council on Crime and Delinquency. (NCJRS Document Reproduction Service No.154401)

Bottcher,J.,& Ezell,M.E.(2004).Examining the effectiveness of boot camps:A randomized experiment with a long-term follow-up.Unpublished manuscript,Western Oregon University, Monmouth, OR. [Supplemental to California Department of the Youth Authority,1997]

Boyles,C.E.,Bokenkamp,E.,& Madura,W.(1996).Evaluation of the Colorado Juvenile Regimented Training Program.Colorado:Colorado Department of Human Services, Division of Youth Corrections.

Burns,J.C.(1994).A Comparative Analysis of the Alabama Department of Corrections Boot Camp Program(Doctoral dissertation,The University of Alabama,1993).Dissertation Abstracts International,55(2),372-514.[Supplemental to Burns & Vito,1995]

Burns,J.C.& Vito,G.F.(1995).An impact analysis of the Alabama boot-camp program.Federal Probation,59(1),63-67.

Burton,V.S.,Marguart,J.W.,Cuvelier,S.J.,Alarid,L.F.,& Hunter,R.J.(1993).A study of attitudinal change among boot camp participants. Federal Probation, 57(3), 46-52.[Supplemental to Jones,1996]

California Department of the Youth Authority(1997).LEAD:A Boot Camp and Intensive Parole Program;the Final Impact Evaluation(Report to the California Legislature). Sacramento,California:California Department of the Youth Authority.(NCJRS Document Reproduction Service No.175429)

Camp,D.A.& Sandhu,H.S.(1995).Evaluation of female offender regimented treatment program (FORT). Journal of the Oklahoma Criminal Justice Research Consortium,2,50-57.

Courtright,K.E.(1991).An overview and evaluation of shock incarceration in New York State.Unpublished master's thesis,Mercyhurst College,New York.[Supplemental to State of New York Department of Correctional Services Division of Parole,2003]

Farrington,D.P.,Ditchfield,J.,Hancock,G.,Howard,P.,Jolliffe,D.,Livingston,M.S.,& Painter,K.(2001).Evaluation of two intensive regimes for young offenders.London, UK:Home Office Research Study.

Farrington,D.P.,Hancock,G.,Livingston,M.S.,Painter,K.A.,& Towl,G.J.(2000). Evaluation of intensive regimes for young offenders(Home Office Re-search Findings).

London,ENGLAND:Home Office Research,Development and Statistics Directorate.[Supplemental to Farrington et al.,2001]

Florida Department of Juvenile Justice(1996).Manatee County sheriff's boot camp:A follow-up study of the first four platoons.Tallahassee,FL:Author;Bureau of Research and Data.(NCJRS Document Reproduction Service No.164891)

Florida Department of Juvenile Justice(1996).Pinellas County Boot Camp:A Follow-up Study of the First Five Platoons(Research Rep.No.33).Tallahassee,Florida:Bureau of Data and Research.

Florida Department of Juvenile Justice(1997).Bay County Sheriff's Office Boot Camp:A follow-up study of the first seven platoons(Research Rep.No.44).Florida:Bureau of Data and Research.

Florida Department of Juvenile Justice(1997).Martin County Sheriff's Office Boot Camp:A follow-up of the first four platoons(Research Rep.No.43).Florida:Bureau of Data and Research.

Florida Department of Juvenile Justice(1997).Polk County juvenile boot camp:A follow-up study of the first four platoons.Tallahassee,FL:Florida Department of Juvenile Justice,Bureau of Research and Data.(NCJRS Document Reproduction Service No.166092)

Florida Department of Juvenile Justice(1997).Polk County Juvenile Boot Camp-Female Program:A Follow-Up Study of the First Seven Platoons.Polk County,Florida:Bureau of Data and Research.

Florida Department of Juvenile Justice,Bureau of Research and Data(1996).Leon County sheriff's department boot camp:A follow-up study of the first five platoons.Tallahassee,FL:National Institute of Justice.(NCJRS Document Reproduction Service No.171722)

Flowers,G.T.,Carr,T.S.,& Ruback,R.B.(1991).Special Alternative Incarceration Evaluation. Atlanta, GA: Georgia Department of Corrections. (NCJRS Document Reproduction Service No.132851)

Gransky,L.A.,& Jones,R.J.(1995).Evaluation of the post-release status of substance abuse program participants(September 1995).Chicago,IL:Illinois Criminal Justice Information Authority.

Harer,M.D.,& Klein-Saffran,J.(1996).An Evaluation of the Federal Bureau of Prisons Lewisburg Intensive Confinement Center Unpublished manuscript,Federal Bureau of

Prisons, Research and Evaluation, Washington, DC.

Holley, P.D.& Wright, D.E.(1995).Oklahoma's regimented inmate discipline program for males: Its impact on recidivism.Journal of the Oklahoma Criminal Justice Research Consortium, 2, 58-70.[Supplemental to Wright & Mays, 1998]

Jones, M.(1996).Do boot camp graduates make better probationers? Journal of Crime and Justice, 19(1), 1-14.

Jones, M.& Ross, D.L.(1997).Is less better? Boot camp, regular probation and Rearrest in North Carolina.American Journal of Criminal Justice, 21(2), 147- 161.

Jones, R.J.(1998).Annual Report to the Governor and the General Assembly: Impact Incarceration Program.Springfield, IL: Illinois Department of Corrections.

Kempinem, C.A.& Kurlychek, M.C.(2003).An outcome evaluation of Pennsylvania's Boot Camp: Does rehabilitative programming within a disciplinary setting reduce recidivism? Crime and Delinquency, 49, 581-602.

Kempinem, C.A.& Kurlychek, M.C.(2001).Pennsylvania's Motivational Boot Camp (2000 Report to the Legislature).Quehanna, Pennsylvania: Pennsylvania Commission on Sentencing.[Supplemental to Kempinem & Kurlychek, 2003]

MacKenzie, D.L., & Souryal, C.(1994).Multi-site evaluation of shock incarceration: Executive summary.Washington, DC: US Department of Justice/ NIJ.(NCJRS Document Reproduction Service No.150736)

MacKenzie, D.L., Brame, R., McDowall, D., & Souryal, C.(1995).Boot camp prisons and recidivism in 8 states.Criminology, 33(3), 327-357.[Supplemental to MacKenzie & Souryal, 1994]

MacKenzie, D.L., Souryal, C., Sealock, M., & Kashem, M.B.(1997).Outcome study of the Sergeant Henry Johnson Youth Leadership Academy (YLA). Washington, DC: University of Maryland, National Institute of Justice, Office of Justice Programs, U.S. Department of Justice.

Marcus-Mendoza, S.T.(1995).Preliminary investigation of Oklahoma's shock incarceration program.Journal of the Oklahoma Criminal Justice Research Consortium, 2, 44-49.

Peters, M.(1996a).Evaluation of the impact of boot camps for juvenile offenders: Denver interim report. Fairfax, VA: US DOJ/ OJJDP. (NCJRS Document Reproduction Service No.160927)

Peters, M. (1996b). Evaluation of the impact of boot camps for juvenile offenders: Mobile interim report. Fairfax, VA: US DOJ/ OJJDP. (NCJRS Document Reproduction Service No.160926)

Peters, M., Thomas, D., & Zamberlan, C. (1997). Boot camps for juvenile offenders: Program summary. Rockville, MD: National Institute of Justice. (NCJRS Document Reproduction Service No.164258) [Supplemental to Peters, 1996b]

State of New York Department of Correctional Services Division of Parole(2003). The Fifteenth Annual Shock Legislative Report. New York: Department of Correctional Services and the Division of Parole.

State of New York Department of Correctional Services Division of Parole(2000). The Twelfth Annual Shock Legislative Report(Shock Incarceration and Shock Parole Supervision). New York: Division of Parole. [Supplemental to State of New York Department of Correctional Services Division of Parole, 2003]

State of New York Department of Correctional Services Division of Parole(1996). The Eighth Annual Shock Legislative Report. Albany, New York: Author. [Supplemental to State of New York Department of Correctional Services Division of Parole, 2003]

Stinchcomb, J. B., & Terry, W. Clinton, III (2001). Predicting the likelihood of Rearrest among shock incarceration graduates: moving beyond another nail in the boot camp coffin. Crime and Delinquency, 47, 221-242.

T3 Associates Training and Consulting (2000). Project Turnaround Outcome Evaluation-Final Report. Ottawa, Ontario, Canada: Author.

Thomas, D.& Peters, M. (1996). Evaluation of the impact of boot camps for juvenile offenders: Cleveland interim report. Fairfax, VA: US DOJ/ OJJDP. (NCJRS Document Reproduction Service No.160928)

Wright, D.T.& Mays, G.L. (1998). Correctional boot camps, attitudes, and recidivism: The Oklahoma experience. Journal of Offender Rehabilitation, 28(1/2), 71-87.

Zhang, S. X. (2000). An Evaluation of the Los Angeles County Juvenile Drug Treatment Boot Camp. (Final Report). Washington, DC: National Institute of Justice.

非监禁就业培训项目系统回顾：
对前科人员再犯率的影响

Systematic Review of Non-Custodial Employment Programs：
Impact on Recidivism Rates of Ex-Offenders

作者：Christy A.Visher，Laura Winterfield，Mark B.Coggeshall

译者：汪晓翔　*核定*：张金武

内容概要

　　在过去的25年中，许多旨在提高有犯罪史人员就业率的项目已经被实施和评估了。这些计划暗含的，但往往更明确的目的就是减少再犯率。Wilson等人（1999，2000）进行了一项对33个项目评估的定量综合研究，这些项目是为监狱人员开展的，并涉及教育、职业和工作等方面。然而，迄今为止，对于那些为有前科但是并没有被监禁的人所提供的就业服务项目的评估文献,还未有过系统回顾。

目的

评价那些通过工作培训或者对前服刑人员的就业安置来提高就业率的项目的效果,旨在提高就业率,降低再犯率。

检索策略

对包括康拜尔 SPECTR 试验数据库在内的 9 个电子数据库的结构化检索,大大增加了基于第一作者的文献综述的搜索,以识别 1970 年以后实施的随机分配研究。我们咨询了该领域的专家,相关的引文将在下文呈现。

选择标准

一开始研究的选择是基于本研究的初始目的,即考察为刚获释的囚犯提供的就业服务措施,但是能用于分析这样的研究的数量很少。所以,选择的范围扩大到包括评估职业培训或就业安置项目效果的研究,项目参与者至少参与了一种或者两种项目,并且都是因某项刑事指控而被逮捕,定罪或监禁的人。只有关于成人的随机分配研究或者将大龄少年(16 到 17 周岁)和成人结合起来的研究被包括在内。如果实验组或对照组中包括无犯罪前科的被试者,那么相关结论必须分开来进行阐述。

数据收集与分析

我们叙述性地报告了 8 个入选的研究项目。超过 6000 名曾与刑事司法系统有过接触的大龄少年(16 到 17 周岁)和成人参与了这些项目。有两个项目贡献了这 8 个研究中共十份效应量中的独立的两份。我们将随后一段时期内(通常是 12 个月)的被拘捕次数作为结果测量指标,并进行三次分析:第一次是二分的和连续的拘捕数的混合,第二次是效果量的对数优势比,第三次是将样本分成定罪的和没有定罪的两部分。

主要结论

分析表明,在这些为前科人员提供的着眼于就业的干预措施并不减少再犯率,尽管这组随机分配研究在就业项目的类型和参与这些项目的个人两方面都是高度异质性的。因此,结果不能推广到那些在获释之后参与就业项目的获释人员身上。这些研究大都年代久远,并且大多数参与者也不是 2000 年早期典型的从美国监狱里被释放的人。

笔者总结

我们总结到,随机分配的设计条件下的为获释囚犯采取的就业为导向的干预措施的成效并没有被充分评估。在扩大了选择标准包含了有犯罪记录的个人之后,只有 8 个研究是可被入选的,但它们当中的大部分还都是十年以前的。然而,总的来说,这8个干预措施对于参与者的再犯率没有显著影响。很多为有前科的人提供的着眼于就业的干预措施正在被实施。我们需要做新一轮的严格的评估来为政策制定者提供方向,从而为特定类型的前科人员提供行之有效的就业相关服务。

1. 背 景

包含很多重犯在内的许多罪犯,都有过工作经历。四分之三的服刑人员在被监禁之前都有工作,其中超过一半的是全职工作(Lynch and Sabol,2001)。研究发现,一份正当的工作能够降低刑满释放人员再犯的可能性,并且在高薪(或高品质)行业再犯就更难发生了(Sampson and Laub,1997;Harer,1994;Uggen,1999)。研究证据也显示刑事司法系统标签化(例如,被逮捕)反过来会影响刑满释放人员就业的稳定性,即使是在控制了先前犯罪行为的持续性和严重性的情况下(Bushway,1998)。

尽管监禁经历可能被视为提升能力和为未来工作作准备的一种机会,评估文献却不看好监狱工作培训项目的效果(Bushway and Reuter,1997;Gaes et al.,1999;Wilson et al.,1999;2000)。除此之外,长期的监禁可能会减弱社会联系,这种社会联系会在出狱之后提供正当的就业机会(Western et al.,2001;Hagan and Dinovitzer,1999)。最终,刑满释放人员在找工作时就要面对重重障碍,包含与监禁相关的标签、相关工作经验的缺乏、寻找工作和维持工作的技能的退化。

毫无疑问,20世纪80年代晚期和90年代监狱人口的快速增长导致了刑满释放人员数量的猛增。犯罪前科对于求职来说有着实质性阻碍,而且对于那些被长期监禁的人来说这些障碍是复杂的。由于刑满释放人员的数量巨大,政策制定者面临着如何改善他们的就业前景的问题。许多项目的设计都是为了提高罪犯出狱后就业的可能性,这样做可以降低他们的再犯率。在近20年内,很多这样的项目都得以实施和评估。尽管Wilson和他的同事们(1999,2000)对包含有关犯人的关于教育、职业和就业的33个项目进行综合性的定量评估。但是,关于那些有犯罪经历但没有被监禁的个人的就业项目的评估文献还没有被系统地回顾过。

本文的基本研究问题是:非监禁性的就业服务措施对前科人员后续的犯罪行为有怎样的作用?① 这篇回顾将会探讨现有的经验研究证据,主要是针对降低那些最

---

① 笔者认为"前科人员"(ex-offender)这个术语并不理想,很多该领域的研究者已经放弃对其使用了。在这篇文章中使用是为了与所分析的研究中的术语保持一致。

近被监禁的人的再犯率的效果证据。因为针对实验设计的影响结果也有专门的研究，所以这篇回顾仅限于那些随机分配的研究。①

2. 研究目的

此项系统的文献综述是对现有的关于获释因犯就业项目对再犯的影响的研究文献进行全面的梳理。很多重要的关于就业和再犯方面的研究综述已经发表了，但相关的评估的系统元分析却还未出现。考虑到就业措施是否减少新近被监禁人员的再犯率这一话题有着广泛的研究、政策以及实践根基，因此对其进行系统的回顾是可行的。

3. 方法论

3.1　合格标准

研究类型

我们最初回顾的文献包括实验性的和准实验性的可评价的研究；只有实验性的部分在这里分析和呈现。符合条件的研究必须包括一个或多个实验组以及对照组。

参与者类型

基于此项回顾的目的，实验组和对照组必须包含或至少部分包含前科人员，即那些在成为研究被试之前，曾被逮捕、定罪或者因某项犯罪指控而入狱的人。如果实验组或对照组包括不是以前科人员为研究对象，那么该情况将会加以说明，这样能够单独地为前科人员的效应值进行编码。只有关于成人的研究，或者成年人与年龄较大的少年(如17岁)结合起来的相关研究才被考虑在内。② 最初，我们为了避免忽略相关研究而扩大了合格标准的范围，然后再从中选出对象是近期被监禁过的研究。

如果对照组包含了不满足合格标准的人，此类研究也将排除在外。对照组的人

---

①　因为关于这个主题有大量的文献，而且很多是批判性的但是并不系统的评论，所以第一篇系统评论就仅仅着眼于随机分配的研究。随后的分析可能就会涉及准实验设计的研究，并且比较两个群组的元分析结果。关于最新准实验的研究的一些想法也会在讨论部分呈现。

②　在这个标准上我们允许一个例外，"就业工作团"的研究(Schochet et al.,2001)所使用的样本包含了16岁的被试者。

要么接受过常规的项目训练,要么没有接受过任何项目训练。对照组的被试者可以从候补名单中或"常规实验措施"样本中抽取;如果实验组由自愿接受干预措施的被试者组成的话,对照组也必须由自愿参与者组成。

干预措施的类型

根据我们的甄选标准,一些实验措施必须要在非监禁环境(即非监狱或拘留所)下进行的。一些在教习所、教养院,或类似的设施内实施的实验措施是合格的,因为它们属于传统工作替代监禁项目。项目无论是居住条件还是非居住条件下进行的都行,只要实验组和对照组情形相同即可。这些作为实验措施的项目必须包含就业安置或者工作培训的内容,尽管也可能包含生存技能培训、矫正教育,或者社会服务援助等其他内容。如果提供了多种服务,所有的内容(如就业方面的和非就业方面的)都要编码。

结果测量

无论实验组还是对照组,参与者在干预措施实施后所有的犯罪行为都要有所记录。犯罪行为的测量可以是官方的(如被捕、定罪等),也可以是以自我报告的形式出现,而且无论是二分的还是连续性的量表形式都可。在部分研究中,干预措施之后的就业状态能够从报告中被编码出来,但是对于元分析来说,可获得的就业数据太有限了。①

语言及时间范围

本篇回顾只包含用英文写成的研究报告。用其他语言完成的合格的研究有多少,目前并不清楚。我们明白人们对就业在减少犯罪方面的作用兴趣,在近 20 年左右有所减弱,而且我们担心经济环境的变化可能会对项目效果有潜在的影响,所以我们将搜索限定在这些研究上,即至少有部分被试在 1964 年之后接受实验措施,并且该研究是在 1970 年代期间或之后完成的。

3.2　检索策略

我们并不仅仅依靠学术期刊上已发表的研究,即使它们很容易就能被找到,因为它们通常只有项目效果的报道,所以我们还使用了下面这些搜索方式。

- 联系最主要的研究者;
- 搜索美国和西欧相关文献的已出版研究的参考文献(Uggen et al., 2002;

---

① 有几个研究收集与就业结果相关的数据,如就业状态、工作周数和总体合法收入等。但我们没有为就业结果编码效应值,因为对于那些有前科记录人员的子样本,我们没有找到足够的能够用来比较的就业测量数据来完成元分析。

Bushway and Reuter, 2002; Buck, 2000; McGuire, 1995; Webster et al., 2001);

- 仔细审查相关文献的注释目录(Clem, 1999);以及

- 检索计算机数据库(见下文的列表)

我们搜索过的具体的数据库有:

- Catalog of U.S.Government Publications(CGP), U.S.Government Printing Office;

- Criminal Justice Abstracts;

- Digital Dissertations;

- Economic Literature Index;

- National Criminal Justice Reference Service(NCJRS)Abstracts;

- ProQuest Social Sciences Index;

- Sociological Abstracts;

- Social Science Citations Index;

- Wilson Humanities Index; and

- The Campbell Collaboration Social, Psychological, Educational and Criminological Trials Register.

我们所使用的具体的检索词条是以下词组的布尔组合:(1)就业、工作培训、工作咨询、工作安置、求职者津贴、失业福利、称职、善后辅导、个案管理和工作服务;(2)罪犯、前科人员、逮捕、定罪、监禁、假释、缓刑、转移和囚犯。每个词后面跟一个问号来指明更多未具体说明的特征(例如,incarcerat? 可以指 incarcerate 或 incarceration)。

3.3 研究的选择

一般来说,有关于就业与犯罪的文献是很丰富的,我们的搜索方法定位到了上百个研究,大多数都包含摘要。如果摘要没有提及评估研究这一块,该研究就立即被排除。对于这些 30 至 35 个被认为是使用随机分配设计的研究报告来说,完整的研究过程是必需的,并且须被资深作者之一所回顾和评论过(Visher 或者 Winterfield)。这些研究被分为 4 个类别:随机分配的实验研究、准实验研究、非实验研究,以及其他的研究(过程评估、评论文章等)。

在研究的检查过程中,我们发现并没有足够的包含了获释囚犯的随机分配研究,来让我们进行一个正式的元分析。因此,我们扩大了选择标准,把有被捕和定罪记录的被试者的研究也涵盖了进来。

满足修订之后的合格标准的独立的随机分配研究总共有 8 个。其中有 2 个研究

编码了两个单独的样本。在审核的过程中,有 2 个被认为是合格的研究最后被排除了:英国的一个对为前科人员提供就业援助的项目的评估被排除了,因为其为实验组提供援助的数量是不标准化的(Soothill,1999);对某个监外工作项目的评估也被排除了,因为它没有达到实验组与控制组有相似的居住情况要求,并且其实验设计因要扩大样本量而增加的一个匹配的对照组而失去了严谨性(Turner and Petersilia,1996)。

3.4 数据管理及提取

我们创建了一个 Microsoft Access 的数据库进行我们的元分析,合格的研究的信息都被输入这个数据库中。这个数据库包含了许多细节,其中包括研究合格性、项目描述、样本描述、实验组的情况、方法的精确性、成果信息,以及效应值的信息。

如果一个合格的研究报告没有提供必要的信息来计算效应值的话(比如,结果本可以以实验组和控制组的子群组的形式报告出来,以年龄作区分,但是子群组中被试的数量 N 却无从得知),我们就会通过电子邮件来联系原作者;有两个例子可以说明此举是必要的。这两个例子中,有一个作者无法重新提供必要的信息,而另一个却可以。但是对于那个没法提供新补充信息的研究(Bloom et al.,1994),我们从其中一个作者得知实验组和对照组的合理的近似值可以基于抽样标准被估计出来之后,又重新将其收纳在了这篇回顾之中。

4. 研究描述

文献回顾中涉及的 8 项研究都是在 20 多年前完成的。第一项研究于 1971 年完成(Mallar and Thornton,1978),最新的一项研究是在 1994 年完成的(Rossman et al.,1999)(注:出版日期并不是研究时间的很好的证明,因为很多研究都是对前人研究的再分析)。有 4 个研究发表于学术期刊或者专著。有 3 项研究是并不出版的为政府机构所做的研究报告,其中还包括一篇关于就业和累犯的研究目前还没有被大量引用(Rossman et al.,1999)。4 项研究涉及女性(Rossman et al.,1999;Rossi,Berk,and Lenihan,1980;Cave et al.,1993;Schochet et al.,2001)。综合来看,与刑事司法系统有过接触的 16—17 岁的少年和成年共计 6000 多人参与了在本篇回顾中涉及的 8 个研究。

有 6 项实验只是简单的两组对照的设计(例外的是 Rossi,Berk,and Lenihan,

1980;Mallar and Thornton,1978),并且所有的报告都明确表示研究参与者都是随机被分配到实验组或者控制组里的。然而,进行随机实验的具体过程要么描述得很模糊,要么根本就没有描述。再犯的测量主要是逮捕数,依据官方记录来源或者是自我报告的信息。随访期从 6 个月到 36 个月不等。总的来说,这 8 项实验研究都使用了随机分配的方式,检验了就业服务对前科人员在犯罪活动方面的影响。综上所述,下面的研究按照项目开始的时间先后排列①,并且在展现元分析结果之前,我们要简要描述这几项完全不同的研究。

4.1　前科人员的巴尔的摩生计保险(LIFE)

在 1970 年代,巴尔的摩生计保险是 1970 年代几项由美国劳工部资助的项目的研究开端。

(Mallar and Thornton,1978;Rossi,Berk and Lenihan,1980:Ch.2)。劳工部由 1962 年的《人才发展和培训法案》授权开展一个项目,这个项目的目的是为出狱人员提供援助让他们有机会找到工作。对出狱人员短期收入的补助,加上工作方面的咨询能够促进他们重回劳动力市场,从而减少犯罪(尤其是因贫困而导致的财产犯罪),而且已有一系列的示范项目检验了这个假设。

从 1971 年开始,432 名犯人从马里兰州监狱被释放,重新回到巴尔的摩。他们被随机地分配,或者是为期 13 周,每周 60 美金的收入,或者是得到就业相关的咨询和安置帮助,有的人则在控制组中没有得到任何收入或咨询。但是,在随机分配之前,该项目合格的参与者限于由于有先前犯罪历史而更容易重新回到监狱中的囚犯(Mallar and Thornton,1978:210-211)。再犯的界定标准是 1 年之内是否再次被捕。

LIFE 实验发现,工作安置和咨询措施对一年之内的被捕数没有影响,但是那些每月收到 60 美金的犯人(以 CPI 换算,相当于 2002 年每周 225 美金)相较于控制组来说有更少的被捕数。令人吃惊的是,被捕数最少的发生在那些只接受财政援助而没有工作分配服务的参与者身上。Uggen 和他的同事(2002)指出,这个早期的实验发现了一个年龄的交互作用——26 岁及以上的人相对于更年轻的参与者来说,再次被捕的可能性小很多(Lenihan,1976)。

4.2　过渡性援助研究项目(TARP)

在 LIFE 实验的结果之后,劳工部决定在两个额外的实验中重复这个研究,只是在福利方面略有不同并且取消了资格的限制,这通常被称为过渡性援助研究项目

---

①　这个讨论极大获益于对 Uggen,Piliavin,and Matsueda(2002)的很多研究的综述。

（TARP）。该项目于 1976 年在德克萨斯和佐治亚州展开，大约有 4000 名获释囚犯参与了这两个研究（每州各一个），他们在每个研究中都被随机分配到四个实验组和两个控制组当中（Rossi，Berk，and Lenihan，1980；Berk，Lenihan，and Rossi，1980）。[1] 实验措施包括失业保险福利和就业安置。享受失业保险福利的人有 13 周或者 26 周的领取资格，其中，享受 13 周福利的人还得缴纳收入的 100% 或 25% 的税款。在参与者从监狱获释一年以后，每个州会检查他们录入计算机里的被捕记录。

TARP 原本是想要作为 LIFE 的一个重复和延伸，它增加了与参与者有效交流的这一细节（如告知他们当工作有保证之后，支付会减少或终止），这可能会让就业起到抑制性的作用（Rossi et al.，1980：7）。[2] 评估者们宣称，项目参与者的失业会提升实验组的拘捕数；无论是佐治亚还是德克萨斯的研究[3]，TARP 四组实验组和两组控制组在拘捕率上都没有显著性的差异。事实上，财政支付减少了工作的星期数，尽管领取支付金的前科人员的确得到了更好的工作，并且有工作的这部分人被拘捕的次数更少。但是，在 LIFE 和 TARP 实验中的就业服务成分都对犯罪活动没有影响。

4.3 国家支持的工作示范

"国家支持的工作示范"同样由劳工部资助，于 1975 年到 1977 年之间在美国 9 个城市中开展的，所登记的人都是那个期间新近被拘捕、定罪或监禁过的，他们当时正处于失业状态并且在之前的 6 个月中被雇用的时间不超过 3 个月（Piliavin and Gartner，1981；Uggen，2000）。研究参与者被随机分配到有 6 到 8 个其他同事的最低工资工作中，或者被分配到控制组当中。

在对原始数据的再分析中，Uggen（2000）检查了有着理论依据的两个重要的子群组的首次自我报告的拘捕数，这两个群组分别是小于 26 岁和 26 岁及以上的目标群体。合并后的样本总数是 3105，由项目登记的日期开始计算，后续的随访期从 18 个月到 36 个月不等。

Uggen（2000）对"国家支持的工作示范"的再分析显示，就业项目的效果随着研究参与者年龄的不同而有所变化。特别指出的是，最初并不被看好的一个项目却在

---

[1] 每个研究中两个控制组都只有一个是以实验组相同的方式进行访谈的。第二个实验组只采用官方记录。在编码 TARP 研究的时候我们省略了非访谈的对照组就因为这个数据来源上的不同。

[2] LIFE 项目的参与者被告知如果他们工作将有资格获得部分福利。事实上，几乎所有的参与者都接受了前 13 周一共 780 美元的条款；所以，实际上参与者们并不会遇到 TARP 项目中可能会遇到的"就业税"的问题。

[3] 在佐治亚州，4 个实验组的被捕率从 48.4% 到 49.9%，而 2 个控制组的则是 48.4% 到 48.7%（Rossi et al.，1980：Table 5.1）。在德克萨斯，实验组被捕率从 34% 到 42.5%，控制组则为 35.5% 到 36.5%（Rossi et al.，1980：Table 5.2）。

减少26岁以上前科人员的再犯上的效果极为显著。对于稍年轻的前科人员,实验组和控制组都有31%的人在每年年末报告了再次被捕的情况。而对于年龄大些的罪犯,实验组的逮捕率比控制组的低8个百分点。这个差别在3年后扩大到了11个百分点(Uggen,2000)(精确的每个年龄组被拘捕的人的百分比没有被提供)。Uggen的著作(1999,2000;Uggen et al.,2002)阐述了参与者的年龄对于就业服务措施成功的重要性,这是在令人失望的为前科人员们提供工作培训和就业项目的20年历史中前进的一大步。

4.4 缓刑犯的职业培训项目

在某个中西部城市开展的一个研究中,研究者将从1979年到1981年间参与到某个工作培训的108名缓刑犯与另外一个108名社区缓刑犯的随机样本进行了对比(Anderson and Schumacker,1986)。项目参与者从18岁到25岁,并且满足综合就业和培训法案的资格。该项目提供了一系列的职业技能培训,包括简历制作、求职申请、角色扮演的工作面试及一些技能训练。在6到12个月内,参与者在重犯的各个方面都进行了比较,包括拘捕、缓刑撤销、新的审判。

Anderson和Schumacker(1986)在他们对为缓刑犯提供的工作培训项目的评估中,发现6到12个月内的结果是没有差别的。在6个月的时候,15%的控制组和13.5%的实验组的人经历了"艰难的"结局,即缓刑撤销或新的定罪导致入狱。在12个月的时候,调整后的措施显示实验组相对于控制组有更少的这样的艰难的结局(分别是15.5%和23%),但是这个差异并不具有统计学意义上的显著性。因为需要控制不同组别间的一些差异,我们选择编码这些调整后的措施来进行元分析。

4.5 职业培训合作法案(JTPA)

职业培训合作法案(JTPA)为经济上困顿的美国人提供就业和培训项目,包括那些辍学者和有拘捕记录的人。不同的地点提供不同的服务,并且还会为研究参与者量身定制。对于作为前科人员的年轻人,其服务还特别包括基础教育和"杂项服务",如预备就业培训、职业探索、工作见习和工作试用(Bloom et al.,1994:27,51)。JTPA被认为是比JOBSTART和"国家支持的工作示范"中的青少年部分都更少密集性的方法。劳工部委任的评估,要求这样的实验设计,1987年到1989年期间,16个研究地点的参与者都被随机分配到实验组和控制组。对该研究中报告的拘捕结果,390名男性前科人员的平均后续随访时期是21个月,另外198名参与者则是36个月(Bloom et al.,1994)。

对职业培训合作法案(JTPA)项目的评估没有发现其对有被捕记录的男性青年

(17到21岁)有显著的影响。在第一个后续随访期间(平均是21个月),实验组和控制组都有43%的人被捕了。而在第二个随访期间(平均是36个月),JTPA中59%的青年人被捕了,而控制组则是56%(Bloom et al.,1994:Exhibit 11)。

4.6 启业项目

JOBSTART(启业项目)示范创立于1985年,是"就业工作团"(Job Corps,见下文)和职业培训合作法案(JTPA)的替代方法。JOBSTART把基础技能教育、职业培训、支持服务和就业安置援助等结合起来,为1985年到1989年间13个地方的年轻的并且谋生技能不高的辍学者提供服务。评估中有一个子群组是由291名17到21岁的男女前科人员组成,他们被随机分配到实验组或控制组(Cave et al.,1993)。在参与该项目之后的第一年和第四年后,项目组对参与者的被捕次数进行了考察。

JOBSTART同JTPA的参与者都是本质相似的有着犯罪记录的弱势青年人,但前者提供了更长期的服务。四年期的项目阶段过后,JOBSTART的实验组和控制组之间也无实质差别。在第一年期借宿后,该项目的参与者和控制组都有35%的人被捕了,而第四年的时候分别有69%的实验组的人和75%控制组的人被捕。这个差别并不具有统计学意义上的显著性,因为该子群组的样本量太少(Cave et al.,1993:194)。因此,这个由联邦政府资助的,目标群体为有犯罪历史的弱势青年人的就业示范项目是令人失望的。

4.7 就业工作团

就业工作团是一个长期的居民项目,为严重弱势的群体,主要是辍学者,提供就业安置援助的同时,也强调学术和职业的准备。1964年美国劳工部开始资助该项目。1999年就业工作团获得了1.3亿美元的资金,登记了6万名16岁到24岁的年轻人。2000年开展的一个评估对1994年11月到1996年2月间所有该项目的申请者进行了随机分配。控制组排除了那些参加该项目时间超过三年的人,但是很多人的确在其他地方接受了某种类型的培训,而且通常是职业培训(Schochet et al.,2000)。该评估对参与这个项目的一个子群组的998名前科人员48个月里的自我报告的拘捕数进行考察,并比较了控制组的情况。

在对就业工作团最近的评估中,Schochet和他的同事(2001)发现在自我报告的拘捕数方面,该项目的参与者与控制组之间没有差异。再次拘捕的比例方面,前科是轻微罪行的再犯比例是1.3%,而那些前科是严重罪行的人,该比例是4.7%(Schochet et al.,2001:Table F.12)。随后额外的定罪数据也没有表明该就业工作团项目对那些前科人员的再犯情况有什么影响(Schochet et al.,2001:Table F.12)。但是,在只有轻微前科的这部分项目参与者中,酒类消费和硬性毒品的使用减少了(Schochet et al.,2001:Table H.4)。

4.8 成功的机会(OPTS)

最近的一个研究是关于从 1994 年就开始的"成功的机会"(OPTS)项目,它是一个为期 3 年的示范项目,通过为有酒精和毒品史的出狱人员提供全面的出狱后的服务,包括就业准备课程、工作培训和就业安置,来减少药物使用的复发和罪犯的再犯(Rossman et al.,1999)。该项目在 5 个社区里执行,但是评估只在其中 3 个开展,分别是密苏里州的堪萨斯城和圣路易斯及佛罗里达州的坦帕。评估者将 398 名参与者随机分配到实验组和控制组中;OPTS 项目的参与者可以享受至多达两年的服务。评估的对象包括自我报告的和官方的记录。在 OPTS 项目的参与和监督的第一年年末,该评估获得了样本量 84% 的参与者的官方刑事司法的拘捕和技术违规记录。

某个对 OPTS 项目的评估发现,在参与者自我报告的拘捕数方面,项目组和控制组之间几乎没有实质性的或统计学上的差异(Rossman et al.,1999)。实验组比控制组报告了更少数量的抢劫及不检行为,但是这些差异的显著性仅在 0.10 的水平(Rossman et al.,1999:Figure 6-2)。对官方记录的分析也没有发现两组在再犯率上有差异,但是实验组却比控制组有更高的技术违规比率。笔者认为,OPTS 参与者与个案管理者有了更多的接触,这可能导致了违规行为的增加。

4.9 总结

这 8 个研究表明就业服务项目对减少前科人员的再犯没有或只有轻微的影响。在其中的几个研究中,实验组的主体确实比对照组有更好的结果,但这些差异无统计学意义上的显著性。不幸的是,这些针对前科人员的就业服务计划的随机分配研究有众多不同的方面。第一,这 8 个研究跨度近 25 年。第二,在这些研究中检测的就业服务措施差别很大,从就业准备课程(包括基础教育)和强化职业培训到就业安置援助再到工友的分配。第三,在这些研究的参与者年龄范围从十六七岁到 40 多岁不等。第四,参与者的犯罪历史也有不同,从因轻微犯罪被捕到近期的因严重罪行而被监禁。Uggen 做的两个研究的特殊分析的确发现,年长的参与者(至少 26 岁)相对于更年轻的参加者其被捕的可能性小很多。但是,这两项研究中的干预措施是相当不同的——分别是财政奖励和工友分配。

这样一个异质性的研究对我们进行元分析来说是并不理想的,尽管在研究数量更多的情况下,可以考虑将这些研究本身(即项目类型、参与者的年龄等)的特性进行多元分析。但是,这少得可怜的 8 个研究让我们排除了这样的想法。无论如何,我们还是进行了元分析,因为超过 6000 个有刑事司法经历的个体参与了这些就业服务项目,而且这些研究还没有被用来进行定量的元分析,并且当有更多可用于元分析的研究出现时,我们想为该文献的系统回顾建立一个基准。

5. 元分析

这 8 个研究的效应值是用逆方差的方法计算的,并且采用了 Lipsey 和 Wilson(2001)所介绍的元分析方法。连续性结果的测量首选二分的结果,无论何种情况下其二者都能被获得,所以保留更详细的连续性的测量,避免用来二分测量的分割点的选择所可能造成的误导。所有的效应值都被编码了,所以一个正的效应值说明实验组的被试相对于对照组经历了更少的再犯情况。我们采用了 Hedges(1981)介绍的公式来调整因为样本量小而导致上偏的标准均数差效应值。这个偏差的调整对于所有的研究来说是微不足道的,因为所有的效应值都是基于 200 或更多的样本个数。从二分结果测量中计算而来的效应值采取了一个反正弦转换,这样他们能够与标准均数差效应值进行比较。

所有的研究在后续随访期内所报告的拘捕数都作为一个结果测量标准。8 个研究中的 6 个报告了二分的拘捕测量(即被试者中被捕的比例)。我们对这些比例实施了一个反正弦转换并且计算了效应值作为各个比例的差值。剩下的两个研究(Rossman et al.,1999;Rossi et al.,1980)报告了再犯的连续性的测量(即随访期内被捕数的均值),所以相应的标准均值差的效应值也被计算了出来。8 个研究中我们能够编码其结果的随访期的范围是 6 个月到 48 个月,其中众数是 12 个月。

有两个研究(Mallar et al.,1978;Rossi et al.,1980)使用了交叉设计,涉及了多个实验组,其中每组都获得不同的干预措施,用以跟唯一的一个对照组进行比较。因为有共同的对照组,每个实验组计算出的单独效应值不会有统计学意义上的独立性。为了保持效应值独立,我们以每个实验组的自由度(即 $n-1$)作为权重,在每个子研究中为那些多重实验组计算了结果测量的加权平均值。每个研究都计算了一个单独的效应值,其中用加权的平均值作为实验组的效应,用 k 组实验组的自由度的总和(即 $n1+n2+...+nk-k$)作为实验组样本量。总之,我们使用聚合来避免统计学上非独立的效应值,虽然为此牺牲了我们分别检测不同实验刺激样式效果的能力。

TARP 的实验(Rossi et al.,1980)实际上是两个同时进行的研究,它们使用相同的设计,只是一个在德克萨斯州,另一个在佐治亚州。每个州都有设计四个实验组和一个对照组,所以我们能够为德克萨斯的研究计算一个单一的效应值,为佐治亚的研究计算另一个独立的效应值。

除了 TARP 的实验,唯一贡献两个效应值的是 Uggen(2000)的对"国家支持的工作示范"项目的重新分析。他把样本中的被试者分成 26 岁及以下的和 27 岁及以上的两个组别,这就有了独立的两个实验组和两个对照组。因此,我们能够比较两个效应值,而最终从这 8 个研究我们一共得到了 10 个效应值。

总之,我们制定和应用了三个规则,使这一组被编码过的效应值缩减到一组共10 个统计学上相互独立的效应值:(1)当这些研究对于相同的被试者在多个时间点报告相同的结果时,我们用这些时间点平均的测量结果来计算一个单一的效应值;(2)如果研究同时提供了调整过的(用于研究组之间最初的非对等的检测区域)和未调整的效应值的信息时,我们使用的是调整后的估计值;并且(3)当这些研究在多个时间点对于不同组别的被试者报告出相同的结果时(例如,在随访期被试者丢失时的后果),我们采用随访期最接近 12 个月的效应值,因为 12 个月是随访期的众数。第二个和第三个规则只适用于处理 Anderson 和 Schumacker(1986)的研究,他们先是在 6 个月随访期之后报告了效应值数据,然后又在 12 个月后第二次报告[1]。我们使用 12 个月时的效应和 12 个月时的样本量来计算 Anderson 和 Schumacker(1986)的研究的效应值。

在随机分配的研究中,被试者的丢失是偏差的一个重要来源,并且会影响结果的有效性,从而产生错误的元分析结果。根据这 8 个研究我们计算出了 10 个效应值,在对它们编码的过程中,我们重新编码了两个与被试者丢失相关的二分条目:(1)总体的被试者的丢失(所有的研究群组结合起来)的数字是否是很显著的,(2)治疗组和对照组是否经历了不同程度的被试丢失。我们注意到,对其中两个研究(Anderson and Schumaker,1986;Schochet et al.,2001)来说,整体的被试丢失可能是个问题,而对另一个研究(Bloom et al.,1994),被试丢失情况的差异性是个潜在问题。我们观察到,这些效应值并不是异常的,并且在敏感度分析中每个效应值从样本中被依次移除(见下文),结果表明我们的推论对于这些研究是否该被保留在分析当中并不敏感。

① 101 名实验组的被试中有一名在 6 月份和 12 月份之间退出了,对照组没有人退出。Anderson 和 Schumacker 同时报告了随访期没有被捕的实验组和对照组的被试者的调整过的和非调整的比例。调整过的比例对所观察到的随机分配的参与者的非等值因素做了校正;这些校正了的比例被用来计算这个研究的效应值。如果我们使用了未调整的比例,我们可能会得到更小的正的效应值,这可能会略微使平均效应值变小。但是我们所有的推论都不会变化。

5.1 结果

第一阶段的分析总结见表1。我们计算出统计值Q来检验10个效应值组成的样本的方差可以单独地通过抽样误差来解释的这一假设。Q值依从卡方分布。我们的测试得的值是 $13.45(p=.1462;df=9)$，这表明，被试者水平的抽样误差能单独解释我们样本里效应值的方差。基于固定效应的假设，我们继续了我们的分析，最值得注意的是，所有10个效应值是从同一总体中抽取的。之所以这样抽取是因为我们的选择标准使得这些研究在方法论和被试者方面实现了高度的一致性。另外，Q统计量的 P 值大于0.10，并且这10个效应值是基于相对大量的样本得到的，这些样本包含了数量从203到2125不等的被试者。

10个效果值的均值为0.03，这在统计学意义上并不显著（ $z=1.34;p=.1790$ ）。这表明，平均而言由就业干预措施并不能减少实验组的再犯率，因为其数值并不比偶然性期待的数值高。

为了测出平均效应值，我们计算了对照组中在随访期内没有被捕的被试的平均比例，其中有7个项目的对照组能提供这一比例（例如那些采用了正反弦转换来计算效应值的群组）计算得来。我们发现，平均而言对照组中54.3%的参与者在随访期间没有被捕记录，而这一比例的标准差为49.1%。如果我们期望54.3%的对照组被试不会被逮捕，并且就业干预措施的平均效应值是0.03，那么实验组的不被拘捕的平均的期望值为55.8%[54.3%+(0.03∗49.1%)]。

因为总共只有10个效应值，所以这个结果是很容易解释的。这些单独的效应值中只有Uggen(2001)的年长的被试者的样本是具有统计学显著性的（见图1）。这个效应值是正的，说明实验组比对照组有更低的被捕概率。然而，剩下的9个效应值中有4个是负的，而且并不显著。

为了评估单一的效应值在多大程度上能推动我们的统计推论，我们每次都将一个研究排除在外用来重新估计平均效应值和Q统计量。只有当Uggen(2001)的年轻人样本被排除后，其余的9个效应值产生了具有统计学意义上的显著性（p>0.05）的平均效应值（见表2）。但Q值从来没有达到统计上的显著性。

然而，即使是这个唯一的显著性也是脆弱的，因为它有赖于我们如何处理Anderson和Schumacker(1996)的研究的效应值。在该项研究中，6个月的效应值远远小于12个月的效应值。如果我们选择使用6个月的效应值或将两个平均起来，就不会有9个效应值联合起来产生统计学意义上显著的均值的情况发生。

考虑到基于表1中的模型而作出的最初的推论可能对我们选择的分析方法很敏

感,我们测试了一种替代方法。我们对所有研究的结果估计都采用比例的形式。使用再犯二分的测量值,我们计算了 10 个新的对数优势比的效应值,一个新的逆方差加权的平均效应值,和 Q 值的新估计值。相比于之前由 7 个反正弦转换过的比例差和 3 个标准均值差的效应值而混合成的样本,这种方法提供了更大程度的分析的一致性。两个对数优势比的效应值,Rossi(TX)和 Rossman,在符号上与它们的标准均值差所对应有所不同,因为这些研究在报告了随访期被捕数的均值的同时,也报告了被捕的被试者的比例。在这种情况下,对数优势比的效应值和标准均值差的效应值是基于不同的估计的。

Q 统计量在这个对数优势比的样本里是不显著的,所以我们还是可以宣称所有的效应值都是取自同一个总体。需要再次强调的是,我们是在固定效应的假设的前提下进行分析的。

新的平均效应值(0.06)比之前的(0.03)要大一些,但对数优势比的效应值的平均值的标准误差也较大(0.05vs.0.02)(见表 3,图 2)。基本的推论仍然是相同的:平均而言,这些就业服务措施对前科人员被捕的可能性没有显著性作用。

当用对数优势比重复了敏感度分析时,我们发现了一个相似的模式。唯一的产生了一个显著的平均效应值的由 9 个对数优势比组成的联合是排除了 Uggen(2001)的年轻人样本的。对于任何 9 个效应值的组合,Q 统计量都不显著。

平均而言,这 8 个就业服务措施对实验组被试者再次被捕的可能性无显著性作用。然而,由于只有 10 个独立的效应值,结论的说服力很显然是不够强的。第二类错误的可能性并不能被排除,特别是对敏感性分析表明若不是包含了 Uggen(2001)的年轻人的样本,我们可能会得到这些项目基本无益的这一结论。另外,10 个效应值中的任何 9 个的最大平均效应值是 0.11,这是一个相当不显著的效果。所有证据似乎都在支持一个相当有力的结论,即对累犯的就业服务措施的效果要么是没有的,即使有也是非常有限的。

通过这个没有发现显著结论的异质性检验,我们能够对以上分析进行总结。然而,我们想明确知道干预措施的效果与被试者的前科记录和干预的时机(刚从监狱释放或刚接受惩罚后不久)存在关系的可能性。10 个效应值中有 5 个(Uggen,Schochet,Bloom,and Cave)所涉及的研究其所依赖的样本个体并不一定有前科记录。其余 5 个效应值(Mallar,Rossi,Rossman,and Anderson)的研究包含的被试者则是有一个或多个定罪记录。而 Mallar,Rossi,和 Rossman 的研究只包括获释因犯;Anderson 的研究考察的则是缓刑犯。我们相应地把效应值分成了两个子样本,有罪的和无罪的,并为每个计算了新的均值(见表5)。

结果表明包含轻微罪犯(最近没有被定罪或监禁)样本的研究展示了更强的效果,但仍然不显著。

6. 讨 论

6.1 对研究的启示

这一系统的回顾表明,相关研究的缺乏导致我们没有足够的能力对前科人员非监禁性就业服务项目的有效性做一个明确的结论。在英文出版物中,我们只能找到8个使用随机分配的研究,而这些研究可以追溯到20世纪70年代初。此外,这些研究在主要的干预措施和目标群体上都是极为不同的。尽管如此,总体上讲我们认为8个干预措施对参与者再次被捕的可能性无显著性作用。当这些研究根据目标群体的不同被分成有定罪记录和只有被捕记录两组时,结论也并没有根本变化。

我们发现,平均而言,54.3%的对照组在一年的随访期内没有被捕。设定就业措施对被捕的平均效应值为0.03,在考虑了个体研究的变化时,实验组被试者不被拘捕的期望是55.8%。

本篇系统回顾的原意是考察针对最近被释放到社区的获释囚犯的就业服务措施。不幸的是,在过去十年针对该特定目标群体的只有一个研究已经完成(Rossman et al.,1999)。因此,现在急需针对获释囚犯的就业服务措施的当代研究。虽然很多这样的项目在社区里展开了,但是关于它们有效性的评估很少,并且也未使用随机分配的实验设计。

在为这篇元分析搜索合适的相关研究的过程中,我们的确发现了一批采用准实验设计的研究(Buck,2000;Finn,1998a;Finn,1998b;Finn,1999;Menon et al.,1992;Martin et al.,1999;Soothill,1974;Soothill,Francis,and Ackerly,1997;Turner and Petersilia,1996;Virginia Department of Corrections,1985,as discussed in Buck,2000)。这些研究中检测的一些就业服务措施似乎是很有希望的,但是大部分的实验组的罪犯都是自主选择何种干预措施的,这可能使对照组有更高的失败的风险。

这一系列准实验的研究代表了新一轮的为释囚开展的就业服务计划的展开。在努力超越"就业项目"这一通用名称和考虑这些项目有哪些能特别对出狱囚犯(不是指弱势的青壮年)有效的方面时,考察这些"新"项目,考虑在组织和程序机构方面的差异将更有实际意义。

大部分的准实验研究的重点放在了针对新近获释囚犯经过的有特别设计的项目上。这些项目的要素包括了推出传统工作,在社区里的过渡性就业、就业前的服务(基础教育、生活技能、药物滥用和精神健康咨询)、就业准备培训(简历制作、面试、职位搜寻技巧),以及就业安置援助和就业后的支持。此外,某些项目从参与者被释放前就有提供服务,并且在其出狱后继续提供服务。这些项目也在它们作为获释囚犯和商业社区之间的社区媒介(Solomon et al.,2004)的角色上有所差异。

更全面的项目显示囚犯在出狱后会面临多种挑战(Petersilia,2003;Travis et al.,2001),它们已经被设计成非纯粹的"就业服务"的项目。我们很难在提供就业服务之前花大量气力去与需求和技能(住房、节制、教育)等概念哲学进行争辩。另外,过渡性就业项目,如快速安排获释囚犯从事按日计时的工作、工友作为的一种干预措施等,被证明在 1970 年代是有效的,至少对年长的罪犯是如此。纽约的就业机会中心的基地已经运作超过了 20 年,它就是着眼于快速的过渡性就业,尽管该项目还提供一些预就业服务和就业准备培训。

因此,新一代的为前科人员提供的就业服务项目依赖于几种不同的服务提供模式和类型。此外,许多项目捆绑了不同类型的干预措施——例如,预就业服务与就业安置援助相结合。今后的评估很可能会发现很难将这些措施的效果独立地区分开来。严格甄选研究和评估时,最优先考虑的就是过渡性就业的成效,从监狱中到获释后服务的连续性,就业安置后续性的支持与服务,以及传统的出狱工作项目。

此系统回顾还指出,考察被试者的年龄与就业服务效果的相关性是有必要的。两个 1970 年代实施的研究显示那些项目对年长些的前科人员,即至少有 26 岁的这一批人,有着更显著的效果。然而,这些发现还没有在更多的当代项目中被重复验证。此外,年龄背后可能仅仅只是动机因素的影响。因为凭借着与刑事司法系统更频繁的接触经验,年长的罪犯可能会有更强的动机来充分利用就业服务项目,帮助自己完全摆脱犯罪行为。

因此,我们对当前为获释囚犯,或更广泛意义上的前科人员所提供的就业服务项目的成效的认识是极为有限的。

目前对美国劳工部支持下的各种项目的随机分配的评估正在进行当中,但是好几年了仍然没有得出什么结果。同时,仔细考察其他国家的研究是比较可为的下一步,从而确定其是否对前科人员提供的就业服务项目进行了严格的评估。

6.2 对实践的启示

稳定的就业对从监狱获释的人来说是出狱之后能获得成功的很重要的预示。但是,就业项目可能只对有积极性的人有效,然而标准的就业计划却太可能改变他们的积极性。稳定而且满意的就业可以让获释人员重归社会关系和传统生活方式,因此也是终止犯罪过程的重要组成部分(Bushway,2003;Laub and Sampson,2003;Sampson and Laub,1993)。

然而,前囚犯和前科人员一般都没有良好的工作记录,所具备的技能也很有限。这些劣势加上重罪宣判和一段时期的监禁,通常会使得他们很难找到并且保住一份可以让他们自给自足及供养家庭的工作。更糟糕的是,前科人员或许还有其他阻碍快速求职的因素,例如严重教育缺乏、滥用药物、精神疾病、居无定所。一般情况下,如果这些问题不解决,他们是很难真正准备好去从事一份工作的。

就业措施包括了一系列由专案经理提供的一定期限的服务,如就业准备课程、职业教育、GED 认证、就业培训、工作安置,以及就业监督。但并不是所有获释人员都需要上述的服务。很多人在被监禁之前都有一份合法的工作,综合他们近期的定罪和监禁情况,可能只需要在给他们安排一个愿意雇佣他们的人方面提供援助。另一些人可能从来没有一份有规律作息时间的全职工作,这些人在进入职场之前需要全套的岗前和就业预备服务。对于这个群体的人,如果能够识别个体的需求,那么将其与具体类型的服务相结合的话,就业项目会更加有效。如果新一代的评估能为决策者如何最有效地将前科人员和他们所需要的服务相结合提供一个方向,那么就再理想不过了。

对实践者来说未来的挑战还有很多。Buck(2000)在做针对前科人员的就业项目回顾时采访了一些服务提供者和政策制定者,并为其指出了工作中重要的需要加强的部分,其中包括提高监狱内外项目活动的连续性,通过提供职业技能培训和GED 的课程,以及与服务提供者更好的交流和相互学习,让有前科者找到比入门级的工作更高级的职位。另外,这些项目所获得的公共资源比较有限,这就有碍让更多的前科人员获益。对监狱和社区中的项目来说,前科人员常常需要等待才能获得相应培训。最后,实践者认为缺乏制定有效的就业服务计划以及知识阻碍了他们从根本上提高前科者的长期就业率的能力。

我们希望当下进行的随机分配的评估能为前科人员工作的政策制定者和实践者提供更有价值的信息。

7. 图　表

表 1　Mean Effect Size and Heterogeneity Test Statistic, Q

Study	ES	se	LL	UL
Bloom	−0.01	0.11	−0.22	0.20
Cave	0.13	0.13	−0.12	0.39
Schochet	0.03	0.04	−0.05	0.11
Uggen(>27)	0.20	0.06	0.08	0.33
Uggen(<27)	−0.03	0.04	−0.12	0.06
Anderson	0.19	0.14	−0.09	0.46
Mallara	0.07	0.11	−0.14	0.29
Rossi(TX)a	0.02	0.08	−0.14	0.17
Rossi(GA)a	−0.07	0.08	−0.22	0.09
Rossman	−0.05	0.11	−0.26	0.17
MEAN	0.03	0.02	−0.01	0.07
Q	13.45, df=9, $P(>Q)$=.1462			
a	Effect sizes computed from the weighted mean outcome in multiple treatment groups contrasted with a single comparison group.			

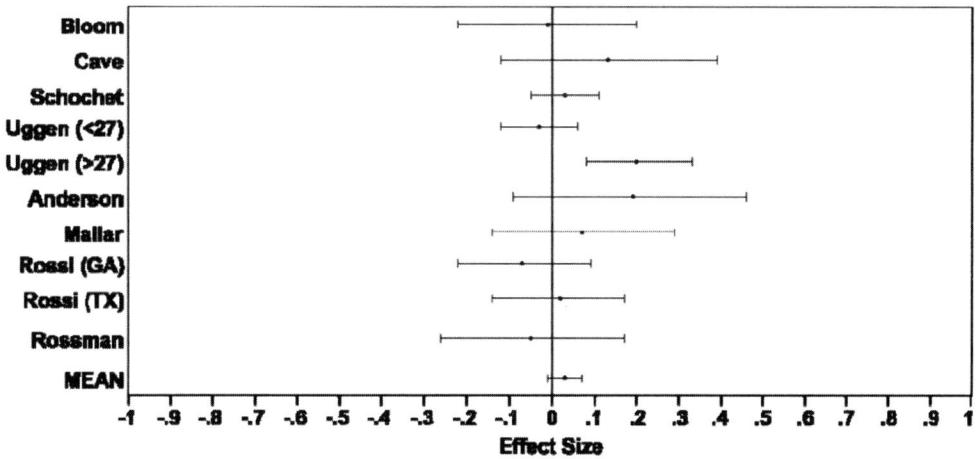

图 1　SMD Effect Sizes, 95% Confidence Intervals, and Inverse-Variance Weighted Mean Effect Size

表2　Sensitivity of Mean Effect Size and Q to the Exclusion of Single Effect Sizes 95% CI

Excluded ES	Mean ES	se	$P(>\text{Mean ES})$ [a]	LL	UL	Q	$P(>Q)$
Bloom	0.03	0.02	.0805	−0.01	0.08	13.20	.1052
Cave	0.03	0.02	.1168	−0.02	0.07	12.76	.1204
Schochet	0.03	0.03	.1232	−0.02	0.08	13.38	.0994
Uggen(>27)	0.01	0.02	.3942	−0.04	0.05	5.07	.7501
Uggen(<27)	0.05	0.03	.0244	0.00	0.10	10.83	.2115
Anderson	0.03	0.02	.1256	−0.02	0.07	12.07	.1481
Mallarb	0.03	0.02	.1082	−0.02	0.07	13.21	.1048
Rossi(TX)b	0.03	0.02	.0918	−0.01	0.08	13.36	.1000
Rossi(GA)b	0.04	0.02	.0503	−0.01	0.08	11.79	.1608
Rossman	0.03	0.02	.0723	−0.01	0.08	12.89	.1157
a	P 值是单尾测验的值.						
b	Effect sizes computed from the weighted mean outcome in multiple treatment groups contrasted with a single comparison group.						

表3　Mean Effect Size and Heterogeneity Test Statistic, Q, Computed
from Logged Odds Ratios 95% CI

Study	ES	se	LL	UL
Bloom	−0.01	0.22	−0.44	0.41
Cave	0.30	0.29	−0.28	0.87
Schochet	0.06	0.08	−0.11	0.22
Uggen(>27)	0.42	0.13	0.16	0.68
Uggen(<27)	−0.06	0.09	−0.23	0.11
Anderson	0.54	0.36	−0.17	1.26
Mallara	0.13	0.22	−0.31	0.58
Rossi(TX)a	−0.07	0.16	−0.39	0.25
Rossi(GA)a	−0.04	0.16	−0.35	0.27
Rossman	0.06	0.23	−0.39	0.50
MEAN	0.06	0.05	−0.03	0.15
Q	13.0, df=9, $P(>Q)$ = .1631			
a	Effect sizes computed from the weighted mean outcome in multiple treatment groups contrasted with a single comparison group.			

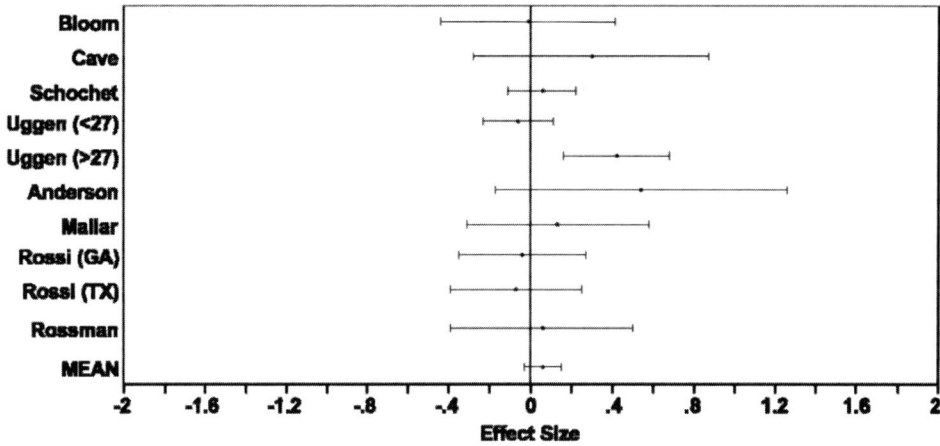

图 2　LOR Effect Sizes, 95% Confidence Intervals, and Inverse-Variance
Weighted Mean Effect Size

表 4　Sensitivity of Logged OR Mean Effect Size and Q to the Exclusion of
Single Effect Sizes 95% CI

Excluded ES	Mean ES	se	$P(>\text{Mean ES})^a$	LL	UL	Q	$P(>Q)$
Bloom	0.07	0.05	.0737	−0.02	0.16	12.86	.1168
Cave	0.06	0.05	.1032	−0.03	0.15	12.34	.1367
Schochet	0.07	0.05	.1078	−0.04	0.17	12.98	.1125
Uggen(>27)	0.02	0.05	.3675	−0.08	0.11	4.71	.7881
Uggen(<27)	0.11	0.05	.0201	0.00	0.21	10.28	.2459
Anderson	0.06	0.05	.1096	−0.03	0.14	11.23	.1890
Mallarb	0.06	0.05	.0945	−0.03	0.15	12.90	.1153
Rossi(TX)b	0.07	0.05	.0570	−0.02	0.17	12.28	.1391
Rossi(GA)b	0.07	0.05	.0616	−0.02	0.16	12.52	.1295
Rossman	0.06	0.05	.0838	−0.03	0.15	12.99	.1122
a	P values are one-tailed.						
b	Effect sizes computed from the weighted mean outcome in multiple treatment groups contrasted with a single comparison group.						

表 5　Sub-Sample Analysis by Conviction Status of the Subjects 95% CI

Sub-Sample	Mean ES	se	$P(>\text{Mean ES})^a$	LL	UL	Q	$P(>Q)$
Convicts	0.01	0.04	0.4272	−0.08	0.09	3.14	0.5347
Non-Convicts	0.04	0.03	0.0729	−0.01	0.09	9.90	0.0421

续表

Sub-Sample	Mean ES	se	$P(>\text{Mean ES})$ [a]	LL	UL	Q	$P(>Q)$
a	P values are one-tailed.						
b	Effect sizes computed from the weighted mean outcome in multiple treatment groups contrasted with a single comparison group.						

8. 参考文献

Anderson,D.B.,and R.E.Schumacker(1986)."Assessment of job training programs." Journal of Offender Counseling,Services,and Rehabilitation,10:41-49.

Berk,R.A.,K.J.Lenihan,and P.H.Rossi.(1980)."Crime and poverty:Some experimental evidence from ex-offenders." American Sociological Review,45(3):766-786.

Bloom,H.S.,L.L.Orr,G Cave,S.H.Bell,F.Doolittle,and W.Lin.(1994).The National JTPA Study.Overview:Impacts,Benefits,and Costs of Title II-A.Bethesda,MD:Abt Associates,Inc.

Boston,C. and A. L. Meier. (2001). Changing Offenders' Behavior: Evaluating Moral Reconation Therapy(MRT)in the Better People Program.Portland,OR:Better People.

Buck,M.L. (2000).Getting Back to Work:Employment Programs for Ex-Offenders. Philadelphia:Public/Private Ventures.

Bushway,S.D.(1998)."The impact of an arrest on the job stability of young white American men." Journal of Research in Crime and Delinquency 35(4):454-479.

Bushway,S.D.(2003)."Reentry and Prison Work Programs".Prepared for the Urban Institute Reentry Roundtable on Employment Dimensions of Reentry,May 19-20,2003.http://www.urban.org/UploadedPDF/410853_bushway.pdf.

Bushway,S.and P.Reuter.(1997)."Labor markets and crime risk factors." In L.W. Sherman,D.Gottfredson,D.MacKenzie,J.Eck,P.Reuter,and S.Bushway(eds.)Preventing crime:What works,what doesn't,what's promising.Washington,DC:Office of Justice Programs,U.S.Department of Justice.

Bushway,S.and P.Reuter.(2002)."Labor markets and crime." In J.Q.Wilson and J.

Petersilia(eds.) Crime:Public Policies for Crime Control.Oakland:Institute for Contemporary Studies.

Cave,G.,H.Bos,F.Doolittle,C.Toussaint.(1993).Jobstart:Final Report on a Program for School Dropouts.New York,NY:Manpower Demonstration and Research Corporation.

Clem,C.(1999,September).Annotated bibliography on offender job training and placement.2nd Ed.Washington,DC:National Institute of Corrections,U.S.Department of Justice.

Curtis,R.L.,and Schulman,S.(1984)."Ex-offenders,family relations,and economic-supports:The 'Significant Women' study of the TARP project." Crime and Delinquency,30:507-528.

Finn,M.A.,and K.G.Willoughby.(1996)."Employment outcomes of ex-offender Job Training Partnership Act(JTPA)trainees." Evaluation Review,20:67-83.

Finn,P.(1998a).Successful job Placement for Ex-Offenders:The Center for Employment Opportunities Series.Program Focus.Washington,DC:U.S.Department of Justice,National Institute of Justice.

Finn,P.(1998b).Texas' Project RIO:Re-Integration of Offenders.Washington,DC:U.S.Department of Justice,National Institute of Justice.

Finn P.(1998c).Chicago's Safer Foundation:A Road Back for Ex-Offenders.Washington,DC:U.S.Department of Justice.

Finn P.(1999).Washington State's Corrections Clearinghouse:A Comprehensive Approach to Offender Employment.Washington,DC:U.S.Department of Justice,National Institute of Justice.

Gaes,G.,T.Flanagan,L.Motiiuk,and L.Stewart.(1999)."Adult correctional treatment." In M.Tonry and J.Petersilia(eds.)Prisons.Chicago:University of Chicago Press:361-426.

Gillis,C.A.,L.L.Motius,and R.Belcourt.(1998).Prison Work Program(CORCAN)Participation:Post-Release Employment and Recidivism.Ottawa,Canada:Corrective Service Canada.

Griffith,J.D.,M.L.Hiller,K.Knight,and D.D.Simpson.(1999)."A cost-effective analysis of in-prison therapeutic community treatment and risk classification".The Prison Journal,79:352-368.

Hagan, J. and R. Dinovitzer. (1999). "Collateral consequences of imprisonment for children, communities, and prisoners." In M. Tonry and J. Petersilia(eds.) Prisons. Chicago: University of Chicago Press: 121-162.

Hamlyn, B., and D. Lewis. (2000). Women Prisoners: A Survey of Their Work and Training Experiences in Custody and on Release. Queen Anne's Gate, London: Research, Development, and Statistics Directorate.

Harer, M.D. (1994). "Recidivism among Federal prisoners released in 1987." Journal of Correctional Education 46(3): 98-127.

Inciardi, J. A., and S. S. Martin. (1997). "An effective model of prison-based treatmentfor drug-involved offenders." Journal of Drug Issues, 27: 261-279.

Jacobs, J. B., R. McGahey, and R. Minion. (1984). "Ex-offender employment, recidivism, and manpower policy: CETA, TJTC, and future initiatives." Crime and Delinquency, 30: 486-506.

Knight, K., D. D. Simpson, and M. L. Hiller. (1999). "Three-year reincarceration outcomes for in-prison therapeutic community treatment in Texas." The Prison Journal, 79: 337-351.

Laub, J. and Sampson, R. (2003). Shared Beginnings, Divergent Lives: Delinquent Boys to Age 70. Cambridge, MA: Harvard University Press.

Lipsey, M.W. and D.B. Wilson(2001). Practical Meta-Analysis. Thousand Oaks, CA: Sage.

Lynch, J.P. and W. J. Sabol (2001). Prisoner Reentry in Perspective (Urban Institute Crime Policy Report). Washington, DC: The Urban Institute.

McGuire, J., ed. (1995). What Works: Reducing Reoffending. Chichester, UK: John Wiley.

Markley, H., K. Flynn, and S. Bercaw-Dooen. (1983). "Offender skills training and employment success: An evaluation of outcomes." Corrective and Social Psychology, 29: 1-11.

Martin, S.S., C.A. Butzin, C.A. Saum, and J.A. Inciardi. (1999). "Three-year outcomes of therapeutic community treatment for drug-involved offenders in Delaware: From prison to work release to aftercare." The Prison Journal, 79: 294-320.

Mallar, C.D., and C.V.D. Thornton. (1978). "Transitional aid for released prisoners: Evidence for the LIFE experiment." Journal of Human Resources, 13(2): 208-236.

Menon, R., C. Blakely, D. Carmichael, and L. Silver. (1992). An Evaluation of Project RIO Outcomes: An Evaluative Report. College Station, TX: Texas A&M University, Public Policy Resources Laboratory.

Murray, I. (Undated). Making Rehabilitation Work: American Experience of Rehabilitating Prisoners. Visiting Fellow, Civitas. Washington, D.C.: Statistical Assessment Service. Available at: http://www.civitas.org.uk/pdf/Rehab.pdf.

Piliavin, I., and R. Gartner (1981). The Impact of Supported Work on Ex-Offenders. Madison, WI: Institute for Research on Poverty and Mathematical Research, Inc.

Rossi, P. H., R. A. Berk, and K. J. Lenihan. (1980). Money, Work, and Crime: Experimental Evidence. New York: Academic Press.

Rossman, S., S. Sridharan, C. Gouvis, J. Buck, and E. Morley. (1999). Impact of the Opportunity to Succeed (OPTS) Aftercare Program for substance-abusing felons: Comprehensive final report. Washington, DC: The Urban Institute.

Sampson, R. and J. Laub. (1993). Crime in the Making: Pathways and Turning Points through Life. Cambridge, MA: Harvard University Press.

Sampson, R. and J. Laub. (1997). "A life-course theory of cumulative disadvantage and the stability of delinquency." Advances in Criminological Theory 7: 133–161.

Schochet, P. Z., J. Burghardt, and S. Glazerman. (2000). "National Job Corps Study: The Short-Term Impacts on Job Corps Participants' Employment and Related Outcomes. Final Report." Princeton, NJ: Mathematica Policy Research, Inc.

Schochet, P. Z., J. Burghardt, and S. Glazerman. (2001). National Job Corps Study: The Impacts on Job Corps Participants' Employment and Related Outcomes." Princeton, NJ: Mathematica Policy Research, Inc.

Solomon, A., K. D. Johnson, J. Travis, and E. McBride. (2004). From Prison to Work: The Employment Dimensions of Prisoner Reentry. Washington, DC: Urban Institute. http://www.urban.org/UploadedPDF/411097_From_Prison_to_Work.pdf.

Soothill, K. (1974). The Prisoner's Release: A Study of the Employment of Ex-Prisoners. London: George Allen and Unwin Ltd.

Soothill, K. (1999). "White-collars and black sheep." Australian and New Zealand Journal of Criminology, 32: 303–314.

Soothill, K., B. Francis, and E. Ackerly. (1997). "The value of finding employment for white-collar ex-offenders." The British Journal of Criminology, 37:582-592.

Turner, S., and J. Petersilia. (1996). "Work release in Washington: Effects on recidivism and corrections costs." The Prison Journal, 76(2):138-164.

Travis, J., A. Solomon, and M. Waul. (2001). From Prison to Home: The Dimensions and Consequences of Prisoner Reentry. Washington, DC: Urban Institute. http://www.urban.org/url.cfm? ID=410098.

Uggen, C. (1999). "Ex-offenders and the conformist alternative: A job quality model of work and crime." Social Problems, 46(1):127-151.

Uggen, C. (2000). "Work as a turning point in the life course of criminals: A duration model of age, employment, and recidivism." American Sociological Review, 67:529-546.

Uggen, C., and J. Staff. (2001). "Work as a turning point for criminal offenders." Corrections Management Quarterly, 5:1-16.

Uggen, C., I. Piliavin, and R. Matsueda. (2002). "Jobs Programs and Criminal Desistance." Paper commissioned by the Urban Institute, Washington, D.C.

Virginia Department of Corrections. (1985). Evaluation of the Pre-and Post-Incarceration Services of Virginia Community Action Reentry System, Inc. Washington, D.C.: U.S. Department of Justice, National Institute of Justice, NCJ 103468.

Western, B., J. R. Kling, and D. Weiman. (2001). "The labor market consequences of incarceration." Crime and Delinquency 47(3):410-427.

Webster, R., C. Hedderman, R. Turnbull, and T. May. (2001). Building Bridges to Employment for Prisoners. Home Office Research Study 226. London: Home Office.

Wilson, D. B. (2002). "Macros for meta-analysis." http://mason.gmu.edu/~dwilsonb/ma.html.

Wilson, D.B., C.A. Gallagher, and D.L. MacKenzie. (2000). "A meta-analysis of corrections-based education, vocation, and work programs for adult offenders." Journal of Research in Crime and Delinquency 37(4):347-368.

Wilson, D.B., C.A. Gallagher, M.B. Coggeshall, and D.L. MacKenzie. (1999). "A quantitative review and description of corrections-based education, vocation, and work programs." Corrections Management Quarterly 3(4):8-18.

Wormith, J.S., and M.E. Oliver. (2002). "Offender treatment attrition and its relationship with risk responsivity, and recidivism." Criminal Justice and Behavior, 29:447-471.

恢复性司法会议(RJC)使用罪犯与受害者面对面的会议形式:对罪犯再犯罪和受害人的满意度影响的系统的评价

Restorative Justice Conferencing(RJC) Using Face-to-Face
Meetings of Offenders and Victims Effects on Offender Recidivism

作者:Heather Strang,Lawrence W Sherman,Evan Mayo-Wilson,
Daniel Woods,Barak Ariel

译者:黄得晨　李小芽　核定:张金武

内容概要

该系统评价主要针对已被普遍试验的恢复性司法项目的影响部分,此项目是一个面对面恢复性司法会议(RJC)"让罪犯、受害人和他们各自的亲属,社区邻居一起讨论决定罪犯应该如何做来弥补此次犯罪造成的损失。"(Sherman and Strang,2012：216)该评价研究恢复性司法会议在罪犯的随后的判罪方面的影响(或再一次被捕后)和几种对受害人打击的评估的影响。文章中只考虑随机控制实验,实验中受害人和罪犯同意预先进行随机分配的见面,这种分配的分析是基于"意向性治疗"的分析。发现10组的具有重复犯罪结果实验满足资格标准,所有的实验均具有至少一个受害人影响措施。

结论

对于这些实验的大纲总结,我们得出,平均水平上,恢复性司法会议可以是重复犯罪发生微小的,但是高性价比的减少,这对于受害人存在实质性的好处。对于7组英国实验的成本有效性评估发现,阻止的犯罪成本比实施恢复性司法会议成本的8倍还要高。

执行总结

背景

"恢复性司法"指的是具有相同价值但是不同流程的广泛的司法实践概念(Braithwaite,2002)。这些价值鼓励犯罪分子为他们的行为承担责任,也鼓励他们修复自己产生的伤害,通常情况下(尽管不总是),修复伤害的方式与他们各自的受害人沟通。本评审专注于恢复性司法步骤的子集,这一部分已经被广泛而小心的检测,即面对面的恢复性司法会议(RJC)。在这些会议,犯罪分子和受害人,在接受训练的调解人及受害人的朋友、家人或其他受到影响的相关方在场的情况下,共同探讨和解决犯罪与犯罪结果的相关事宜。

目标

评审人员寻求评价面对面恢复性司法会议对重复犯罪的影响以及对受害人影响的可能措施。

搜索技巧

为了证实研究对于评审包含内容具有相应的资格,我们搜索了15个电子数据库,包括刑事司法摘要数据库、论文摘要数据库、全国刑事审判资料服务部(NCJRS)数据库、心理信息数据库和社会学摘要数据库。作为参考,本文对于恢复性司法重复犯罪和受害人对案件审理满意度的效果进行了审查,并联系了相关领域的专家。

评审标准

本复审仅仅包含使用随机设计的研究,用于检测至少一个受害人和一个或者多个犯罪分子会议对于重复犯罪或受害人的影响的效果。若双方通过评审,并可以参加会议,在受害人和犯罪分子双方均同意参加恢复性司法会议的前提下,进行随机的分配。发现三个大陆十个合乎条件的研究,共包含 1879 个犯罪分子和 734 个接受采访的受害人。恢复性司法会议调解人的训练由相同的培训人进行,但此方面并不包含在评审的标准之中。案例被涉及犯罪司法过程各个阶段的有效实验,包括从诉讼分流、审判前定罪后的 RJC 和监狱中与缓刑期的审判后 RJC。

合乎标准的测试包含暴力和财产犯罪以及青少年和成人犯罪,RJC 的出现可以作为法庭上的选择和对审判案件的补充。这些多样性,为调节分析和对于后期审判(同案例或者追捕)的主要影响方面提供了基础。

数据收集和分析

评审人员报告十个识别的有资格的实验的结果。这些实验均报告在随机分配两年后重复犯罪的后处理数据(对于十个有资格的案例侵犯共有权的唯一衡量时间)。对于受害人影响的衡量也为后处理,处理方式同同意随机分配的所有受害人子集的个人采访方式相同。

所有的数据分析均包含衡量目的治疗的效果审议,对于 RJC 和接受治疗的控制案例的比例出现广泛的多样性。例如,许多分配到控告起诉的犯罪分子未能够出庭,正如许多分配到参加 RJC 的犯罪分子未能够完成会议一样。分析采用治疗的目的方法为现实世界的效果进行评估,使用成本为实际进行的 RJC 的效度的评估成本。所有研究均报告了对个体犯罪分子和受害人的影响,然而在所有情况下,在案例水平上进行随机分配。大多数的案例中,案例中犯罪分子和受害人的比例为 1:1,然而在其他情况下(两个堪培拉实验中)此比例达到 1:1.25。

结果

在超过两年的后随机分配中,会议和相应的犯罪与拘捕之间的关系证据确凿且有说服力,10 个结果中有九个包含在预计的方向和对于十个实验产生的标准化的中数差异中(Cohen's d=−.55;p=.001)RJC 对于 2 年犯罪的影响在 7 个英国实验中被报告性价比较高,其阻止犯罪成本和总体犯罪成本分别是组织会议成本的 14 倍和 8 倍。较其他受害人影响的几个措施而言,受害人对于案件受理结果满意度的会议效果总体而言比较有益(d=.327;p<.05)。

作者结论

经过本文中 10 个有效测试的检测,RJC 可能减少在犯罪分子和受害人均同意 RJC 进行的,未来侦查犯罪的数量。同意 RJC 的条件对于研究和研究的概括性目的具有重要意义。召开这些会议的操作完全基于受害人和犯罪分子的同意,因为未经同意而进行的 RJC 是不道德的,且破坏了恢复性司法的基本原则。结论仅仅局限于 RJC 具有道德意义和司法适应性的情况。在犯罪分子和受害人均愿意彼此见面的案例中,RJC 能够减少未来的犯罪几率。参加 RJC 的受害人对于案例处置的满意度比案例使用其他正常的犯罪司法处置的相同受害人的满意度高。

评审研究中作者的角色

研究队伍,10 个实验中的 2 个,是由本评审研究团队的 3 个作者(Strang,Sherman & Woods)设计、提交和分析的。独立作者对另外 8 个实验报告进行了数据收集和分析。这 8 个实验中,其中 7 个实验(shapland et al.,2006,2008)的实施过程,都接受了本评审作者中的 Strang 和 Sherman 的指导,而余下 1 个实验(MacGarrell and Hipple,2007)的实施过程并未与本评审研究团队的任何成员联系。本研究团队的其中 1 个评审作者(Sherman)在所有纳入本评论的 10 个实验,起草了项目计划和进行了初步的科研设计。本评审报告的所有作者,对于上述实验结果均不存在利益关系,而且本研究团队其中的三个作者(Sherman,Strang and Woods)在直接主持实施的唯一一个关于 RJC 的实验报告中,遗憾地发现,RJC 导致了更多犯罪现象的产生。

1. 背 景

"恢复性司法"是具有几千年历史的社区实践的新名称(Braithwaite,1998)。其名称暗含广泛的实践内容,这些内容均定义司法为了修补犯罪产生的伤害而作出的努力,而非对于犯罪分子进行的惩罚(Sherman and Strang,2012)。恢复性司法的其他定义强调决定犯罪分子应该做的故意过程,此过程包含所有受到犯罪过程影响的人(Marshall,引用 Braithwaite,2002:11)。但是许多缺乏此故意性的过程也被称作恢复性司法,包括法庭命令的社区服务、犯罪分子需要对受害人进行的赔偿和对于犯罪分子与受害人及其朋友家属之间的调解。英国近期的节目已经训练成千上万的警察实施"修复性处理方法"或者"社区解决方案",过程涉及犯罪事实发生后在现场进行的协商,包含现场道歉,且无后续行动。

这些实践的多样化本质使人很难回答在普通法系和拿破仑传统法系中,广泛定义的"恢复性司法"是否比传统的司法更加有效这样的问题。然而,最重要的挑战是实验性的而非概念性的。大多数恢复性司法描述的实践行为从未被应用在控制的领域实践过程中。恢复性司法的严格影响评估被局限在项目的很小的子集范围内,我们把这个子集范围称作"恢复性司法会议"(RJC)。恢复性司法的这个子集包含具有其他名称的实践:

1."家庭群组会议",传统的毛利人实践方法,在 1989 年,变成处理新西兰青少年犯罪的主要方案。

2."牵制性会议",被澳大利亚用来描述青少年和承认恢复性司法作为审判的一种选择的名称。

3."有改革能力的司法",这个名称是一些使用这种方法的训练人员处理雇佣和教育背景冲突的经常使用的方法。

这个子集与"审判圈"的加拿大实践过程相似,此过程也在那些受到犯罪分子影响,且包含审判人员在内的本地司法——不同于我们所定义的恢复性司法会议。

1.1　恢复性司法会议的定义

我们对于恢复性司法会议的定义如下:一个有计划有安排的面对面的会议,在会议过程中,一个受过训练的调解人"将犯罪分子、受害人和他们各自的亲属、朋友带到一起",以便于确定受害人应该作出何种行为,用于弥补犯罪产生的伤害(Sherman and Strang,2012:216)。此定义包含澳大利亚理论学家 John Braithwaite(1989)和澳大利亚训练员 John MacDonald 的著作所支持的同质群组项目。两者的论著包含 RJC 的观点和 1995 年到 2005 年从堪培拉到美国和英国的 RJC 进行的严格评估。其他训练组织也在说英语的国家教授了相似的方法,强调如下过程应该由调解人——多半情况下为警察——接受训练去组织一个持续时间为 60 到 180 分钟甚至更长时间的 RJC。

• 与犯罪分子和受害人针对 RJC 的定义进行调节性讨论,试图使其了解,RJC 如何起作用和是否愿意参加 RJC。

• 依照受害人的时间安排会议。

• 安排所有参加会议的人在隐私的闭门环境下的环形座次,场景可以选择警局、监狱、社区中心或者学校。

• 从与会人员从何种角度与讨论的犯罪问题具有情感联系的角度,介绍所有参加会议的人。

- 通过要求犯罪分子描述犯罪情形开始讨论。

- 邀请受害人和所有参与者描述犯罪问题产生的破坏性结果。

- 当破坏被完全描述后,邀请所有的参与者,包括犯罪人员,建议产生危害的修复方法通常由调解员书写对于本问题达成的一致性解决方案,且由犯罪分子在所有与会人员休息或者进行非正式交谈的期间签字。

- 与法院、警局和其他机构性机制填写协议书,鼓励犯罪分子对于协议的同意和承诺。

这个过程已经在刑事司法情况下和情况外使用,但是所有产生的有效证据均是通过与传统的刑事司法程序比较完成的。这些比较内容涉及青少年和成人犯罪分子接受一系列广泛的刑事问题中的犯罪现象产生的责任,包括入室盗窃、严重的侵犯人身安全、偷盗车辆、抢劫和纵火相关情景的多个要点。(Sherman and Strang, 2007, 2012)

a)作为庭上逮捕后转移注意力和替代庭上的审判

b)在庭上犯罪陈述之后,但是在法官判决之前

c)如果由缓刑犯的监视官要求,则作为非监视性判决的一部分

d)在从监狱中获释之前,入狱一段时间之后

1.2 理论基础

恢复性司法会议与 Braithwaite 的重整性羞耻理论(1989)和 Tyler 的程序司法理论(1990;Tyler and Huo,2002),以及 Sherman 的反抗理论(1993),Braithwaite 的回应法规理论(2002)和 Collin(2004)的互动法规链条理论,具有强大的理论联系。事实上,并没有一个因果理论,能够解释调解会议能够减少重复犯罪和提升受害者满意度的具体模式(Ahmed et al.,2001)。

也许,RJC 对于犯罪分子与受害人的预计的双赢的影响最接近的理论,是 Collin(2004)的理论,理论本身给予对于 RJC 的评价。使用 Durkheim(1912)的"集体沸腾"概念,Collin 围绕与 RJC 很相似的事件的强烈情感研究了一个因果模型。Durkheim 的概念认为由一群人的聚集产生的能量可以改变他们在聚集后的行为,就像是在宗教的服务过程中一样,强调遵守特定道德准则的许诺。Rossner(2001)提供了一些证据证明 Collin 的理论,但是没有研究比较 RJC 能够影响犯罪行为和受害人结果的原因的竞争或补充性理论。

Collin 的理论也为限制当前犯罪评价提供基础,在当前犯罪中可是别的人已经由于遭到迫害而被当作受害人。已经针对 RJC 在血液酒精浓度超过规定限度的"无受害

人"驾驶犯罪方面和违反公司受害人的商店偷窃方面进行研究(Sherman and Strang,2012)。在两个研究中,均未发现犯罪分子面对任何应该重视遭受迫害或者遭受受害人产生的迫害的情况。尽管我们已经报告这些研究在其他地方的成果(Sherman and Strang,2012),我们在本论文中不包含对于 RJC 受害人面对犯罪分子(Sherman and Strang,2011)条件下,他们不分享基础生理和心理条件的情况的理论背景的评价。这一决定对于如下产生的结论无任何影响(因为两个未被包含在内的研究针对 RJC 影响问题,达成相反的结论),但是这给未来的新研究提供较好的理论基础,以便于更新现有的评价。对于 RJC 目前为止,可利用的证据的最佳解释就是证据为政策而非理论提供评估。这个结论是在随机分配的情况系通过广泛处理的方式而进行的保证。从医学角度讲,可以利用的证据包含在控制条件下,药效实验确保高水平的项目元素的传递。相反,在真实的条件下,可用的证据报告效度实验中描述的最佳内容。进一步涉及 RJC 元素传递一致性的研究可能会产生不同的、更强大、更有效果的评价结果。

2. 目 标

本评价的目标是回答如下两个问题:

a)与同意参加 RJC 的受害人和犯罪分子进行的 RJC 政策对于重复犯罪具有何种影响?

b)同意参加 RJC 的受害人和犯罪分子进行的 RJC 政策对于受害人是否恢复犯罪前的情况而进行的多种措施产生何种影响?

由于犯罪频率是衡量犯罪产生的迫害的原始标准,本评价也揭露了衡量重复犯罪的严重性和犯罪成本的相关信息。

3. 方 法

3.1 考虑研究本评价的标准

RJC 影响的评价仅限于包含如下七项特征的研究:

1)研究用英文汇报。

2)研究检测具有上述定义的 RJC。

3)研究使用随机或者拟随机分配方式对于 RJC 条件和必须进行逮捕和其他行动的犯罪情况的控制条件。

4)研究涉及犯罪分子样本,犯罪分子犯罪涉及一个或者多个可识别的个体。

5)犯罪分子和受害人相关的研究已经同意接受随机分配,参与 RJC 或者在随机分配之前同意在一方缺席的情况下进行 RJC。研究针对后随机分配犯罪分子刑事犯罪或者在随机分配后两年重新逮捕的频率的相关数据。

6)研究报告了故意伤害(ITT)影响而非传递影响的处理计算成为可能的相关数据。

7)研究的进行时间为 1994 年后。

这些标准被如下内容证实。正如 Braithwaite(1998,2002)指出,恢复性司法的标签涵盖具有不同动态性的各种各样的相似过程。这些不同可能产生项目内容的同质性,对于系统的评价效度具有限制作用。一个有说服力的例子是罪犯—受害人调解(VOM)项目。VOM 比会议的形式更加规范,在控制罪犯—受害人调解(VOM)项目中,调解人扮演一个的作用(更像是磋商者)比在会议过程中调解人在恢复性司法会议扮演的作用,更加重要。尽管支持者有时会介入,罪犯—受害人调解(VOM)项目可能仅仅包含犯罪分子、受害人和调解人三方面。在罪犯—受害人调解(VOM)项目,调解人与双方协商;受害人和犯罪分子可能永远不会见面。罪犯—受害人调解(VOM)项目的主要焦点通常在物质赔偿而非受害人的情感修复和慰藉上(Umbreit et al.,1994)。出于相似的原因,本评价的资格标准不包括罪犯—受害人调解项目(VOMP)(Peachey,1989)和法官针对犯罪行为的处罚问题在判处之前进行的"量刑圈"(Stuart,1996)。

随机分配通常提供消除审判偏见的最佳方式,以及在处理政策结果的过程中,其他竞争对手的假设(Campbell,1979)。在恢复性司法评价(MacCold,1998;Miers et al.,2001)中,非随机比较群组资源比较丰富,但是容易受到偏见的评审案例的干扰。这些案例对于恢复性司法会议而言,比其作为参照历史对照组和匹配对照组的案例,更加"合适"。此过程包括一些研究,在研究中拒绝恢复性司法会议的人与同意司法会议的人相比较。

有受害人在场和没有受害人在场的恢复性司法会议中观察到的不同动态性能够证实可以识别的受害人的需求。定性证据表明,在没有受害人在场的情况下,情感强度和犯罪分子的自责感比个体受害人在场的情况下的响应内容低很多(见定量观察数据,Strang et al.,1999)。从互动性规范链条理论(Collins,2004)角度讲,会议的集中沸腾水平在无受害人参与的 RJC 中会更低,相应的会议长度更短,泪流满面的场景也比较少出现。受害人不在场的会议对于犯罪分子而言产生的精神创伤比 Peter Woolf(2007)描述的创伤少很多。一个夜盗惯犯在持续时间较长的 RJC 中,面对两个受害人对其行为的不满的宣泄而经常遭受噩梦和思维混乱。

在随机分配之前的同一问题塑造一个决定的产生,这个决定的目的在于将 Bethlehem,Pennsylvania(McCold and Wachtel,1998)进行的两个实验排除在外。这两个实验中超过一半的随机分配 RJC 案例没能够依照处理的要求执行。较高的拒绝率伴随着过程的使用产生,在这个过程中随机分配之后而非之前才进行参加 RJC 的许可咨询。这个决定不仅负面影响测试内部效度,也会影响同意参与 RJC 的案例测试的外部效度。由于协议的随机分配,随机分配的人口未能够与研究概括的目标人口匹配。这个评价对于在随机分配之前,定义目标人口作为资格标准而言是受限制的。

使用后续的再犯罪概率作为犯罪分子的结果这一决定是由政策和实用主义观点产生的。政策的问题在于是否未来犯罪的出现是不将频率纳入考虑范围的公共利益的可靠指标。由于对公众产生的总体伤害与犯罪的数量比与积极罪犯犯罪行为的数量更接近,评价选择前者。通过更重视频度数量而非罪犯重新犯罪的比例"一或多罪犯"的衡量方法而为政策提供了更加清晰的指导。

作为实用主义的一个方面问题,犯罪的频度也是在统计学上比较强大且不容易让人迷惑的衡量少量样本影响的方法。它可以减少由于无权力而产生的偏见,也可以减少权力缺失的研究对于决策人产生的潜在困惑。Shapland 等人(2008:27)对于 RJC 的 7 个英国实验进行的元分析表明恢复性司法使用患病和频度措施的一致性好处,两者产生的效果相似。但是由于其较低的权力水平,患病分析没能够完成元分析的数据意义。相反,在与患病分析具有相同效果尺度的情况下,Shapland 等人(2008:27,图 2.6)的频度分析表明传统临界值的显著水平(p=.013)。患病分析和频度分析的意义方面,作者仍然对于英国决策者具有不断的困惑,不愿意基于"混淆"的结果作出决策。本评价选择使用作者在 RJC 第一次尝试的开始推荐的单一措施申明发现的内容(Piantadosi,1997:128;Sherman et al.,2000)。可利用的犯罪偏向是实用的,因为有资格进行评价的 10 个实验中的 7 个被报告没有重复犯罪的其他措施。10 个试验中(MacGarrell and Hipple,2007)仅有一个实验报告无犯罪数据,使用逮捕作为唯一重复犯罪的措施。考虑在此例外情况下犯罪分子作为青少年这一特殊群体,随着印第安纳青少年逮捕数据与英国数据报告的青少年犯罪数据相似,这可能是唯一的不同。一个相似实践标准仅仅限制后处理差异的结果,而这一结果是 10 个有资格的实验中的 8 个实验结果报告的内容。

犯罪效果评价结果的两年窗口已经依照基于美国证据政策,国家研究委员会和管理与预算办公室联合推荐。

最后,目的处理(ITT)标准的使用,在作者看来,对于本评价而言是必要的。只有通过使用目的处理标准(ITT),我们才能够检测 RJC 政策的目的,而不仅仅是完成性 RJC 的效果。考虑每个尝试中的固有成本,理解试图传递与——无论成功或是失败——的总成本相关的 RJC 的整体利益已对于公众利益而言更具有相关性。

3.2 识别研究的搜索技巧

作者检索了参考列表,联系了其他作者,进行了电子检索,并检测了所有出现在 1997 年至 2012 年之间的美国社会犯罪学项目中与恢复性司法相关的报告。出版和未出版的研究均纳入考虑范围。尽管一些数据库仅仅局限于特定的时期,电子搜索不仅限于时间范围。在非英语出版物被预计出现的范围中搜索索引项目,但是只有其中以英文形式书写的内容被本评价纳入考虑范围。

2012 年,一个作者电子搜索了 15 个与刑事司法、法律和相关的社会科学领域相关的数据库。最普遍的搜索方法被应用于由剑桥科学摘要编入索引的数据库;这些数据库需要使用如下术语进行搜索:(修复性和(司法或审判 *))或(仲裁或调解或还原或会议)和((罪犯或犯罪分子或作案人员)和受害人)和(再犯 * 或累犯 * 或受害人)和(ab = 随机 * 或者 ab = 控制 *)。检索的所有数据库和用来检索每个数据库的个别术语已在表 1 中列出。

表 1　电子搜索

Database	Search(es)	Hits
Bibliography of Nordic Criminology(BNC)	("restorative justice" or mediation or conference or restitution) AND(criminal OR offender OR perpetrator) AND(random or randomly or randomized)	63
Criminal Justice Abstracts	((restorative AND(justice OR sentenc*))OR(mediate OR mediation OR restitution OR conferencing AND((criminal OR offender OR perpetrator) AND victim)))AND(reoffend* OR recidiv* OR victim)AND(ab = random* OR ab = controll*)	20
Criminal Justice in Denmark(CJD)	("restorative justice" or mediation or conference or restitution) AND(criminal OR offender OR perpetrator) AND(random or randomly or randomized)	7
Dissertation Abstracts	((restorative AND(justice OR sentenc?))OR(mediate OR mediation OR restitution OR conferencing AND((criminal OR offender OR perpetrator) AND victim)))AND(reoffend? OR recidiv? OR victim)AND ab(random? OR controll?)	106

续表

Database	Search(es)	Hits
IBSS: International Bibliography of the Social Sciences	((restorative AND(justice OR sentenc*))OR(mediate OR mediation OR restitution OR conferencing AND((criminal OR offender OR perpetrator)AND victim)))AND(reoffend* OR recidiv* OR victim)AND(ab=random* OR ab=controll*)	5
Index to Foreign Legal Periodicals	1)kw criminal OR kw offender OR kw perpetrator;2)kw restorative justice or kw mediation or kw conferencing or kw restitution;3)#1 & #2	5
NCJRS Abstracts Database (NCJRS Virtual Library)	((restorative AND(justice OR sentenc*))OR(mediate OR mediation OR restitution OR conferencing AND((criminal OR offender OR perpetrator)AND victim)))AND(reoffend* OR recidiv* OR victim)AND(random* OR controll*)	154
PAIS International	((restorative AND(justice OR sentenc*))OR(mediate OR mediation OR restitution OR conferencing AND((criminal OR offender OR perpetrator)AND victim)))AND(reoffend* OR recidiv* OR victim)AND(ab=random* OR ab=controll*)	38
PILOTS Database	((restorative AND(justice OR sentenc*))OR(mediate OR mediation OR restitution OR conferencing AND((criminal OR offender OR perpetrator)AND victim)))AND(reoffend* OR recidiv* OR victim)AND(random* OR controll*)	45
Political Research Online	Subject:restorative justice	14
PsychInfo	((restorative AND(justice OR sentenc*))OR(mediate OR mediation OR restitution OR conferencing AND((criminal OR offender OR perpetrator)AND victim)))AND(reoffend* OR recidiv* OR victim)AND(ab=random* OR ab=controll*)	53
Social Services Abstracts	((restorative AND(justice OR sentenc*))OR(mediate OR mediation OR restitution OR conferencing AND((criminal OR offender OR perpetrator)AND victim)))AND(reoffend* OR recidiv* OR victim)AND(ab=random* OR ab=controll*)	2
Social Work Abstracts	((restorative AND(justice OR sentenc*))OR(mediate OR mediation OR restitution OR conferencing AND((criminal OR offender OR perpetrator)AND victim)))AND(reoffend* OR recidiv* OR victim)AND(ab=random* OR ab=controll*)	3
Sociological Abstracts	((restorative AND(justice OR sentenc*))OR(mediate OR mediation OR restitution OR conferencing AND((criminal OR offender OR perpetrator)AND victim)))AND(reoffend* OR recidiv* OR victim)AND(ab=random* OR ab=controll*)	4
Worldwide Political Science Abstracts	((restorative AND(justice OR sentenc*))OR(mediate OR mediation OR restitution OR conferencing AND((criminal OR offender OR perpetrator)AND victim)))AND(reoffend* OR recidiv* OR victim)AND(ab=random* OR ab=controll*)	1
Total Hits		519

3.3　研究复审

一个作者检查标题和摘要以便识别能够给予标题和摘要中提供的信息识别一些能够去除的研究。当一个研究基于上述信息不能够被去除的同时,通过重新获取文章或者联系作者能够获得更多的信息。

检索过程中可以看到一些语言为非英语的文章。作者没有发现任何已经完成的或者正在进行的随机比较研究用英文形式汇报,但是作者不能够得出通过总结这些文章或者进行更宽泛的搜索找到英文形式汇报的随机比较研究项目。

两个作者在出版报告允许的情况下,从全部文章中提取了一些信息。其他信息直接从调查人员,包括作者和在一线研究的同事处直接获得的。

考虑到将可行性资格的研究限制到数量较少的随机比较研究这个范畴的决定,研究并未以编码的形式编排。

3.4　数据管理和提取

重复犯罪和受害者影响方面的数据已经从完成的研究中提取。本信息从出版的报告中丢失的情况下,复审人员要求此信息直接由原始调查者提交。

3.5　结果措施

作者喜欢使用处理前后的概率分析作为对于再犯罪的介入影响的最合乎逻辑的测试。然而,从实用的角度讲,仅有两个研究提供了处理前后的频率分析,然而其中的 10 个实验仅仅进行了后处理频率措施。为了检查最大数量实验的结果,作者决定使用允许比较分析效果大小的"最高公分母",9 个研究中每个的罪犯犯罪频度和印第安纳波利斯逮捕的频度进行两年的后处理不同。

3.6　效果尺寸评估和调解分析

评审人员使用综合性元分析 v.2(Borenstein et al.,2005)分析犯罪的频率和标准中数差异(Cohen's d),结果使用传统的逆方差衡量元分析方法,对于结果进行元分析。在所有案例中,随机效果模型被看成是先验。Q 实验被用来衡量效果尺寸的同质性。

犯罪案例的样本可能从很多维度上有所不同,每一个对于含有不同测试结果的系统评价都构成一个挑战。检测 RJC 对于各类犯罪和罪犯类型的效果与检测阿司匹林对于各种包括癌症、心脏病、流感、晒伤和梅毒等不同类型疾病的效果并不相同。进一步而言,RJC 的特点可能会改变人口和所研究的问题的关系。任何介入在任何条件下产生的效果都不是等同且一致的,尤其是当介入是人与人之间的互动而不是人与药物的互动时,这一论段是没有先验性原因的。评审人员试图避免对于包含的误导读者关于会议在严格限定的具体条件进行的影响而进行过度概括。

对 RJC 的研究论文,从多个维度有所不同,这些维度包括犯罪分子的年龄、犯罪类型、刑事司法过程的不同节点、用于比较的不同介入项目、对因变量的测量、后期跟踪的时间长度,以及实施过程严格按照设计流程来执行的案件比例等。这些差异有可能是互相联系的。虽然符合入选资质的研究受到数量上的限制,我们也尽全力通过多种方式来进行分析。

4. 结 论

4.1 研究描述

一共 15 个随机对照实验和一个似乎是随机对照实验的研究被用在这篇文章中。六个被排除在外,留下十个(见附录 A 排除的理由)。我们收录的符合条件的研究中覆盖了三个大洲的五个司法管辖区,涉及了在刑事司法系统中的一系列决策点,共有734 个接受采访的受害者和 1879 个为他们罪行负责的罪犯。每个实验的主要特征见表 2。

表 2 被选入的实验中案例和案犯的特征

实验地点	时间段	评估者	犯罪类型	所处诉讼阶段	控制变量	参与 RJC 项目的比例	总数
1. 堪培拉	1995—2000	Sherman 和 Strang	暴力犯,小于 30 岁	转移起诉	起诉	79%	121
2. 堪培拉	1995—2000	Sherman 和 Strang	财产犯,小于 18 岁	转移起诉	起诉	68%	249
3. 印第安纳波利斯	1997	McGarrell 和 Hipple	暴力和财产犯,小于 14 岁	转移起诉	其他转移项目	80%	782
4. 伦敦	2001—2005	Shapland 等	抢劫,超过 18 岁	庭审前	无 RJC 项目	85%	106
5. 伦敦	2001—2005	Shapland 等	盗窃,超过 18 岁	庭审前	无 RJC 项目	85%	186
6. 泰晤士谷	2001—2005	Shapland 等	袭击,超过 18 岁	入狱服刑	无 RJC 项目	73%	103
7. 泰晤士谷	2001—2005	Shapland 等	袭击,超过 18 岁	缓刑	无 RJC 项目	87%	63
8. 诺森布里亚	2001—2005	Shapland 等	暴力和财产犯,小于 18 岁	警察警告	警察警告并无 RJC 项目	92%	165

续表

实验地点	时间段	评估者	犯罪类型	所处诉讼阶段	控制变量	参与 RJC 项目的比例	总数
9. 诺森布里亚	2001—2005	Shapland 等	财产犯罪，超过 18 岁	庭审前	无 RJC 项目	77%	105
10. 诺森布里亚	2001—2005	Shapland 等	暴力犯罪，超过 18 岁	庭审前	无 RJC 项目	77%	105
总数							1880

4.2　对收录的研究的方法和质量评估

4.2.1　随机化

收录的研究中在随机化上没有问题。随机化由堪培拉 RISE（重塑羞耻心）实验（表 2 的 1、2 号）和七个英国实验（4—10 号）的研究人员决定。这九个实验是在研究组记录了符合条件的案件的鉴别细节后，由当庭宣判的提倡者组织远程研究部随机分配的。相比之下，在印第安纳波利斯实验中（3 号），随机化是操作伙伴——少年法庭负责的。

印第安纳波利斯实验和英国实验随机选择罪犯进行调查。在堪培拉，由于一些犯罪涉及多个罪犯，实验随机选择了案例；然而，数据报告是针对个体罪犯和受害者，而不是案例。这种做法违反了"随机分析"的原则，但数据在案件平均化或集中倾向的水平上是无法获得的。这不是一个严重的问题，因为在这两个研究中案件和个体之间的比率仅为 1∶1.25。

4.2.2　分配中的处理磨损

如表 2 所示，没有一个审判是确切的和预期一样进行调查的。在一些案件中，罪犯没有出庭。有些会议因为罪犯不合作没有举行。在一些案件中，会议主办方没能组织会议。

在堪培拉青年暴力实验中（#1），85% 的罪犯像他们的案件分配的那样得到了处理；被分配到会议的 62 个罪犯中的 49 人（79%）参加了会议；被安排出庭的 59 个罪犯中的 54 个（92%）去了法庭。

在堪培拉青少年个人财产实验中（#2），76% 的罪犯像他们的案件分配的那样得到了处理；被分配到会议的 122 个罪犯中的 83 人（68%）参加了会议；被安排出庭的 127 个罪犯中的 105 个（83%）去了法庭。

在印第安纳波利斯实验中（#3），青少年首次犯罪者的案例在分配给当庭宣判的案例中占了 80%（400 中的 322）；在诉讼分支的参照组项目中他们的案例占了 61%

(382 例中的 233 例)(McGarrell and Hipple,2007:230)。

在七个英国审判中,在基于"邀请处理"的基础上作了分析报道(Shapland et al.,2008:12,文件号 23)。会议的完成率是由 Shapland 等人(2006:25)报道的,从泰晤士河谷监狱实验的低达73%的完成率到诺森比亚青年实验高达92%的完成率不等。

当检查累犯行为时,分配到会议的罪犯被像他们参加会议那样分析了,即使他们最终都被用参照组那样的方式处理了,或没有被处理。当把这篇文章的能力限制在形容会议对参加会议的那些人的累犯的影响上时,这个分析方法("目的到处理"——ITT)没有产生由不同磨损导致的偏差(Piantadosi,1997:276—78)。尽管围绕 ITT 方法是否优于对被处理者处理的方法仍有争论,但是 ITT 方法与调查目标是一致的。ITT 的方法估量了引进会议政策的可能影响,在这个会议中,不是每个被分配到会议的人都将完成当庭宣判。考虑到在所有收录的研究中的高磨损率,作者的结论是:"每个协议"分析,或"被处理者处理"的分析,都将使调查产生偏差。

有一个例外,表 2 显示实验中被分配到当庭宣判的罪犯中至少有 70% 真正参与其中。接受当庭宣判的参照组几乎没有交叉,可以期待从两个随机分配的组中得到不同的结果,这个期待有合理的逻辑基础。满足限度的唯一的例外(#2),在某种程度上提供了对这一点更加有力的印证:这是十个实验中唯一一个分配给当庭宣判后,宣判率小于73%的实验。分配给当庭宣判的罪犯中,只有 68%的人被当庭宣判了,我们可以推测,结果是由于处理不足。然而,一个更合理的解释是,可能是大量的土著人在实验中被涉及,对他们来说当庭宣判的效果非常有害:在重复犯罪中当庭宣判后比当庭宣判前增加了超过 200%(Sherman et al.,2006)。

更重要的可能是当庭宣判像被分配的那样审判时涉及比较小的范围。表 2 显示,十个实验中的七个实验,被分配给当庭宣判的案件中77%到87%是按照分配的那样被处理的。作为一个将被推广到真实世界条件下的有效性估计的基础,这样狭窄的范围表明:大多数当庭宣判程序,如果有类似的参考案件和类似的文化背景,可能以类似的速度和类似的效果审判。

4.2.3　危险期

十个实验中的大多数,监禁在当庭宣判或参照组中很少使用(尽管在#6,罪犯已经在监狱)。这个规则的两个例外是伦敦抢劫和入室盗窃实验。在这两个研究中,罪犯有很多犯罪前科记录和即时的严重犯罪,所以按照量刑指南,实验中的(分配给当庭宣判的)罪犯和参照组的罪犯都必须在监狱里待一段时间。Shapland 和她的同事们(2008)采用的程序是为了从分析中去除随机分配的这些案例:如果随机分配后,罪犯已经在监狱里待了整整两年。因为随机分配的大部分时间刑期可能没有显著变化,这一分析决定是不可能在处理组之间产生偏差的。然而,它在每个处理组内部的确产生了一个高度异质的危险期。如果纳入了一个在社区甚至有一天自由的案件,或 365×2＝730,一个非常广泛的危险期就产生了,犯罪数的分子没有除以自由的精确天数,这样危险期每一天的犯罪率就没有标准化。危险期每一天的重复犯罪率因此是高度可变的,即使对只有一次再犯的罪犯也是如此,然而两年的频率几乎和风险期一样。因为没有第二次调查来产生一个标准化的测量,唯一的选择是从符合条件的分析中纳入或排除这些发现结果。

像我们下面在敏感性分析中报告的一样,与把这两个研究排除相比,把他们纳入元分析减少了对影响的估计。因此,在形容元分析的主要效果时,比起去掉它们,保留它们是一个较为保守的程序。

在二次分析中,其他的方法问题可以解决,但没有改进。考虑到关于这十个实验已经知道的,他们似乎会为数据综合提供一个合理的同质的依据。

4.3 重复犯罪的元分析

当庭宣判对犯罪的影响的主要标准是随机分配后两年期间的重复犯罪频率。在下面介绍的元分析中,除了印第安纳波利斯以外的所有测试中,重复犯罪后的处理措施是刑事定罪,印第安纳波利斯测试中,措施是重复逮捕。我们首先计算结果的几率比(OR),然后将这些几率比用罗吉特几率法转换成手段(d)的标准化差异。

在最前面的平面图中,研究的关键用三个字母表示,列在下面,数字对应于表 2 中的实验列表顺序,他们在减少犯罪方面的效果在图 1 中显示:

JPP＝Juvenile Property Crime,Canberra,Australia,No.2

LOR＝London Robbery(street crime),UK,No.4

LOB＝London Burglary,UK,No.5

TVP＝Thames Valley Prison,UK assault cases,No.6

IND＝Indianapolis juvenile crime,USA,No.3

NCP＝Northumbria Court Property crime,UK,No.9

TVC＝Thames Valley Community sentence,UK,assaults No.7

NFW＝Northumbria Final Warning for juveniles,UK,No.8

JVC＝Juvenile Violent Crime,Canberra,Australia,No.1

NCA＝Northumbria Court Assault,No.10

图 1 显示了当庭宣判的平均效果是减少犯罪。更准确地说,在所有十个合乎条

件的实验中的 1879 个罪犯中,平均效果是:比起没被指定当庭宣判的案件中的罪犯,被随机指定当庭宣判的案件中的罪犯减少了犯罪,标准偏差在 0.155 内。这个效果的 95% 的置信区间在 0.06 的减少犯罪标准偏差和 0.25 的减少犯罪标准偏差之间。这意味着所有这些实验的平均效果不大可能是一个随机发现(d=.155,p=.001)。

换句话说,十个实验中只有一个显示了统计上重要的效果,——但十个实验中的九个显示了当庭宣判比没有当庭宣判会产生更少的犯罪。这些计算中任何一个单独的计算可能是误导性的。但当所有十个研究的平均效果被计算时,——包括在当庭宣判下有更多犯罪(不是多得太多)的研究——发现结果可以被描述为统计上"重要的"并且有利于说明当庭宣判的好处。这意味着,在这种情况下,图 1 中的模式偶然发生的机会只有千分之一。

表达这些发现的困难之处是有多少犯罪被阻止了,或在实践中当庭宣判的效果有多大。十个实验中减少重复定罪或逮捕的百分比从 7% 到 45% 不等。这可以帮助从业人员掌握用当庭宣判处理罪犯意味着多少犯罪。但是判断这些差异的实际价值的一个更好的方法是使用下面第五部分中讲述的犯罪预防成本的数据。

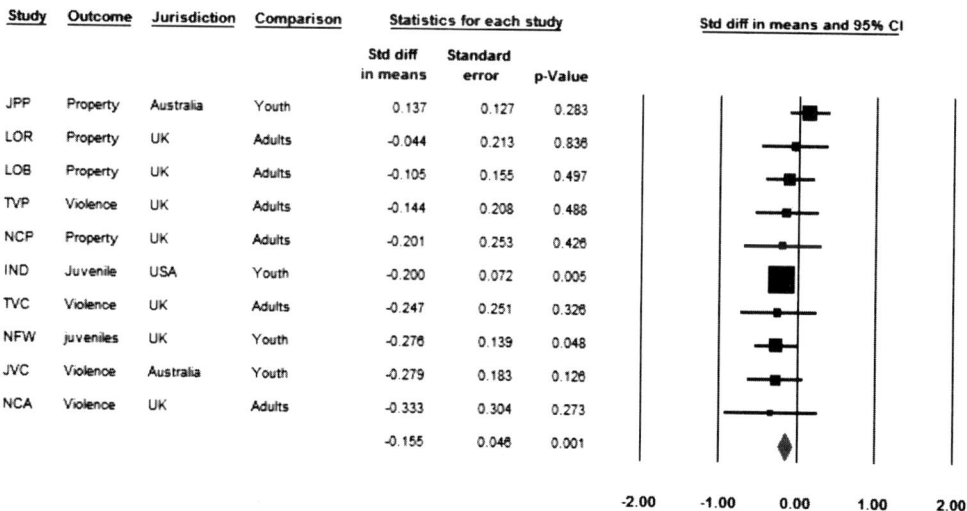

图 1　RJC 项目对再犯频率的影响,两年跟踪项目

元分析随机效果模型 Q=7.754,df=9,p<0.559

4.4　调解分析

十个实验的总体的元分析可以拆开以了解当庭宣判是否在一些样本种类上或者

一些实验中效果更好。这些划分实验的不同方式被称为"调节分析",因为他们可以揭示是否有第三个因素在"调节"或改变发现结果。这个调查中的"第三因素"我们指的是罪犯的年龄,或他们被逮捕的犯罪种类。这可能表明,例如,如果当庭宣判只用于只有一个第三因素的案件种类中,它会得到比在所有十个实验中平均效果更好或更坏的结果。因为十个实验中,他们代表的第三因素有很大的不同,研究整体平均值是否被这些因素的一个或多个拉高或拉低很重要。这是下面的图形2—3的目的。

例如,在样本中的实验的一半,测试了暴力犯罪中的当庭宣判。图2显示了当庭宣判对暴力犯罪中的平均效果(其他两个是混合的暴力犯罪和财产犯罪:印第安纳波利斯和诺森布里亚最后警告)。当庭宣判的平均效果实验仅限于暴力犯罪,其标准差是0.2。这一效果比在所有十个实验中当庭宣判的效果高出28%。这意味着,平均上,与在这些十个实验加在一块的所有犯罪类型相比,当庭宣判似乎在暴力犯罪上效果更好。但由于这种差异在统计学上不重要($Q=1.021, p=.9$),必须谨慎对待它。其他五个实验中的三个仅仅使用了财产犯罪样本。图2显示了平均上,当庭宣判在这些财产犯罪实验中比在暴力犯罪实验中效果要小得多。平均效果似乎接近于零。使用一组不同的财产犯罪或罪犯,这个结果可能不同,并且在仅仅三个实验的基础上很难概括。尽管如此,与暴力犯罪相比,财产犯罪中当庭宣判的效果似乎有很大不同。

许多政府官员说,当庭宣判更适合青少年犯罪者而不是成人。然而,本文的研究结果显示了相反的结论,至少有个人受害者的犯罪中是这样。在图2中,我们看到全部涉及成人的六个实验中,当庭宣判的平均效果是0.150的标准偏差。然而如图所示,我们看到青少年实验中当庭宣判的平均效果只是0.119。成人和青少年罪犯之间的效果差异并不大,但却与传统经验相反。

恢复性司法中,一个主要的政策辩论是,当庭宣判是否应该仅仅补充传统法(CJ),或完全替换它。在图3中我们看到,当用作传统法的补充时,与在所有十个实验中的平均效果比,在八个实验中,当庭宣判的效果更大(.19 vs. .15),但这种差异在统计学上不重要($Q=0.447, p=0.50$)。因此使用当庭宣判作为一个替代时,它的平均效应似乎会更低,在两个当庭宣判作为替代的测试中,其大范围内的效果使我们对它的平均效果不能确定。换句话说,在整个替换种类中,有全部样本中最坏的和次最好的结果。作为对传统司法的偏离,当庭宣判的使用效果能有多低,这可以多少在这两个研究中显示出来。在图3中的调节分析表明,平均而言,堪培拉有个人受害者的两个实验对重复犯罪的频率几乎没有影响(0.001的标准偏差)。它也表明,单个的研究走向相反的方向,彼此抵消。此外,把暴力犯罪分配给当庭宣判的效果是0.279

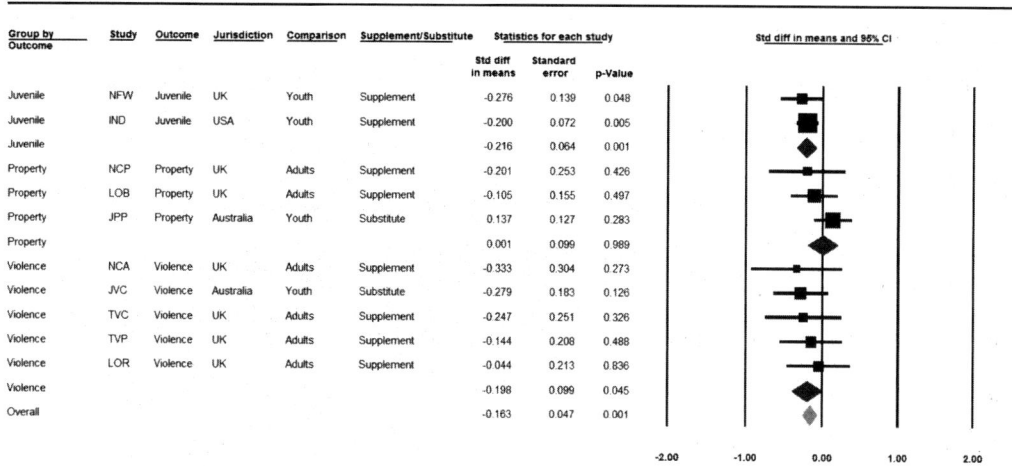

Group by Outcome	Study	Outcome	Jurisdiction	Comparison	Supplement/Substitute	Std diff in means	Standard error	p-Value	Std diff in means and 95% CI
Juvenile	NFW	Juvenile	UK	Youth	Supplement	-0.276	0.139	0.048	
Juvenile	IND	Juvenile	USA	Youth	Supplement	-0.200	0.072	0.005	
Juvenile						-0.216	0.064	0.001	
Property	NCP	Property	UK	Adults	Supplement	-0.201	0.253	0.426	
Property	LOB	Property	UK	Adults	Supplement	-0.105	0.155	0.497	
Property	JPP	Property	Australia	Youth	Substitute	0.137	0.127	0.283	
Property						0.001	0.099	0.989	
Violence	NCA	Violence	UK	Adults	Supplement	-0.333	0.304	0.273	
Violence	JVC	Violence	Australia	Youth	Substitute	-0.279	0.183	0.126	
Violence	TVC	Violence	UK	Adults	Supplement	-0.247	0.251	0.326	
Violence	TVP	Violence	UK	Adults	Supplement	-0.144	0.208	0.488	
Violence	LOR	Violence	UK	Adults	Supplement	-0.044	0.213	0.836	
Violence						-0.198	0.099	0.045	
Overall						-0.163	0.047	0.001	

图2 犯罪类型作为研究结果的调解变量

青少年犯罪 Q=0.233,df=1,p<0.630;财产犯罪 Q=2.244,df=2,p<0.326;暴力犯罪 Q=1.021;df=4,p<0.907;组间 Q=3.574,df=2,p<0.167

的标准偏差,在整个的元分析中是效果最大的其中一个。基于这两个单独研究,将当庭宣判作为一种偏离而不是作为补充仍有潜力。将当庭宣判用于替代和补充做可靠的比较需要更多的研究。

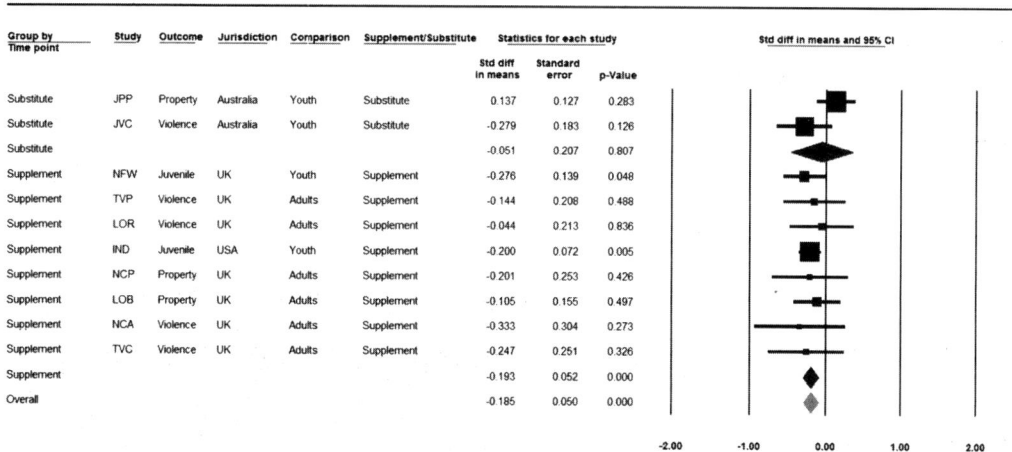

Group by Time point	Study	Outcome	Jurisdiction	Comparison	Supplement/Substitute	Std diff in means	Standard error	p-Value	Std diff in means and 95% CI
Substitute	JPP	Property	Australia	Youth	Substitute	0.137	0.127	0.283	
Substitute	JVC	Violence	Australia	Youth	Substitute	-0.279	0.183	0.126	
Substitute						-0.051	0.207	0.807	
Supplement	NFW	Juvenile	UK	Youth	Supplement	-0.276	0.139	0.048	
Supplement	TVP	Violence	UK	Adults	Supplement	-0.144	0.208	0.488	
Supplement	LOR	Violence	UK	Adults	Supplement	-0.044	0.213	0.836	
Supplement	IND	Juvenile	USA	Youth	Supplement	-0.200	0.072	0.005	
Supplement	NCP	Property	UK	Adults	Supplement	-0.201	0.253	0.426	
Supplement	LOB	Property	UK	Adults	Supplement	-0.105	0.155	0.497	
Supplement	NCA	Violence	UK	Adults	Supplement	-0.333	0.304	0.273	
Supplement	TVC	Violence	UK	Adults	Supplement	-0.247	0.251	0.326	
Supplement						-0.193	0.052	0.000	
Overall						-0.185	0.050	0.000	

图3 恢复性司法作为传统司法的补充或替代时对再犯率的影响,两年跟踪期

RJC 作为替代项目时,Q=3.491,df=1,p<0.062;RJC 作为补充项目时,Q=1.483,df=7,p<0,983;组间 Q=0.447,df=1,p<0.504

4.5 敏感度分析

在这一部分中,我们报告一系列测试:如果纳入或排除某些种类的测试,上面呈现的结果是否"敏感",这可能反映某些偏差,这些偏差反过来将限制对结果的概括化。我们检查的点包括:作者作为评估者的影响,在所有其他九个实验中使用定罪的元分析中使用逮捕的影响(在印第安纳波利斯实验中),把样本罪犯排除出去的影响。样本罪犯在随机分配(或处理)后的整个两年随访期是在监狱中度过的,他们没有再犯罪的危险期。

4.5.1 评估者的影响

在元分析中,主要的研究是由分析者完成的。有些读者可能会问,把研究纳入这样一个分析中是否会对结论产生影响。在这项研究中,答案是肯定的,但不是像想的那样。Petrosino 与 Soydan(2005)和 Eisner(2009)都认为是有影响的,与没有开发者合作的评估相比,与开发项目的人相关的评估可能有更好的结果。"开发者"的定义可能有点问题,作者不认为他们自己是注册插孔的开发者。John McDonald 那样的教练似乎更适合那个称号。然而,在 Joanna Shapland 和她的评估者团队独立评估的英国实验中,英国政府用随机对照实验的"开发者"来形容 Sherman 和 Strang。

在这篇研究内检查这个问题是困难的,但不是不可能的。确实至少一个作者和所有的十个实验有一定的联系,不管这种联系多遥远,但有一条线需检查。这篇文章的作者只在两个实验中收集结果数据并且进行了分析才产生上述分析的结果。在另外八个实验中,由其他的研究者独立完成任务。这样,两者之间的区别,与将 RJC 作为替代的两个实验(由 Sherman and Strang 开发和评估)和另外八个由其他研究者主持的实验之间的差别,都属于同等性质。事实上,如图 3 所示,在当庭宣判(RJC)对再次犯罪的影响中,由独立评估者完成的八个实验,其结果比 RJC 设计者(Sherman and Strang)所主持的实验更好。因此,如果说,把 RJC 设计者(Sherman and Strang)的文章纳入,可能产生误差和偏见,那么这种误差和偏见实际上是掩盖了 RJC 的有效性。

4.5.2 逮捕 vs. 定罪

图 4 解决了这样一个问题:是否这篇文章的结果在一个实验中对逮捕的使用敏感,在其他实验中对定罪的使用敏感。它显示了 9 个实验的效果,忽略了印第安纳波利斯的研究——印第安纳波利斯的研究中占这篇评论中全部罪犯的三分之一以上。去除印第安纳波利斯研究多少减少了当庭宣判的效果,但不改变结果的方向或统计意义。与所有十个实验的效果相比(0.15),没有印第安纳波利斯的 0.12 的效果接近到足以得出这样的结论:元分析中包括或不包括这项研究,在任何方面对结果都没有影响。

Study	Outcome	Jurisdiction	Comparison	Supplement/Substitute	Statistics for each study			Std diff in means and 95% CI
					Std diff in means	Standard error	p-Value	
NCA	Violence	UK	Adults	Supplement	-0.333	0.304	0.273	
JVC	Violence	Australia	Youth	Substitute	-0.279	0.183	0.126	
NFW	Juvenile	UK	Youth	Supplement	-0.276	0.139	0.048	
TVC	Violence	UK	Adults	Supplement	-0.247	0.251	0.326	
NCP	Property	UK	Adults	Supplement	-0.201	0.253	0.426	
TVP	Violence	UK	Adults	Supplement	-0.144	0.208	0.488	
LOB	Property	UK	Adults	Supplement	-0.105	0.155	0.497	
LOR	Violence	UK	Adults	Supplement	-0.044	0.213	0.836	
JPP	Property	Australia	Youth	Substitute	0.137	0.127	0.283	
					-0.123	0.061	0.043	

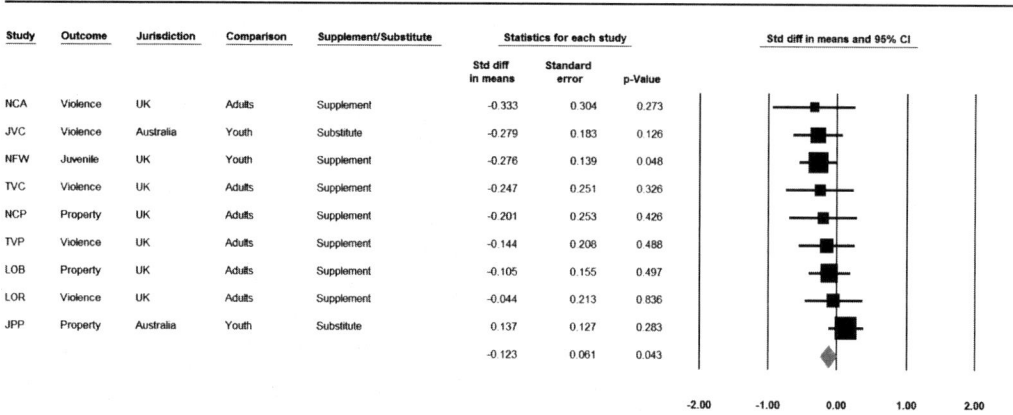

图4 RJC 项目对刑事定罪率的影响,两年治疗后跟踪期

4.5.3 危险期

如上面的4.2.3 中所述,十个研究中的两个——伦敦入室盗窃和抢劫的宣判前实验——使用了把随机分配后的两年的任何时间都在监狱外的所有罪犯都纳入的程序,其时间从一天到差一天两年,没有控制危险期的变量(Shapland et al.,2008)。然而,他们报道了基于评估者决定的影响——评估者决定把在整个两年随访期中罪犯被监禁的案件删除。我们选择把这些研究包括在内是因为这样做显然会减少十个进行的测试中的整体平均效果。因为我们不可能再次使用两年的随访期中的危险期(监狱外)使得重复定罪(或逮捕)率标准化。唯一的选择是包括或排除 Shapland 等人(2008)评估的这两个伦敦实验。图5 显示了当这两个伦敦研究被排除时,当庭宣判对重复犯罪的平均效果大小,因此,由于减少的风险期,所有的研究都没有删除。仅仅八项研究的标准平均差为 d=0.165,或略高于所有十个研究的平均效果(见图1)。这种差异是因为与两个泰晤士河谷的实验相比,两个伦敦的实验中把 RJ 加入刑事量刑中产生了更低的效果,泰晤士河谷的实验仅限于攻击案件,但也有很严重的受伤。图6 显示了删除随机分配案件的两个研究的平均效果仅仅是 0.8,或远低于整体平均值,在这些案件中,罪犯在整个两年的随访期中接受监禁刑罚。这不表明,当庭宣判对抢劫和入室盗窃案件的结果必然是不太有效。这可能意味着在这些严重的案件中需要更多时间来检查当庭宣判的影响。更多的随访年份可以提供更多的时间使得罪犯再犯罪(或不再犯罪),甚至可能显示出比在没有严重的立即犯罪的实验中对犯罪成本的更大的影响。重点是,没有进一步的随访我们不能确定长期效果如何。

当庭宣判组比传统司法组的效果更小,可能是由于前者比后者在监狱时间少,为了避免看起来这样,我们引用了 Strang,Barnes,Sherman,Bennett and Inkpen(2005)进行的一项独立研究。这项研究发现,从宣判到入狱的时间或者被判的平均天数方面,伦敦实验中的当庭宣判和传统司法组之间没有重大差异。进行这项研究是因为最初当庭宣判组比随机分配到传统司法(非当庭宣判)组的案件有更高的监禁宣判率。在程序随机分配的所有案件都登记完时,这种差异差不多消失了。尽管不是所有这些案件都被包括在 Shapland 等人(2008)的评估中,绝大多数被包括进去了。如果有任何差异,也是当庭宣判比不当庭宣判有更多的监禁时间。因此监狱无法解释为什么在这些实验中当庭宣判的效果更低,而不是由于不再监禁推动当庭宣判的效果更高。

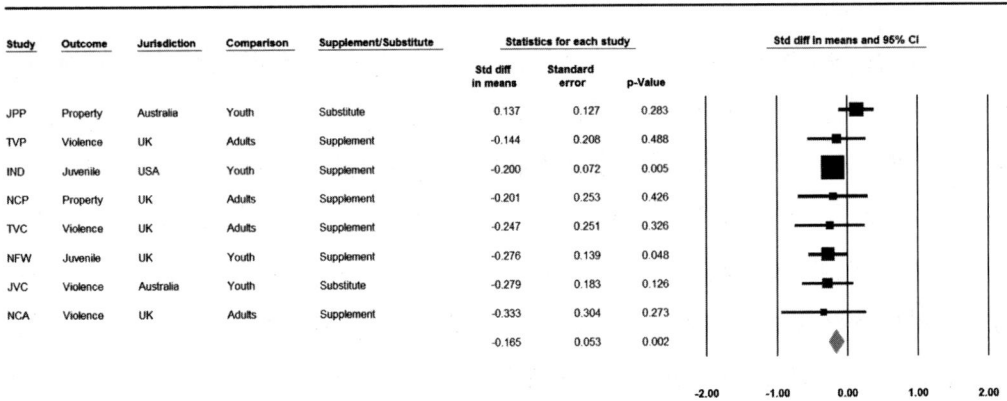

Study	Outcome	Jurisdiction	Comparison	Supplement/Substitute	Std diff in means	Standard error	p-Value
JPP	Property	Australia	Youth	Substitute	0.137	0.127	0.283
TVP	Violence	UK	Adults	Supplement	-0.144	0.208	0.488
IND	Juvenile	USA	Youth	Supplement	-0.200	0.072	0.005
NCP	Property	UK	Adults	Supplement	-0.201	0.253	0.426
TVC	Violence	UK	Adults	Supplement	-0.247	0.251	0.326
NFW	Juvenile	UK	Youth	Supplement	-0.276	0.139	0.048
JVC	Violence	Australia	Youth	Substitute	-0.279	0.183	0.126
NCA	Violence	UK	Adults	Supplement	-0.333	0.304	0.273
					-0.165	0.053	0.002

图 5 　RJC 项目对再犯率的影响(危险期未中断),两年治疗后跟踪期

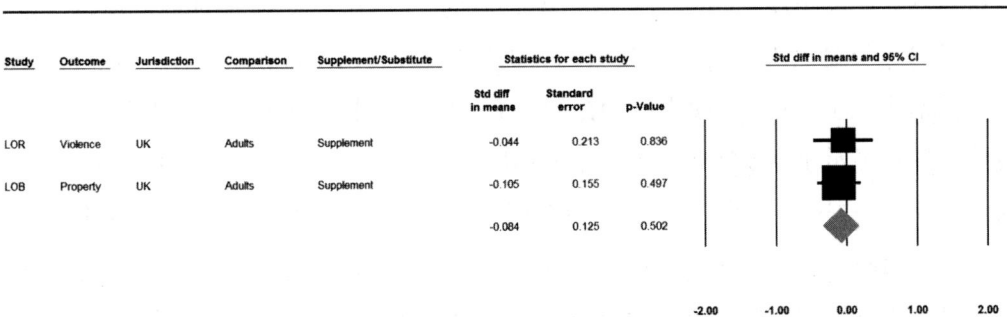

Study	Outcome	Jurisdiction	Comparison	Supplement/Substitute	Std diff in means	Standard error	p-Value
LOR	Violence	UK	Adults	Supplement	-0.044	0.213	0.836
LOB	Property	UK	Adults	Supplement	-0.105	0.155	0.497
					-0.084	0.125	0.502

图 6 　RJC 项目对再犯率的影响(危险期未中断),两年治疗后跟踪期

4.6 　受害者影响估量:从十个纳入的研究中叙述发现结果

虽然当庭宣判经常被描述为司法中一个以受害者为中心的方法,在影响和有效

性的评估方面,对受害者不像对罪犯一样清楚地或广泛地报道。这一缺陷既存在于方法论报告中——研究中的受害者数量、采访的数量、回应率——也存在于结果估量的报告中。这些问题的出现是因为在这篇文章中的所有研究——两个堪培拉(重塑羞耻)实验、司法研究协会(英国)进行的七个英国(UK)实验和印第安纳波利斯年轻罪犯研究——使用案件或者罪犯作为他们随机分配与分析的单位:受害者是"附属在"随机分配的案件下,随机分配序列可以创建罪犯之间的可比性,但无法用同样的方式创建受害者之间的可比性。

在所有这些研究中,主要关注的是对犯罪者的影响,尤其是对再犯罪的影响,而不是对受害者的影响。同时,尽管在刑事司法记录中必须确定一个案件中的每一个被逮捕的罪犯,但没有要求记录每一个受到影响的受害者:事实上,警方不会关注受害者,不会有任何对受害者的官方记录,或者在一个案件中确定原告或受害者具有很大的任意性,例如在入室盗窃案中的配偶或孩子。此外,在一些案件中,在犯罪和罪犯方面有合适的标准,但没有可确定的受害者,例如拥有秘密武器。因此,在任何研究中的样本框架内,把与随机分配的案件(或罪犯)相关的所有受害者都纳入的目标实际上是不可能的,被纳入研究的研究设计只能是在对受害者影响方面的类似实验。

4.6.1 从目的到处理,失望

这篇文章中包括的对受害者的所有数据分析检查了 ITT 的影响。这允许把分配给当庭宣判的受害者包括进去,即使他们被告知他们的案件会用这种方式处理,他们也从来没有经历过当庭宣判。当他们的期望没有得到满足时,这些受害者往往会失望;事实上,他们是一些最不满意的。在他们的分配而不是他们的经验的基础上,把他们的意见包括进来,让我们能了解受害者的可能观点:如果政策使得当庭宣判普遍可用,受害者期待当庭宣判但是没有接受当庭宣判。

4.6.2 受害者回应率

与每个案件相连的,本质上是一个随机样本的受害者中,评估可能的偏差的一种方法是估计最相关的分母和分子的回应率。适当的分母被限制在至少一个受害者已被确定的那些案件中;适当的分子可以是一个或一个以上的受害者被采访的案件数量或者是完成的个体采访数。在堪培拉实验中,青少年财产犯罪和青少年暴力犯罪的受害者回应率都被报道了(Strang,2002,pp.77-78),但在英国实验中(Shapland et al.,2007),只报道了青少年财产犯罪的受害者回应率。在印第安纳波利斯研究中(McGarrell,2001)只有对受害者采访的数量被报道了,而且他们是研究中所涉及的所有受害者的一个子样本,因为采访是在研究期间快要结束时进行的。

表 3 总结了从所有的研究得到的最有用的信息。为了便于比较,堪培拉的数据是与英国的实验发布的数据按照同样的标准报告的。然而,值得注意的是,这些数据不是单个的英国实验得出的:Shapland 等人(2007)用网络报道了受害者回应,每个网站又进行了两个或两个以上的实验。

表 3　受害者访问回答率

地点	有一个以上可联系 受害者的案例个数	采访次数 (个人采访)	回答比例% (案例个数)
伦敦			
RJC 组	119	76	59%
控制组	125	54	42%
诺森布里亚			
RJC 组	146	104	69%
控制组	120	79	64%
泰晤士谷			
RJC 组	59	36	58%
控制组	72	33	44%
堪培拉,青少年财产犯罪			
RJC 组	66	71	88%
控制组	72	80	92%
堪培拉,青少年暴力犯罪			
RJC 组	45	45	89%
控制组	38	36	34%
印第安纳波利斯			
RJC 组	n.a.	42	n.a.
控制组	n.a.	50	n.a.

4.6.3　受害者结果估量

在十个实验中,对受害者影响的测量在类型和细节方面各有不同。唯一的一致的措施是在处理的结尾受害人的满意度问题,无论是在当庭宣判或者参照组处理中。这有时被分解成各个方面的满意度,有时被作为一个全球性的估量被报道。

在广义定义的"受害者满意度"之外,只有堪培拉的实验报告了物质和精神恢复的具体方面,尽管这些问题只问了当庭宣判的受害者,不包括在本篇文章中,因为对于参照组无法采取任何测量。在英国的实验也是这样。还应当注意的是,英国的实验结果,有时是在研究点对集中的受害者的测量,有时是在所有七个实验的全范围内的测量(即与所有的参照分配相比之下的对所有当庭宣判的综合衡量)。这意味着在英国的实验中,没有具体犯罪的受害者数据,用来比较分配到实验条件的受害者和分配到参照条件的受害者。在印第安纳波利斯的研究中(McGarrell et al.,2000;McGarrell,2001;McGarrell and Hipple,2007),受害者的意见报告是局限在不多的几个满意度方面,一些报告没有实际的数字或百分比,也没有回复率。

因此这篇文章能够确定对受害人影响的有限数量的方面,并基于此可以在至少两个实验中把分配给当庭宣判的受害者的反应和分配给参照组的受害者反应相比较:物质补偿、精神恢复、对过程的满意度、对过程的不满、复仇的欲望、创伤后应激症状。

4.6.4 物质补偿

这方面的数据只在两个堪培拉的实验中可以得到。然而,虽然物质补偿是恢复过程的一个合法的和重要的组成部分,在堪培拉的两个实验中的受害者表示他们并不总是把它当作最重要的:这是幸运的,因为很少有人得到当庭宣判或法庭的经济赔偿。被分配到法院的受害者中,47%想要钱,12%得到了钱;被分配到当庭宣判的受害者中,38%想要钱,16%得到了钱。然而,当庭宣判的受害者,在其协议结果中可能接受其他形式的补偿:他们中的11%的人接受罪犯提供的工作或其他好处来代替钱。

4.6.5 精神恢复

受害者从犯罪中遭受的情感伤害有多种形式。其中之一涉及对犯罪发生的自责。在两个堪培拉实验和英国入室盗窃和抢劫的实验中,受害者被问到他们是否为所发生的事情责备自己。图7显示了在处理组和各地之间,自责方面没有多大不同(Sherman et al.,2005)。

受害者的情绪恢复的一个重要指标是安全感,或者,相反,对受害的恐惧。在堪培拉,被分配到法院的受害者中的18%的人预料他们的冒犯者会对他们再次犯罪,在分配到当庭宣判(RJC)的受害者中,5%的人预料他们的冒犯者会对他们再次犯罪($p<0.005,d=.78$)。在财产犯罪的受害者中,认为他们的冒犯者会对他们再次犯罪的接受一般法庭处理的受害者,是接受当庭宣判(RJC)的受害者的三倍(21% vs.7%,$p<0.05,d=.70$);而对于暴力犯罪的受害者中,前者是后者的五倍以上(11% vs.2%,$p=0.01,d=.99$)。

当堪培拉的受害者被问到他们是否认为他们的冒犯者将对另一个受害者再次犯罪,认为会对另一个受害者再次犯罪的法庭的受害者比这样认为的当庭宣判的受害

VICTIM SELF-BLAME

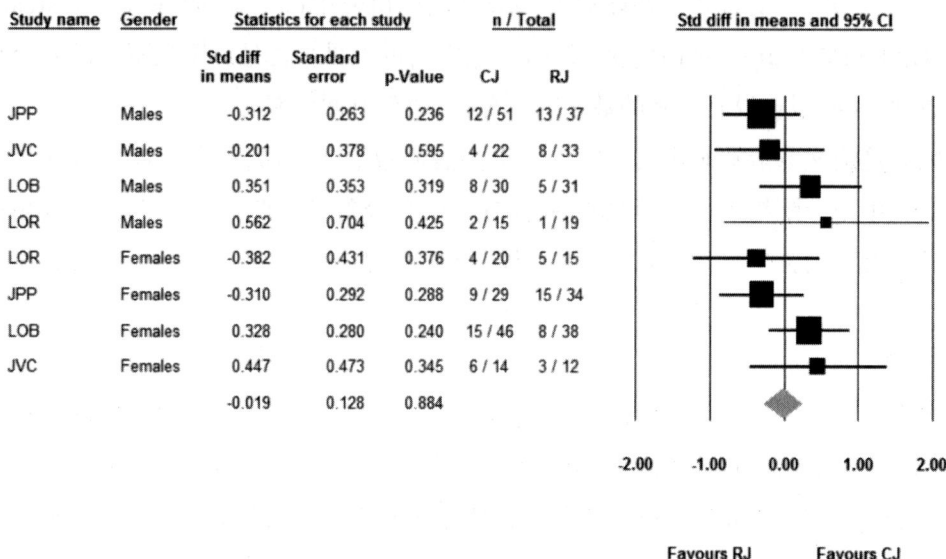

Study name	Gender	Std diff in means	Standard error	p-Value	CJ	RJ
JPP	Males	-0.312	0.263	0.236	12 / 51	13 / 37
JVC	Males	-0.201	0.378	0.595	4 / 22	8 / 33
LOB	Males	0.351	0.353	0.319	8 / 30	5 / 31
LOR	Males	0.562	0.704	0.425	2 / 15	1 / 19
LOR	Females	-0.382	0.431	0.376	4 / 20	5 / 15
JPP	Females	-0.310	0.292	0.288	9 / 29	15 / 34
LOB	Females	0.328	0.280	0.240	15 / 46	8 / 38
JVC	Females	0.447	0.473	0.345	6 / 14	3 / 12
		-0.019	0.128	0.884		

图 7　受害者自责

Q=7. 469;df=7,p<0. 382

者比例高很多(55%vs.35%,p<0. 005,d=.47)。在财产犯罪的受害者中,认为会对另一个受害者再次犯罪的法庭的受害者比这样认为的当庭宣判的受害者比例高很多(54%vs.31%,p<0. 05,d=.53)。同样,在暴力犯罪的受害者中,认为会对另一个受害者再次犯罪的法庭的受害者比这样认为的当庭宣判的受害者比例高很多(58% vs. 40%,p<0. 01,d=.402)。

在情感的恢复中,也许最重要的因素涉及受害者是否收到罪犯的道歉,以及他们如何看待道歉的诚意。堪培拉全部受害者中几乎90%的人说他们想要道歉,但当被问到他们是否收到道歉时,被分配到法庭的受害者和被分配到当庭宣判的受害者之间有很大不同。案件被分配到当庭宣判的受害者中,72%的人说他们已经收到道歉(那些实际参加过当庭宣判的人来说,86%的人说他们已经收到道歉),而被分配到法庭的受害者,只有19%的人说他们已经收到道歉(p<0. 000,d=1. 33)(在所有的法庭案件中,道歉都不是法庭结果的组成部分,而是单独协商,而在当庭宣判中,道歉几乎总是结果的一部分)。

在英国入室盗窃和抢劫的实验中,当受害者被问及道歉时,被分配到当庭宣判的受害者和只在法庭审判的受害者之间又有很大不同。在入室盗窃实验中,当庭宣判的受害者中,96%的人收到了道歉,而被分配到法院的受害者中,只有7%的人收到了道歉(d=3.18)。在抢劫实验中,所有当庭宣判的受害者都收到了道歉,只在法庭审判的受害者中只有14%的人收到了道歉。图8显示了元分析中的这些数据(Sherman et al.,2005)。

当被要求评估道歉的真诚度时,两组之间也有很大不同。在堪培拉实验中,当庭宣判的暴力犯罪的受害者中,58%的人认为道歉是"真诚的"或"有点诚意",而在分配到法庭的受害者中,只有11%人这样认为(d=1.33);在当庭宣判的财产犯罪受害者中,55%的人认为道歉是"真诚的"或"有点诚意",而在分配到法庭的受害者中,只有10%人这样认为(d=1.32)。在英国实验中,当庭宣判的抢劫犯罪的受害者中,79%的人认为道歉是"真诚的",而在法院审判的受害者中,只有11%的人这样认为(d=1.88);当庭宣判的盗窃犯罪的受害者中,57%的人认为道歉是"真诚的",而在法院审判的受害者中,只有7%的人这样认为(d=1.58)。

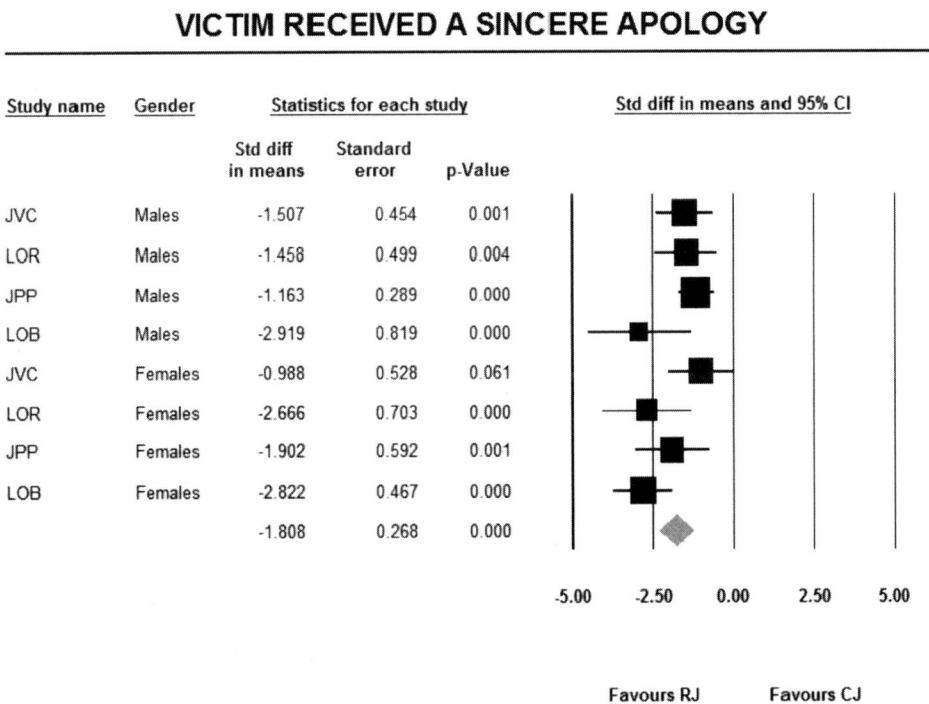

图8　受害者接受真诚道歉

$Q = 15.606; df = 7, p < .029$

这些研究结果证实,法庭往往忽略非物质层面的受害表现,而当庭宣判在提供受害者寻求的精神恢复方面,特别在提供一个进行道歉的论坛方面,是比较成功的。

此外,由于显著的异质性,我们进行了一个性别基础上的对这个结果的调节分析。正如下面的图9所示,女性受害者接收到的道歉差异度远远高于男性受害者(分别是 d＝-2.082 和 d＝-1.642)。

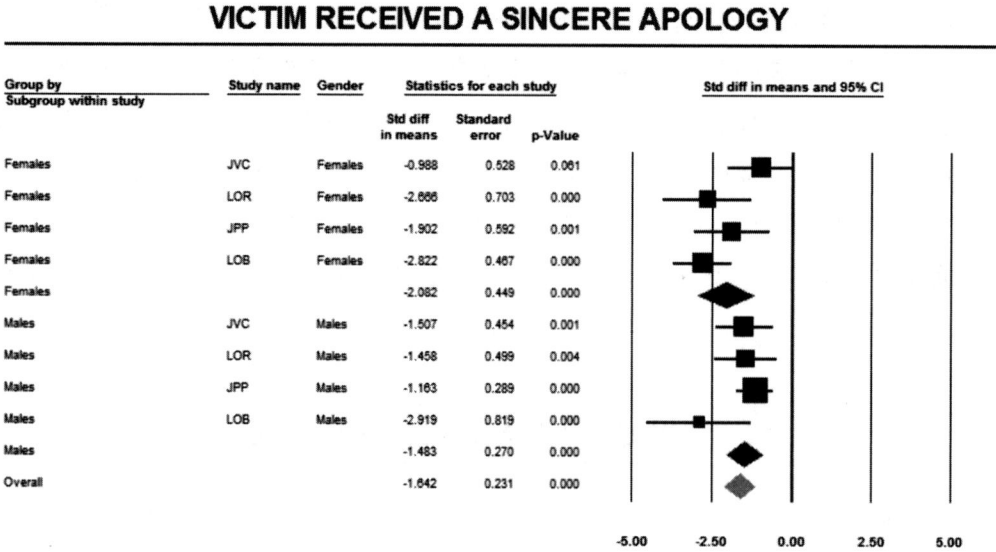

VICTIM RECEIVED A SINCERE APOLOGY

Group by Subgroup within study	Study name	Gender	Statistics for each study			Std diff in means and 95% CI
			Std diff in means	Standard error	p-Value	
Females	JVC	Females	-0.988	0.528	0.061	
Females	LOR	Females	-2.666	0.703	0.000	
Females	JPP	Females	-1.902	0.592	0.001	
Females	LOB	Females	-2.822	0.467	0.000	
Females			-2.082	0.449	0.000	
Males	JVC	Males	-1.507	0.454	0.001	
Males	LOR	Males	-1.458	0.499	0.004	
Males	JPP	Males	-1.163	0.289	0.000	
Males	LOB	Males	-2.919	0.819	0.000	
Males			-1.483	0.270	0.000	
Overall			-1.642	0.231	0.000	

-5.00   -2.50   0.00   2.50   5.00

图9 受害者接受真诚道歉:性别分析

Females Q＝7.588;df＝3,p<0.055;Males Q＝4.175;df＝3;p<0.243

4.6.6 对过程的满意度

所有的十个实验都把分配到当庭宣判的受害者和分配到参照组的受害者在满意度测试方面进行了比较。尽管方法不容易比较。因此,将分别报告他们。

4.6.6.1 堪培拉实验

在财产和暴力犯罪实验中的所有受害者都被问到他们是否满意他们的案件被司法系统处理的方式:被分配到法庭审判的受害者中,46%的人满意,而在分配到当庭宣判的受害者中,60%的人满意($p<0.05,d=.327$)(与那些案件在法庭处理的受害者相比,那些实际经历过当庭宣判的受害者在满意度方面人数更多:70% vs.42%,$p<0.001$)。财产犯罪和暴力犯罪的受害者之间的反应没有多大不同:对于财产犯罪的受害者,分配给当庭宣判的受害者中,61%的人满意,被分配到法院审判的受害者中,46%的人满意($d=.34$),在暴力犯罪的受害者中,分配给当庭宣判的受害者中,60%的人满意,被分配到法庭审判的受害者中,44%的人满意($d=.36$)。

同时所有的受害者都被问到他们是否愿意他们的案件被那样处理(无论是通过当庭宣判或法庭),而不是用别的方式。与分配到法庭的受害者相比,有更多的分配到当庭审判的受害者说他们对那样处理满意(69%vs.48%,p>0.005,d=.472)。当暴力犯罪的受害者被问到时,分配到当庭审判的受害者中,66%的人满意,分配到法庭的受害者中,58%的人满意(d=.188)。对财产犯罪的受害者来说,分配到当庭审判的受害者中,70%的人满意,分配到法庭的受害者中,43%的人满意(p>0.005,d=.623)。

4.6.6.2 英国实验

在七个英国实验中,受害者被问到对于刑事司法系统对他们的受害处理他们有多满意。没有可用的分别的实验数据,但是在分配给当庭宣判的受害者中,总共有72%的人说他们满意,在参照组的受害者中,有60%的人说他们满意(d=.30)。此外,与参照组的受害者相比,有更多的分配给当庭宣判的受害者说,处理使他们感到更安全(卡方=8.926,df=1,p=0.003)(Shapland et al.,2011,p.147)。

英国实验的所有受害者还被问及他们是否认为刑事司法过程是公平的。汇总了所有七个实验的结果,分配给当庭宣判的受害者中,73%的人觉得它是公平的,在参照组的受害者中,有61%的人觉得它是公平的(d=.30)。

最后,英国实验的所有受害者被问到,作为一种处理的结果,他们对刑事司法系统的观点是否已经改变了(没有可用的基准率)。再一次汇总了所有实验的结果,分配给当庭宣判的受害者中,34%的人说态度更积极了,在参照组的受害者中,有28%的人说态度更积极了(d=.16)。

4.6.6.3 印第安纳波利斯

在印第安纳波利斯青少年恢复性司法实验中(McGarrell et al.,2000),青少年财产和暴力犯罪中,被分配到当庭宣判的受害者中,92%的人说他们满意他们的案件被处理的方式,而在分配到参照组的受害者中,68%的人说他们满意他们的案件被处理的方式(d=.93)。

4.6.7 对过程的不满

受害者对处理的不满是和满意度指标同样重要的对结果的测量。但是只有堪培拉的受害者被要求评估其对处理的负面情绪。

当被问及对他们案件的处理方式是否使他们感到愤怒时,堪培拉被分配到当庭宣判的财产犯罪受害者中,14%的人说愤怒,而在被分配到法庭的财产犯罪受害者中,29%的人说愤怒(d=-.51),被分配到当庭宣判的暴力犯罪受害者中,24%的人说愤怒,而在被分配到法庭的暴力犯罪受害者中,39%的人说愤怒(d=-.39)。当他们被问到他们是否觉得对他们的处理感到憎恨,被分配到当庭宣判的财产犯罪受害者中,9%的人说感到憎恨,而在被分配到法庭的财产犯罪受害者中,13%的人说感到憎恨(d=-.23),被分配到当庭宣判的暴力犯罪受害者中,22%的人说憎恨,而在被分配到法庭的暴力犯罪受害者中,31%的人说憎恨(d=-.26)。在全球的满意和不满意的测评方面,在被分配到法庭的受害者中,21%的人不满意,而在被分配到当庭宣判的受害者中,20%的人说不满意(p<0.05,d=.33)。

4.6.8 报复的欲望

受害的一个被低估的方面是受害者有时对罪犯怀有的私人愤怒。尤其是暴力犯罪案件中,这种愤怒可能转化成身体上想要伤害他们的欲望。这方面在两个堪培拉实验和两个英国实验——伦敦抢劫和伦敦入室盗窃实验中被详细研究了(见图10)。

在堪培拉实验中,受害者被问到如果有机会他们是否会伤害罪犯。财产犯罪的受害者中,只有一小部分说他们会这样做(在分配给法庭的受害者中,其比例是9%,在分配给当庭审判的受害者中,其比例是6%,d=-.24),对暴力犯罪的受害者来说,在分配给法庭的受害者中,45%的人说他们会这样做,在分配给当庭审判的受害者中,只有9%的人说他们会这样做(d=-1.17)。

在英国实验中,在伦敦入室盗窃和伦敦抢劫的实验中,与被分配到参照组的受害者相比,分配给当庭审判的受害者对复仇的欲望更低(Angel,2005;Sherman et al.,2005)。对入室盗窃受害者来说,分配给当庭审判的受害者没有一个说他们想要伤害罪犯,在参照组的受害者中,5%的人说他们想要伤害罪犯。对抢劫的受害者来说,分配给当庭审判的受害者中3%的人说他们想要伤害罪犯,在参照组的受害者中,14%的人说他们想要伤害罪犯(d=-.92)。这些研究结果有力地表明,当庭审判可以成功减轻暴力犯罪的许多受害者对袭击者产生的复仇情绪。图10显示了这些影响(Sherman et al.,2005)。

4.6.9 创伤后应激症状

创伤后应激障碍是一种临床状态,描述对造成心理创伤的事件的病理反应。这一事件是指被害人经历的一个可能导致严重伤害或死亡的事件,并使受害人害怕、无助和恐惧(美国精神病学协会,1994)。它可以导致许多不良后果,包括降低生活质量、工作障碍等后遗症。

一些受害者可能遭受创伤后的反应,这种反应算不上创伤后应激障碍,但是可能遭受组成创伤后应激症状(PTSS)的诊断成分的困扰。在英国抢劫和入室盗窃实验

DESIRE FOR REVENGE

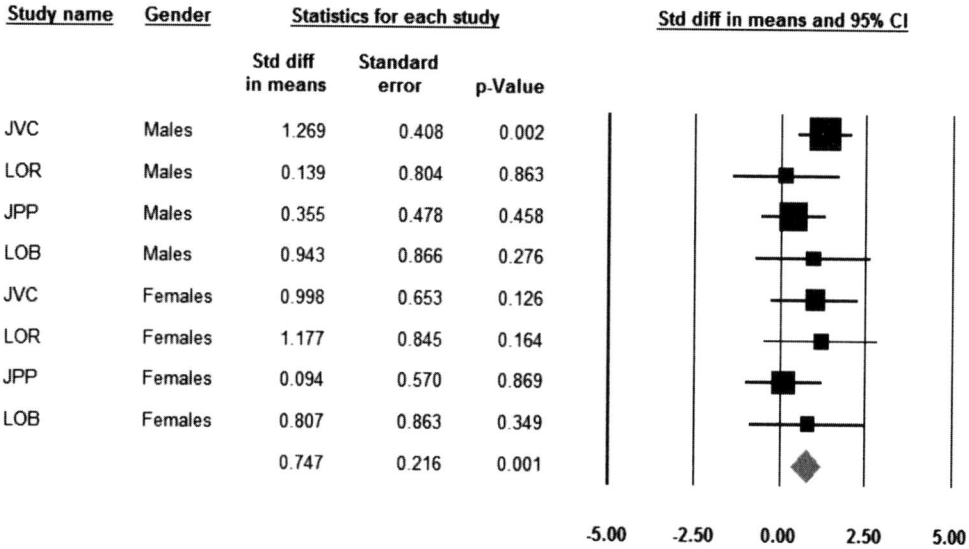

Study name	Gender	Statistics for each study			Std diff in means and 95% CI
		Std diff in means	Standard error	p-Value	
JVC	Males	1.269	0.408	0.002	
LOR	Males	0.139	0.804	0.863	
JPP	Males	0.355	0.478	0.458	
LOB	Males	0.943	0.866	0.276	
JVC	Females	0.998	0.653	0.126	
LOR	Females	1.177	0.845	0.164	
JPP	Females	0.094	0.570	0.869	
LOB	Females	0.807	0.863	0.349	
		0.747	0.216	0.001	

-5.00 -2.50 0.00 2.50 5.00

图10 报仇欲望

Q=4.663;df=7,p<0.701

的小部分受害者中,这些症状已经被监测过,使用了一个标准化的临床试验——事件的影响(修订)量表(IES(R))(Weiss and Marnar,1997)。在这些实验中的受害者被采访了两次,第一次是案件处理后不久,第二次是六个月后。在第一次采访中,分配给当庭宣判的受害者比参照组的受害者有更少的创伤后应激症状,当庭宣判是在正常的法庭诉讼程序以外的,而参照组的案件是法庭自己处理的(p=.07,d=.308)。在随后的采访中情况也是这样(p=.07,d=.341)(安杰尔,即将出版)。虽然在随机化之前,没有对受害者的心理健康的基准评估,但是对有创伤后应激症状的受害者来说,似乎当庭宣判有更有利的结果。

4.7 性价比

犯罪对社区产生的破坏的衡量通常情况下是不完善的。这个评价主要依赖于犯罪频率的充分措施,在这种情况下,我们任务所有的犯罪被等同的对待。在这个框架中,谋杀罪等同于盗用汽车罪;强奸罪等同于夜间盗窃罪。将这些犯罪用相同的严肃性进行对待,对于基本的人类价值观而言是具有侵犯性的。我们不会把罪犯用相同的方式进行,也不能满足所有犯罪均产生相同的危害这样的假设,去评价犯罪影响。

在本评价包含的实验,有七个实验,评价人员(Shapland et al.,2008)对于犯罪分子犯罪后两年内产生的犯罪进行广泛而多样的衡量,并迈出了高度原创和重要的步骤。他们用两种方式完成对于犯罪信息的衡量,两者均由英国政府开发。第一个方法是使用犯罪严重性的尺度。此方法产生的问题是在由总部采取此方法时,范畴被截为 10 至 1 十个等级。也就是说,谋杀与其他犯罪最大的区别在于,谋杀要比从钱夹中偷走 5 欧元这样的犯罪事实严重十倍。这样一个"平和的"范畴证明犯罪严重性的差异,无异于说年薪 ¥1000000000 仅仅是年薪 ¥30000 的三倍多一点点。

Shapland 和其同事进行的第二个也是最精确的方法就是总机构犯罪成本计算,这一计算是基于实证研究许多普遍种类的犯罪类型产生的平均犯罪成本。这个方法由 DuBourg 和他的同事们(2005)开发,利用最高和最低犯罪成本之间的 10 到几千英镑或美元的范畴。在 Shapland 等人(2008)将其应用于 RJL 实验过程时,这种方法产生了衡量 RJC 对于犯罪分子效果的最敏感的元。以这种方式衡量影响产生的效果更佳明显,产生的统计数据更佳有说服力。被同等看待的犯罪频率产生的措施的效果不同。

影响评价如何通过使用成本而不是个数发生改变的最惊人的证据可以通过伦敦的结果中得到证实。尽管伦敦偷盗和夜间偷盗的罪犯实验对于再犯罪的频率产生较小的甚至微不足道的 RJC 效果,其在伦敦的性价比率是所有 RJC 英国试验中最高的。与诺桑比亚法院(Sherman and Strang,2012:231)RJC 的暴力犯罪分子 61% 的较低犯罪频率相比,伦敦偷盗实验的再犯率比其少 8%,且伦敦偷盗实验的 RJC 比控制组的再犯罪率低 16%。但是当伦敦阻止的犯罪成本与 RJC 操作成本比较时(不包括新项目的初始成本),进行 RJC 每花 1 欧元,节省的成本比率为 14 欧元。在诺桑比亚,所有的三个实验(如 Shapland 等人 2008 年报告的那样)中,成本收益比率在警察进行 RJC 每投入 1 欧元,仅能够节省 1.2 欧元。但是所有英国地点计算的成本均在统计数据上有意义,即使这些数据并不是为了比较犯罪数量。在泰晤士峡谷,两个实验的利益为每 RJC 花费 1 欧元,可以减少犯罪成本 2 欧元。

值得注意的是,在他们的成本和利益分析过程中,Shapland 等人(2008)发现了两个主要的不同。一个是运营成本和初始成本的不同;另一个是总成本和刑事司法体系成本的不同。现行的,每年"进行的"以及一次刑事司法体系的差异方面,启动成本是外部有效性的忠告问题。初始成本比运营成本的变化程度更广泛,尤其是需要建立补充情况的过程和传递处理方式的过程的内部介质安排方面,初始成本与运营成本的差异更明显。初始工作可能花费一年甚至更长的时间,成本取决于多少人被分配到是行不通的过程犯罪情况的工作中。值得辩论的是,专注于在初始阶段之后产生的运营成本会更加合适,无论初始成本有多高或者多低。运行的人力成本比过程建设成本低很多。且对于愿意长期运行恢复性司法的人而言,具有较高利益。

Shapland 等人(2008)的成本利益分析发现的第二个重要内容是总成本和刑事司法体系成本之间的差异。我们在此强调总成本,是因为保健和福利成本通常是由纳税人产生的,且受害人的个人成本是公众关注的问题。然而,一些官方人士喜欢成本分析的封闭系统,在这个系统中,专注的问题在于刑事司法改革如何为刑事司法预算节省开支。对于那些喜欢这种方法的人而言,他们可能发现 Shapland 等人(2008)的数字。这一数据明确显示产生 RJC 成本比总预算成本的利益(对于刑事审判而言)小很多。

5. 作者的结论

恢复性司法会议在通过 10 个实验中合适的测试来转化测试方式,似乎可以减少未来侦查的频率和当受害人也愿意接受该流程时,愿意接受恢复性司法会议的这类罪犯的可起诉的犯罪。双方同意的条件不仅对于研究,而且对其普遍性的目的是至关重要的。召开这样的会议的操作偏见取决于当事人同意参加 RJC 会议,因为未经许可的 RJC 在理论上是不道德的。评审的结论仅仅限于 RJC 能够具有道德伦理性且适宜性的各种案例。在犯罪分子和受害人愿意见面的所有案例中,RJC 可能减少再犯的概率和未来犯罪的成本(数据量小)。对于分配到 RJC 的受害人而言,其案件处理的满意程度比被安排到正常刑事司法流程的案件的受害人的满意度高很多。

5.1 实践的意义

恢复性司法会议对于重复犯罪产生的影响比传统司法对重复犯罪产生的影响明显,替代传统司法方式时,产生的影响的不确定性会比传统司法方式的不确定性更低。然而恢复性司法会议因既可以减少犯罪又从昂贵的法庭流程开始转换来省钱,所以它被看作最吸引人的。在这种方法中恢复性流程的使用已经在一些国家迅速地成长,并且没有经过严格的测试。有时通过引用使用恢复性司法会议的证据作为补充。节约成本的目标已经明显加强恢复性司法理论的吸引力,但不包含这里评论的证据种类。

读者应该得到很好的建议,在本次审查中没有提供直接的"社区决议"或"恢复性决议"使用恢复原则支持任何证据。这并不意味着表明这样一个快速的解决方法不能工作。它仅仅意味着在耗时的准备方面一个专家主持的两到三个小时的会议与一个在事故现场或此后不久简短的互动是无法相比的,经常让最低程度的被害人参与。本综述显示的只有提前安排正式的恢复性司法会议提前安排的会议,故所有被犯罪影响的人员都有机会参加。

在完成该文章的试验中包含的恢复性司法会议时,就会有一个关于更好的暴力犯罪结果的信心,和或多或少更少的关于涉财犯罪的信心。有证据表明,依照长期严重的罪犯的犯罪记录,恢复性司法会议的转换也提供了巨大的经济效益。尤其在伦敦试验证据建议对于低严重程度的犯罪,排除恢复性司法会议是机会的浪费。如果政府想要建立恢复性司法,这些证据建议投资的最大回馈将会伴随暴力犯罪,也会伴随罪犯在长期的定罪前科而定罪。

5.2　研究的意义

在这些试验中,测试恢复性司法会议罪犯和受害人的占用率,既不高也不低。假设占用率变高—高到66%或更高—潜在的这种减少犯罪的方法也许会更可行。如果占用率变低,或者低于25%,这种方法的潜在价值可能就会降低。然而许多尝试引进恢复性司法会议遇到主要是招聘的困难和案件的保留。该文章中的证据也许建议甚至更多来自恢复性司法会议的利益可以通过找到增加占用率的方法获得。当两个部分都许可后,新研究也可以测试增加恢复性司法会议转化率的方法。未来研究也许应该集中在完成转换高完整的恢复性司法会议的可行性案件。试验设计为了完成将包含罪犯和受害人结果评价的不同转换机制添加到恢复性司法工作的证据上。

一种解释在此报道的结果的方式是解释恢复性司法会议在严重或常见的罪犯的影响来降低他们对人们的伤害。也就是所谓的预知从互动的形式中产生的共享价值的"基于—共鸣"理论(Collins,2004;Rossner,2013)。然而这些不可能仅仅通过计算犯罪或逮捕的数量来研究。包含定性量测罪犯在参加恢复性司法会议前后的伤害程度对未来研究也非常重要。Shapland 等人(2008)专门研究这些如何完成。作为新地点,特别是美国的拉丁美洲,尝试完成恢复性司法会议的试验评估,测量这种方式的好处的机会不应该错过。

Shapland 等人(2008)在展示基于必须提供完成的计算犯罪的成本结果又大多不同,多么精确的创新的犯罪数据的价值非常明显。犯罪数据成本更高的灵敏度也意味着试验样品规模越小,完成项目的测试困难就越不会失败。计算的低功率可以通过开发更高的成本灵敏度来回避。在试验过程中,完成随机试验的成本和困难很有可能被减少,或者在投资上的回馈可以增加。

6. 鸣　谢

作者非常感激从挪威知识中心得到的关于保健科学方面的支持,还有杰瑞·李犯罪学中心,宾夕法尼亚大学,在剑桥大学的杰瑞·李犯罪学试验中心,澳大利亚国家大学,国家司法研究所,史密斯·理查德森基金,不仅在准备这篇文章,还有在关于大部分审查结果方面的主要研究的支持。

7. 潜在的利益冲突

两个评论者实施研究中的大部分包含在该文章中。两个评论者如今在实施恢复性司法研究。所有评论者们已经出版了其他关于恢复性司法的相关工作。

10 个随机对照研究中的两个由研究小组设计、转移、分析包括该文章的三个作者(Strang,Sherman and Woods)。自主的作者收集数据的结果,分析和出版另外 8 个实验的结果,其中 7 个(Shapland et al.,2006,2008)是被该文章的两个作者负责的,1个(McGarrell and Hipple,2007)是在没有和该文章的其他评论者联系的情况下完成的。

评论作者(Sherman)写了最初所有 10 个随机对照研究的项目申请书和最初的研究设计。没有一个评论作者在研究结果中存在利益冲突,三个作者(Sherman,Strang and Woods)完成了在包含在该文章中的十个试验中仅有的一个主要的试验研究,这个研究报道了恢复性司法会议导致更多犯罪的负面影响。

8. 参与评论者的联系方式

劳伦斯·W.谢尔曼,博士
负责人
杰瑞·李犯罪学试验中心
剑桥大学

犯罪学研究所

西奇威克街

CB39DA

英国

埃文·威尔逊五世,博士

大学学院,伦敦,英国

丹尼尔·J.伍兹,博士

警察行政研究论坛

华盛顿,DC,美国

巴拉克·艾利儿,博士

剑桥大学

犯罪学研究所

剑桥,CB39DA,英国

9. 参考文献

被选入的研究文献

Davis, Robert C. (2009). "The Brooklyn Mediation Field Test." Journal of Experimental Criminology 5:25-39.

McCold P and B Wachtel(1998), The Bethlehem Pennsylvania Police Family Group Conferencing Project, Pipersville, PA: Community Service Foundation. See also http://www.restorativepractices.org/Pages/bethlehem.html.

McGarrell, E, K Olivares, K Crawford & N Kroovand(2000), Returning Justice to the Community: The Indianapolis Juvenile Restorative Justice Experiment, Indianapolis, Crime Control Policy Center, Hudson Institute. See also http://www.ncjrs.org/pdffiles1/ojjdp/187769.pdf.

McGarrell, Edmund F. (2001) Restorative Justice as an Early Response to Young Offenders. Washington, DC: Office of Juvenile Justice and Delinquency Prevention Bulletin, U.S. Department of Justice.

McGarrell, Edmund F. and Natalie K. Hipple(2007). "Family Group Conferencing and

Re-Offending Among First-Time Juvenile Offenders:The Indianapolis Experiment." Justice Quarterly 24:221-246.

Miers,D.,et al(2001)An exploratory evaluation of restorative justice schemes.Crime Reduction Research Series,Paper 9.Home Office,Research Development and Statistics Directorate.

Shapland,J.,Atkinson,A.,Atkinson,H.,Chapman,B.,Colledge,E.,Dignan,J.,Howes,M.,Johnstone,J.,Robinson,G.and Sorsby,A.(2006),Restorative Justice in Practice:The Second Report from the Evaluation of Three Schemes(Sheffield:Centre for Criminological Research,University of Sheffield).

Shapland,J.,Atkinson,A.et al.(2007),Restorative justice:The views of victims and offenders.The third report from the evaluation of three schemes.Ministry of Justice Research Series 3/07(London:Ministry of Justice).

Shapland,J.,Atkinson,A,Atkinson,H.,Dignan,J.,Edwards,L.,Hibbert,J.,Howes,M,Johnstone,J.,Robinson,G.and Sorsby,A.(2008),"Does restorative justice affect reconviction? the fourth report from the evaluation of three schemes"(London:Ministry of Justice).

Shapland,J.,G.Robinson & A.Sorsby(2011),Restorative Justice in Practice:Evaluating What Works for Victims and Offenders.London and New York:Routledge.

Sherman,Lawrence W.and Heather Strang.(2012)."Restorative Justice as Evidence-Based Sentencing" pp.215-243 in Joan Petersilia and Kevin Reitz,eds.,The Oxford Handbook of Sentencing and Corrections.NY:Oxford University Press.

Strang,Heather.(2002).Repair or Revenge:Victims and Restorative Justice.Oxford:Oxford University Press.

Strang,Heather et al 1999-2011 RISE Progress Reports on-line at http://www.aic.gov.au/en/criminal_justice_system/rjustice/rise.aspx.

其他文献

Ahmed,E.(2001).Shame Management Through Reintegration,Melbourne,Cambridge University Press.

American Psychiatric Association(1994).Diagnostic and statistical manual of mental disorders(4th ed.).Washington,DC:American Psychiatric Association.

Angel,C.,Sherman,L.W.,Strang,H.,Ariel,B.,Bennett,S.,Inkpen,N.,Keane,A.&

Richmond, T. (forthcoming). "Effects of restorative justice conferences on post-traumatic stress symptoms among robbery and burglary victims: a randomized controlled trial." Journal of Experimental Criminology.

Angel, C. (2005). "Victims meet their offenders: testing the impact of restorative justice conferences on victims" post-traumatic stress symptoms' (PhD dissertation, University of Pennsylvania).

Borenstein M, Hedges L, Higgins J, Rothstein H. (2005). Comprehensive Meta-Analysis Version 2. Engelwood, NJ, Biostat.

Braithwaite J. (1989). Crime, Shame and Reintegration. Cambridge, Cambridge University Press.

Braithwaite J. (1998). "Restorative Justice" In Michael Tonry (ed), The Handbook of Crime and Punishment. Oxford: Oxford University Press.

Braithwaite J. (2002). Restorative Justice and Responsive Regulation. Oxford: Oxford University Press.

Bullock, R, Peter van der Laan & Michael Little (1999). Intensive Supervision and Support Programme (ISSP) Kent: A Summary of the Main Outcomes of the Dartington Evaluation. Unpublished report.

Collins, R. (2004). Interaction Ritual Chains. Princeton, Princeton University Press.

Cook, T. and Campbell, D. (1979). Quasi-Experimentation: Design and Analysis Issues for Field Settings. Chicago: Rand-McNally.

Davis, Robert C. (2009). "The Brooklyn Mediation Field Test." Journal of Experimental Criminology 5: 25-39.

DuBourg, R., Hamed, J. and Thorns, J. (2005). "The economic and social costs of crime against individuals and households". Home Office Online Report 30/05. (webarchive. nationalarchives.gov.uk/...homeoffice.../rdsolr3005.pdf)

Durkheim, Emile (1912) [2001]. The Elementary Forms of Religious Life: A New Translation by Carol Cosman. Oxford: Oxford University Press.

Eisner, M. (2009). "No effects in independent prevention trials: can we reject the cynical view?" Journal of Experimental Criminology 5(2) pp163-183.

McCold, P. and Wachtel, B. (1998). Restorative Policing Experiment: The Bethlehem Pennsylvania Police Family Group Conferencing Project. Pipersville, PA: Community

Service Foundation.

McGarrell,Edmund F.and Natalie K.Hipple(2007)."Family Group Conferencing and Re-Offending Among First-Time Juvenile Offenders:The Indianapolis Experiment." Justice Quarterly 24:221-246.

Peachey,D.(1989).The Kitchener Experiment.In M.Wright and B.Galaway(eds), Mediation and Criminal Justice:Victims,Offenders and Community.London:Sage Publications.

Petrosino,A.and Soydan,H.(2005)."The impact of program developers as evaluators on criminal recidivism:Results from meta-analyses of experimental and quasi-experimental research." Journal of Experimental Criminology 1(4):435-450.

Piantadosi,S.Clinical Trials:A Methodological Perspective,New York,John Wiley & Sons.Rossner M.(2013).Just Emotions:Rituals of Restorative Justice.Clarendon Studies in Criminology.Oxford,Clarendon Press.

Rossner,Meredith(2011)."Emotions and Interaction Ritual:A Micro Analysis of Restorative Justice." British Journal of Criminology 51:95-119.

Sherman,L.W.(1993).'Defiance,deterrence and irrelevance:a theory of the criminal sanction',Journal of Research in Crime and Delinquency,30:445-473.

Sherman, L. W., Strang, H., & Woods, D. J. (2000). Recidivism Patterns in the Canberra Reintegrative Shaming Experiments(RISE).Canberra:Centre for Restorative Justice,Research School of Social Sciences,Australian National University.

Sherman,L.W.& Strang,H.,in collaboration with Woods,D.J.,Angel,C.,Barnes,G. C.,Inkpen,N.,Newbury-Birch,D.,and Bennett,S.B.(2004).Restorative Justice:What we know and how we know it.Philadelphia:University of Pennsylvania,Jerry Lee Center of Criminology,http://www.sas.upenn.edu/jerrylee/rjWorkingPaper1.pdf.

Sherman,L. W.,H. Strang,C. Angel,D. Woods,G. C. Barnes,S. Bennett & N. Inkpen (2005)'Effects of face-to-face restorative justice on victims of crime in four randomized, controlled trials',Journal of Experimental Criminology,1:367-395.

Sherman,L.W.,Strang,H.,Barnes,G.C.and Woods,D.(2006)."Race and restorative justice:differential effects for Aboriginals and 5 Race and restorative justice:differential effects for Aboriginals and Whites in the Canberra RISE project."Los Angeles.Paper presented to the American Society of Criminology.

Sherman, L.& Strang, H. (2007) Restorative Justice: The Evidence, London, Smith Institute.

Sherman, Lawrence and Heather Strang (2011) "Empathy for the Devil: The Nature and Nurture of Revenge" In S. Karstedt, Ian Loader and Heather Strang, eds. Emotions, Crime and Justice. Oxford: Hart Publishing.

Sherman, Lawrence W. and Heather Strang. (2012). "Restorative Justice as Evidence-Based Sentencing" pp.215-243 in Joan Petersilia and Kevin Reitz, eds., The Oxford Handbook of Sentencing and Corrections. NY: Oxford University Press.

Strang, Heather. (2002). Repair or Revenge: Victims and Restorative Justice. Oxford: Oxford University Press.

Strang, H., Barnes, G., Sherman, L., Bennett, S. and Inkpen, N. (2005). "The effects of restorative justice conferences on Crown Court sentencing of confessed robbers and burglars: a report to the Esmee Fairbairn Foundation." Philadelphia, PA: Jerry Lee Center of Criminology, University of Pennsylvania.

Strang, H., Sherman, L, Angel, C., Woods, D., Bennett, S., Newbury-Birch, D., andInkpen, N. (2006) "Victim evaluations of face-to-face restorative justice conferences: A quasi-experimental analysis." Journal of Social Issues, 62(2): 281-306.

Stuart, B. (1996). Circle Sentencing: Turning Swords Into Ploughshares. In B. Galaway and J. Hudson (eds), Restorative Justice: International Perspectives. Monsey, N. Y.: Criminal Justice Press.

Tyler, T. (1990). Why People Obey the Law. New Haven: Yale University Press.

Tyler, Tom and Yuen J. Huo (2002). Trust in the Law: Encouraging Public Cooperation with the Police and Courts. N. Y.: Russell Sage Foundation.

Umbreit, M., Coates, R., Kalanj, B. (1994). Victim Meets Offender: The Impact of Restorative Justice and Mediation. Monsey, N. Y.: Criminal Justice Press, 1994.

Weiss, D.& C. Marmar (1997). "The Impact of Events Scale-Revised" in J. Wilson & T. Keane (eds) Assessing Psychological Trauma and PTSD. New York: Guildford.

Woolf, P. (2009). The Damage Done. London, Bantam Press.

10. 附录 A

10.1 来自该文章的研究除了 ED

一个曾尝试 RCT 的被该文章除去,那是一篇未出版的关于紧密监视的达廷顿评估和在英国肯特大学的支持项目,这些地方的随机处理不是很成功(Bullock et al.,1999)。

一个 RCT 被除去,因为未能执行在文章中定义的恢复性司法会议。这个实验在 20 世纪 80 年代早期的纽约实施,转移严重来自控告受害人—罪犯调解的犯罪(Davis,2009)。

两个恢复性司法会议的 RCT 被除去,因为他们没有包含个人受害人的犯罪样本。这些研究都由 Strang 和 Sherman 两个作者实施。

两个研究被除去,因为随机分配的在被同意前执行被接受了。在伯利恒性能试验中(McCold & Watchtel,1998),研究的是少年犯罪性质案件,通常与受害人没有紧密的联系,作为特定治疗的只有48.6%的罪犯(多数在受到邀请时都拒绝参加),在伯利恒暴力试验中(McCold & Watchtel,1998),其中研究的是少年犯罪性质案件,作为特定治疗的只有31.6%的罪犯(再次由于随机后的安排被拒绝)。两个研究包含只有一次犯罪,年龄 10 到 17 岁。在两个试验中,案件都被随机分配,控制群—在法院起诉或者转移到会议上导致无犯罪记录。

责任编辑:张　立
版式设计:石笑梦
责任校对:陈艳华

图书在版编目(CIP)数据

犯罪矫治评估系统回顾研究/刘建宏 主编. —北京:人民出版社,2016.10
ISBN 978 - 7 - 01 - 016826 - 5

Ⅰ.①犯⋯　Ⅱ.①刘⋯　Ⅲ.①预防犯罪-研究　Ⅳ.①D917.6

中国版本图书馆 CIP 数据核字(2016)第 244282 号

犯罪矫治评估系统回顾研究
FANZUI JIAOZHI PINGGU XITONG HUIGU YANJIU

刘建宏　主编

人民出版社 出版发行
(100706　北京市东城区隆福寺街 99 号)

北京明恒达印务有限公司印刷　新华书店经销

2016 年 10 月第 1 版　2016 年 10 月北京第 1 次印刷
开本:787 毫米×1092 毫米 1/16　印张:18
字数:335 千字

ISBN 978 - 7 - 01 - 016826 - 5　定价:60.00 元

邮购地址 100706　北京市东城区隆福寺街 99 号
人民东方图书销售中心　电话 (010)65250042　65289539